北平抗日斗争历史丛书

# 全民族抗战起点

中共北京市委党史研究室
北京市地方志编纂委员会办公室　组织编写

杨胜群　李良　主编

张珊珍　著

北京出版集团
北京人民出版社

图书在版编目（CIP）数据

全民族抗战起点 / 中共北京市委党史研究室，北京市地方志编纂委员会办公室组织编写；张珊珍著. — 北京：北京人民出版社，2023.8
（北平抗日斗争历史丛书 / 杨胜群，李良主编）
ISBN 978-7-5300-0591-0

Ⅰ. ①全… Ⅱ. ①中… ②北… ③张… Ⅲ. ①抗日斗争—史料—北京 Ⅳ. ①K265.06

中国国家版本馆 CIP 数据核字(2023)第 029115 号

北平抗日斗争历史丛书
全民族抗战起点
QUANMINZU KANGZHAN QIDIAN
中共北京市委党史研究室
北京市地方志编纂委员会办公室 组织编写
杨胜群 李 良 主编
张珊珍 著
*
北京出版集团
北京人民出版社 出版
（北京北三环中路 6 号）
邮政编码：100120
网 址：www.bph.com.cn
北京出版集团总发行
新华书店经销
河北宝昌佳彩印刷有限公司印刷
*
787 毫米×1092 毫米 16 开本 16.125 印张 217 千字
2023 年 8 月第 1 版 2023 年 8 月第 1 次印刷
ISBN 978-7-5300-0591-0
定价：68.00 元
如有印装质量问题，由本社负责调换
质量监督电话：010-58572393
编辑部电话：010-58572798；发行部电话：010-58572371

# “北平抗日斗争历史丛书”
# 编 委 会

# 序 言

中国人民抗日战争，是近代以来中国人民反抗外敌入侵持续时间最长、规模最大、牺牲最多，并第一次取得完全胜利的民族解放斗争。中国人民以顽强的意志和英勇的斗争，彻底打败了法西斯主义，取得了正义战胜邪恶、光明战胜黑暗、进步战胜反动的伟大胜利。这个伟大胜利，是中华民族从近代以来陷入深重危机走向伟大复兴的历史转折点，也是世界反法西斯战争胜利的重要组成部分，是中国人民的胜利，也是世界人民的胜利，将永远铭刻在中华民族史册上，永远铭刻在人类正义事业史册上。

在中华民族生死存亡的历史关头，中国共产党秉持民族大义，高举抗日旗帜，积极倡导、有力推动以国共合作为基础的抗日民族统一战线，同日本侵略者进行了最英勇、最坚决的斗争，成为全民族抗战的中流砥柱。全体中华儿女共赴国难、浴血奋战，彰显了中华民族威武不屈的脊梁和精神。

北平抗日斗争是中国人民抗日斗争的重要组成部分，在全国抗战中具有独特地位和作用。这里是一二・九运动的策源地，由此掀起抗日救亡运动新高潮；这里是全民族抗战的爆发地，由此拉开全民族抗战帷幕；这里是华北抗战的前沿阵地，由此成为晋察冀抗日根据地重要组成部分。在这片红色沃土上，北平军民为国家生存而战、为民族复兴而战、为人类正义而战，涌现出许多可歌可泣的英雄人物，书写了许多感天动地的英雄壮举，他们血染的风采成为伟大抗战精神的生动写照。

为继承和弘扬伟大抗战精神，配合以卢沟桥、宛平城为代表的抗日斗争主题片区保护利用，深入挖掘北平抗日斗争历史内涵，经报请中共北京市委批准，我们策划编写了“北平抗日斗争历史丛书”。丛书由《抗日救亡运动新高潮》《全民族抗战起点》《到前线去　到根据地去》《故宫文物南迁》《平津高校外迁》《北平沦陷区的抗日斗争》《平郊抗日根据地》《北平抗日秘密交通线》《迎接抗战最后胜利》《北平抗日斗争群英荟》《北平抗日斗争遗址遗迹纪念设施》《北平抗日斗争文物故事》12种书构成。

丛书重点聚焦一二·九抗日救亡运动兴起、全民族抗战爆发、北平城内地下斗争、平郊抗日根据地的开辟和敌后游击战争等重大历史事件，全面回顾了北平抗日斗争波澜壮阔的历史进程，全景展现了北平军民不屈斗争的历史画卷，深刻诠释了北平军民以铮铮铁骨战强敌、以血肉之躯筑长城、以前仆后继赴国难的英雄气概和重要贡献。

丛书定位于学术研究基础上的专题历史著作，面向广大党员干部和社会大众，兼具思想性、政治性、通俗性和原创性，努力将之打造成权威可信、可读可学的精品力作。丛书总体呈现以下几个显著特点：

一是导向正确。坚持以党的三个历史问题决议精神和习近平总书记关于党的历史和党史工作重要论述为遵循，坚持以马克思主义立场、观点和方法为指导，牢牢把握抗战历史的主题和主线、主流和本质，坚决反对任何否认日本军国主义侵略历史甚至美化侵略战争和殖民统治等谬论。

二是权威科学。坚持党性和科学性相统一，实事求是反映历史的真实。编撰组织上，邀请党史、军史、抗战史相关领域权威专家担任编委或作者。资料运用上，坚持以原始档案、权威文献著作为依据，在全面收集相关资料基础上，注重发掘新史料，吸收新成果，确保内容的准确性和科学性。

三是主题鲜明。紧紧扭住北平作为一二·九运动策源地、全民族抗战爆发地、华北抗战前沿阵地等关键点，深刻揭示北平在全国抗日斗争中的地位和作用，深刻揭示中国共产党的中流砥柱作用是抗战胜利的关键、全民族抗战是抗战胜利的法宝、伟大抗战精神是抗战胜利的决定因素。

四是可读可学。布局上坚持统分结合、融为一体，叙事上注重条理清晰、逻辑严谨，语言上力求通俗易懂、生动活泼，设计上做到图文并茂、相得益彰，努力使丛书成为激励广大党员干部和人民群众在新时代奋发有为的教科书、营养剂与清醒剂。

中国人民在抗日战争的壮阔进程中孕育出伟大抗战精神，向世界展示了天下兴亡、匹夫有责的爱国情怀，视死如归、宁死不屈的民族气节，不畏强暴、血战到底的英雄气概，百折不挠、坚韧不拔的必胜信念。这一伟大精神，始终熔铸于北平抗日军民血液之中，并得到充分释放和展现，今天依然是我们书写实现中华民族伟大复兴中国梦北京篇章的重要力量源泉。奋进新征程、建功新时代，我们必须大力传承和弘扬伟大抗战精神，坚定不移坚持党的领导，自觉拥护“两个确立”、增强“四个意识”、坚定“四个自信”、做到“两个维护”，筑牢历史记忆，担当历史使命，锲而不舍为实现中华民族伟大复兴而奋斗。

# 目　录

# 前　言

20世纪30年代，伴随着资本主义国家经济危机的持续恶化，世界法西斯势力抬头。在亚洲，日本侵略中国、称霸世界的野心急剧膨胀。继1931年制造九一八事变攫取中国东北三省建立伪满洲国之后，日本帝国主义又将侵略魔爪伸向华北……

从1933年开始，通过《塘沽协定》《何梅协定》《秦土协定》等一系列城下之盟，以及“日中亲善”“经济提携”的花言巧语，日本帝国主义步步为营，对中国华北地区进行蚕食鲸吞。在其不战而取华北的计划破产后，1936年5月，日本帝国主义增兵华北，并不断在平津地区制造事端进行武装挑衅，华北局势进一步恶化。

1937年7月7日傍晚，日本“中国驻屯军”第一联队第三大队第八中队荷枪实弹地开往紧靠卢沟桥的中国守军驻地，肆无忌惮地进行挑衅性军事演习。当晚10时40分，日军谎称在卢沟桥演习中有一名士兵“失踪”，要求进入中国守军驻地宛平城搜寻，被中国守军严词拒绝。是夜，日本驻北平特务机关两次与中国冀察当局通电话，以武力相威胁，要求立即入城搜查。为了防止事态扩大，冀察当局妥协退让，与日方协商，同意协同派员调查。在交涉过程中，日方明明得知“失踪”士兵已经归队，却仍提出宛平城内中国驻军向西门外撤退的无理要求，中方不予答应。7月8日晨5时左右，日军突然对宛平城进行炮击，中国守城将士奋起还击。震惊世界的卢沟桥事变由此发生。

事实证明，卢沟桥事变并不是偶然事件和局部冲突，而是日本武力对外扩张，征服世界的所谓大陆政策的必然发展和有计划有准备的行动，它是日本法西斯以征服中国为目标并争霸世界的关键步骤。因此，卢沟桥事变是日本发动全面侵华战争的开端，也是第二次世界大战进一步扩大的重大节点。

卢沟桥事变爆发后，国民革命军二十九军广大官兵义无反顾地担负起保卫国土的神圣职责。在北平民众的支持下，将士们以低劣的武器装备，顽强抗击武装精良、陆空联合作战的日本侵略军，以他们的鲜血和生命，践行“誓与城桥共存亡”的誓言。

在硝烟弥漫的卢沟桥后方，平津各阶层民众掀起了汹涌澎湃的抗日风暴。他们有钱出钱、有力出力，为二十九军抗战将士搜集情报、筹措物资，冒着枪林弹雨修筑防御工事、运输武器弹药、运送救治伤员……甚至亲自上前线和战士并肩作战，表现出“天下兴亡，匹夫有责”的民族情怀和团结抗日、不畏强暴的英雄主义气概。

然而，由于国民政府对抗战的准备不足，也由于以宋哲元为代表的冀察当局对日军的轻信，历经激烈的廊坊之战、广安门之战、南苑之战、天津保卫战，平津最后落入日本侵略者之手。之后，日本帝国主义继续实施侵吞中国的计划，八一三事变的战火烧到中国东南沿海的上海，直逼中国政治中心南京。南京政府终于意识到中国已经处于非战不可的境地，组织了长达3个多月的淞沪大会战。

中国共产党是中国人民和中华民族利益的忠实代表。从九一八事变起，在国难当头、民族危亡之际，中国共产党挺身站到全民族抗御外侮的前列，坚决抵制国民党蒋介石“攘外必先安内”的所谓基本国策，号召并组织全国范围的抗日救国运动。卢沟桥事变前后，中国共产党以民族利益为先，以抗日大局为重，捐弃前嫌，力主建立以国共合作为基础的最广泛的全民族抗日统一战线。在中国共产党持续不断的努力下，在全国各阶层民众的大力推动下，国共合作、一致对外的局面在全民族抗战爆发后终于形成。

“起来，不愿做奴隶的人们！把我们的血肉，筑成我们新的长城！”这首激动人心的《义勇军进行曲》，唱响了中华民族顽强抵抗外敌侵略的战歌。“从那时起，大江南北，长城内外，全体中华儿女冒着敌人的炮火共赴国难，无论是正面战场，还是敌后战场，千千万万爱国将士浴血奋战、视死如归，各界民众万众一心、同仇敌忾，奏响了一曲气壮山河的抗击日本侵略者的英雄凯歌，用生命和鲜血谱写了一首感天动地的反抗外来侵略的壮丽史诗”[①]。

① 习近平:《在纪念全民族抗战爆发七十七周年仪式上的讲话》，载《人民日报》2014年7月8日。

# 第一章　华北上空的阴云

全面侵华是日本帝国主义蓄谋已久的战略。日本帝国主义在制造九一八事变侵占中国的东北三省之后，又开始处心积虑谋划一系列华北事变和“华北自治”运动，企图将华北各省从中国分离出去，达到不战而取华北的目的。然而，侵略者显然低估了中国人民坚持国家统一、民族独立的意志。中国共产党领导的抗日救亡运动的勃兴以及国民政府对日政策的转变，使日本侵略者的幻想破灭。于是，日本法西斯加紧了战争准备的进程，华北一战难以避免。

## 一、从九一八事变到华北事变

1931年9月18日，在一系列紧锣密鼓的谋划和准备之后，日本军部法西斯跨出其侵华战略的第一步——发动九一八事变，创造了民国以降，一个帝国主义国家直接出兵占领中国领土的先例。中华民族陷于空前的危机之中。

仅用4个多月时间，日军就占领了东北三省这块面积相当于日本国土3倍的中国领土。惊世“暴利”无疑给日本国内恶性膨胀的军国主义注入了强劲的兴奋剂。1932年1月28日，日本法西斯再次采取更为大胆的冒险行动，悍然发动一·二八事变，直接将战火烧到中国经济中心、国际性大都市——上海。

虽然日军对上海的武装进攻直接威胁到美、英等国的利益，但正如日本法西斯所料，美、英等国依然以息事宁人的态度应对。在国联的斡旋下，软弱的南京政府与日本签订《淞沪停战协定》，日本虽然撤军，但从此取得了在上海长期驻兵的特权。这样的结果不仅没能及时遏制日本的侵略野心，反而使其达成转移国际视线，逼迫中国政府接受东北被占事实的目的。3月1日，在中日就一·二八事变谈判期间，日本在东北一手操纵成立伪满洲国，并以《日满议定书》的形式，确认其对中国东北的殖民统治和军事等特权。

在东北稳住阵脚后，日本法西斯开始实施下一步计划，即侵占已经近在咫尺的平津和华北地区，将之作为发动全面侵华战争的首要之举。

1932年7月，关东军参谋长小矶国昭在给日军参谋本部的报告中提出："无论关东军情况如何，应立即采取军事行动，攻占热河省，从根本上解决满洲问题。"[①]此后不久，日本派出第六师团作为进攻热河的增援部队。一切准备就绪后，1933年1月3日，日军动用飞机、军舰、重炮，向东北通往关内的咽喉——山海关发起突然袭击。中国守将何柱国领兵奋力应战，但因缺少援军，被迫撤退。雄伟险峻的"天下第一关"转眼落入敌手。2月21日，日军再度向热河发难，不到10天时间就占领了热河省会承德，热河全省很快沦陷。

日军攻陷热河后挥师南下，直逼长城各口，平津及华北直接暴露在日军的炮口之下，中国华北守军展开了著名的"长城抗战"。但是，由于蒋介石顽固坚持"攘外必先安内"的所谓基本国策，再次向日本谋求妥协。5月31日，华北当局被迫与日本签订屈辱的城下之盟——《塘沽协定》。协定规定：

> 中国军队撤退至延庆、昌平、顺义、通州、香河、宝坻、林亭口、宁河、芦台所连之线以西以南地区，尔后不得越该线而前进，不得有一切"挑战扰乱"之行为。
>
> ……

这在实际上默认了日本侵占热河的合法性，并承认冀东为"非武装区"。

① ［日］《现代史资料7·满洲事变》，美铃书房1977年版，第490—491页。

日本侵占中国的计划又一次得逞。《塘沽协定》使华北门户洞开，中国军队防线被迫从东北移至长城。

《塘沽协定》签订后的短短一个时期内，日本侵略者改变露骨的侵略方式，把对华北的“武力鲸吞”转变为有序推进的“渐进蚕食”。日本关东军司令官南次郎和华北驻屯军司令官梅津美治郎共同制订了“华北自治运动”计划，妄图达到兵不血刃啃噬中国的目的。这一计划的具体执行者就是侵华头号间谍——土肥原贤二。

土肥原贤二在1913年就来到中国，以参谋本部部员、陆军上尉的身份在中国从事间谍活动，是日本陆军特务系统中有名的“中国通”。1931年3月，日本华北驻屯军正式在天津设立特务机关，土肥原充任特务机关长。在接到策划“华北自治运动”的任务后，土肥原认为自己大显身手的机会来了！他立即动身前往北平，开始兴风作浪，挑起事端。

首先挑起的是“河北事件”。1935年5月初，天津日租界发生了亲日分子《国权报》社长胡某和《振报》社长白某被暗杀的“河北事件”。日本华北驻屯军参谋长酒井隆等声称此案“系中国排外之举动”，向国民政府提出无理要求。驻津日军还连日在河北省政府（当时天津是河北省会）门前武装示威，并举行巷战演习。29日，日军借口中国当局破坏《塘沽协定》，从东北调集大批日军入关，以武力相要挟。6月，国民党军委会华北分会代理委员长何应钦与日本华北驻屯军司令官梅津美治郎谈判，达成了所谓的《何梅协定》。按协议规定：

（1）于学忠及张廷谔一派之罢免；

（2）蒋孝先、丁昌、曾扩情、何一飞之罢免；

（3）宪兵第三团之撤去；

（4）军分会政治训练处及北平军事杂志社之解散；

（5）日本方面所谓蓝衣社、复兴社等有害于中、日两国国交之秘密机关之取缔，并不容许其存在；

（6）河北省内一切党部之撤退，励志社北平支部之撤废；

（7）第五十一军撤退河北省外；

（8）第二十五师（一作“第廿五师”）撤退河北省外，第二十五师（一作“第廿五师”）学生训练班之解散；

（9）中国内一般排外排日之禁止。

《何梅协定》严重削弱了国民党党政军以及其他抗日军事力量对河北的控制和影响，相反，极大地增强日本对华北的操控，为其进一步制造“冀察特殊化”和分割华北提供了有利条件。

紧接而来的是“张北事件”。早在1934年10月，8名日本特务打着“旅游”的幌子前往多伦，在途经张北城南门时，被驻守在此的中国守军及保安队盘查。因无证件又未经中国政府批准，一行人被扣押40分钟才放行。然而，蓄意寻找事端的日军立马借此发难。在日方的压力下，宋哲元不得不令第一三二师师长赵登禹向日军道歉，并免去当事连长的职务。但是，1935年6月5日，又有4名日本特务以“旅行”为名，前往张家口绘制军用地图。他们再次受到中国士兵的盘问，并因没有护照却态度蛮横被扣留。虽然宋哲元为避免引起事端，在第二天获悉后即令释放，但日本驻张家口领事馆却不依不饶，诬称日本军官在张北遭到“非法监禁”，向当地守军提出抗议。11日，驻守张家口的日本特务机关长松井源之助，又出面向察哈尔政府提出3项要求：“一、惩办直接负责人；二、二十九军军长亲自道歉；三、保证将来不再发生同类事件。”松井还威胁说：“限五日内答复，否则日军将自由行动。”[①]这就是第二次“张北事件”。

几乎在“张北事件”的同时，日军又连续两次挑起“察东事件”。第一次发生在1935年1月。该月22日，日本驻平武官高桥坦以驻守察东的宋哲元部未按照要求撤退为由，出动千余人和伪军2000余人，在飞机掩护下，向驻扎在独石口至沽源一带的二十九军发动进攻。2月2日，双方谈判，达成《大滩口约》，规定二十九军不得进入石头城子、南石柱子、东栅子之线以东地区。6月，日军再次挑起事端，谎称二十九军有对日方射击的行为，要求二十九军移驻长城西南，解散一切排日机关，宋哲元向日方谢罪等。

① 李云汉：《宋哲元与七七抗战》，台北传记文学出版社1973年版，第85页。

在日方的威逼之下，6月27日，察哈尔省民政厅厅长秦德纯[①]被迫与土肥原达成《秦土协定》，也叫《察哈尔协定》：

（1）将驻于昌平和延庆一线的延长线之东，并经独石口之北、龙门西北和张家口之北，至张北之南这一线以北的宋（哲元）部队，调至其西南地区；

（2）解散排日机构；取消察省境内的国民党机关；

（3）（对日）表示遗憾，并惩办事件相关负责人；将张北县城北门守备团长和第一三二师军法处长免职。

《秦土协定》的签订，使中国丧失了在察哈尔省的大部分主权，也丧失了察省疆土的70%～80%。这一协定与《何梅协定》一起为日本吞并中国华北大开方便之门。

通过《何梅协定》和《秦土协定》，日军把国民党中央政府的军事和政治势力挤出了华北。此后，日军撕下伪装，赤裸裸地实施其侵吞华北的第二步骤，即推行所谓的“华北五省自治运动”，妄图建立与东北“满洲国”性质相同的“华北国”。

1935年8月19日，多田骏[②]接替梅津美治郎，成为华北驻屯军司令官。多田骏也是个狂热的军国主义者，醉心于“华北自治”的美梦。他走马上任一个月后，便在其官邸招待派驻平津的日本记者，目的是借这些新闻记者放出风声，试探势态舆情。他在招待会上以个人名义发表声明：

---

① 秦德纯（1893—1963），山东沂水人。受过系统的军事教育，思维缜密、长于谋略，是一个文武兼备的军事人才。宋哲元出任二十九军军长后，特地请他担任参谋长。1932年8月，宋被任命为察哈尔省主席，秦德纯便被宋委以民政厅厅长职务，成为集军政权力于一身的实力人物。

② 多田骏（1882—1948），毕业于日本陆军大学，1917年就来到中国，被聘为北京陆军大学教官。1932年起担任关东军司令部顾问，1935年起任华北驻屯军司令，竭力推行分裂中国的政策。1939—1941年，任日军华北方面军司令官，指挥部队对华北地区进行频繁“扫荡”，实行杀光、抢光、烧光的“三光”政策，犯下种种罪行。1945年被远东国际军事法庭定为甲级战犯（未予立案，后被释）。

> 我军对华北态度有以下三点：（一）把反满抗日分子彻底地驱逐出华北；（二）华北经济圈独立（使华北财政脱离南京政府的管辖）；（三）通过华北五省的军事合作，防止赤化。
>
> ……
>
> 为此，必须改变和树立华北政治机构；总之，必须对组织华北五省联合自治团体的工作予以指导。[①]

席间，多田骏还散发了名为《日本对华之基础观念》的小册子，文中公开宣称要把华北“建成一个（与日、满）共存共荣的乐园”，彻底暴露了将华北从中国分裂出去，建立第二个“满洲国”的狼子野心。

多田骏在记者招待会上做试探的第二天，日本陆军又扬言：“以武力驱逐国民党及蒋介石政权于华北之外是不可避免的。”[②]几天后，土肥原乘势提出：“组织一个包括华北五省在内的自治政府，将大有助于和平与秩序的恢复。”[③]

鉴于华北驻屯军和日本陆军已经越来越难以抑制直接操纵华北政治、经济和军事的欲望，作为回应，同年10月4日，以外相广田弘毅[④]为始作俑者，日本五相会议通过了臭名昭著的所谓对华原则——“广田三原则”。其具体内容为：

> （1）使中国方面彻底取缔排日的言论和行动，摆脱依靠英美的政策，同时，采取并在实际上推行对日亲善政策，进而在具体问题上使其与帝国合作；
>
> （2）虽然最后必须使中国承认“满洲国”，但在目前不仅使中国事实上默认“满洲国”的独立，停止其反满政策，并且使其至

① ［日］秦郁彦：《日中战争史》，河出书房新社1961年版，第56—57页。

② 李云汉：《宋哲元与七七抗战》，台北传记文学出版社1973年版，第98页。

③ 《中华民国史资料丛稿·大事记》（第二十一辑），中华书局1981年版，第143页。

④ 1934年任冈田内阁外相。1936年任首相兼外相，1937年6月任第一次近卫内阁外相，1940年任米内光政内阁参议。1946年作为侵华战犯接受远东军事法庭审判，判定为甲级战犯，是7名被判极刑的日本战犯中唯一的文官。

> 少在与“满洲国”毗邻的华北地区，在经济上和文化上与“满洲国”进行交往和合作；
>
> （3）鉴于来自外蒙等地赤化势力的威胁已成为日满华三国的共同威胁，应使中国为排除上述威胁起见，在与外蒙接境地区，对我方所希望的各种措施进行合作。①

“广田三原则”是灭亡中国的原则，它是日本大陆政策发展到一定阶段的产物，正式表明日本在巩固东北的侵略权益以后，又把华北五省纳入其对外侵略扩张的图谋筹划之中。

从“多田声明”到“广田三原则”，日本步步为营，逼迫中国政府在承认“满洲国”之后，再次吞下华北“独立”的苦果。为达到这个目的，日本驻屯军急不可耐地在华北直接策划了一场又一场“华北自治”的闹剧。一时间，华北祸乱迭起，再无宁日。

“闹剧”的开场是“白坚武事件”和“香河事件”，均由日本驻天津特务机关一手导演。

白坚武是河北交河县人，曾受吴佩孚倚重而重权在握，吴甚至许诺打败奉军后保荐白坚武担任内阁总理。然而，1926年吴被北伐军击败，失去了靠山的白坚武被迫改换门庭另谋出路，最后居然与日本人狼狈为奸。1935年，在日本特务头子土肥原的指使下，白坚武纠集石友三、李瑞清等人，拼凑了一支“华北正义自治军”，白自任司令，以日本浪人为顾问。

《何梅协定》使平津地区的国民党中央军政势力遭到极大削弱，白坚武认定这是自己东山再起的有利时机。他收买了北平军分会铁甲车队中队长段春泽，约定合兵攻打永定门，一旦成功便在城内配合占领各重要机关。不料事先走漏风声，北平军分会派出宪兵将李瑞清抓获，白坚武、石友三见势不妙，赶紧提前起事。6月27日晚，乔装成便衣队的60余名叛军从天津站一上车就被军警看出破绽而受到监视，平津卫戍司令王树常迅速采取措施，北平全城戒严。28日凌晨1时，段春泽带领叛军三次进攻永定门，因

① 《中华民国史事纪要　初稿》（1935年），台北中央文物供应社1981年版，第663页。

城内严阵以待，均告失败；北平城内石友三领头的潜伏在东交民巷的3000余伪军，也被军警团团包围，动弹不得。白坚武军功亏一篑，原本里应外合的叛乱计划彻底破产。段春泽被抓获，坐镇天津指挥的白坚武则在事败后逃往东北。此次叛乱活动，也被称为“丰台事件”。

白坚武叛乱失败后，华北驻屯军又生一计——策动香河暴乱。

1935年8月，香河县政府发出布告加收土地税，消息传开，不仅农民怨声载道，一些地主乡绅也表现出强烈不满。于是，香河城南柴庄的武宜亭、城北领子村的安厚斋、城东安抚寨的胡承武等大地主，萌生了利用民怨闹事抗税的念头。正在四处寻找机会的日本特务机关获悉，兴奋不已，认为这是“华北的有识之士的心底里产生出来极愿华北自治的思想”，当即决定插手此事，设法通过武宜亭等人搞一个“民众倡导自治”的先例，作为“分离华北”的先导。

10月上旬，日本驻天津特务机关派人与香河几个大地主进行秘密谋划，开始四处煽风点火，鼓噪“实行地方自治”。他们在地主胡承武家召开所谓的“国民自救会”，决定20日起事。该日上午，2000余名被蛊惑、利用的农民赶往香河县城关抗议闹事，在武宜亭的指挥下持续冲击城门，两名日本浪人充当先锋。守城警察不得已开枪阻拦，混乱中1人被打死。坐镇北平的河北省主席商震获悉，立即下令驻扎在三河县的保安第一总队第七中队前往香河，但是，因事情发生在“非武装地区”，保安队在三河、香河交界处趑趄不前。然而日本人则不管什么“非武装地区”，21日，日本宪兵乘坐两辆汽车直达香河。眼见有日军来撑腰，武宜亭等人有恃无恐，于是卷土重来，带人冲进县城占领政府各机关。县长被追出10余里侥幸逃离，而警察局长则被暴徒抓住后遭到殴打。武宜亭随即宣布成立香河县“县自治会”，并到处张贴由他署名的“香河县人民自救自决宣言”。

因国民政府有“于外交中得一根本解决的办法”的指示，商震不敢在“香河事件”中使用武力，只能以既往不咎的态度，派出省参议刘耀东代行香河县长一职。但是，狐假虎威的武宜亭反而不肯善罢甘休，23日，他设计撕毁刘耀东的委任状，刘的随从拔枪射击反抗，但暴徒早有准备，抢先开火，刘的随从当即被打死1人打伤2人（其中1人送医后不治），刘耀东则被扣押。

25日，商震不得不赶到天津，与华北驻屯军司令多田骏和参谋长酒井隆就“香河事件”进行交涉。然而，多田骏却口口声声称“香河事件”与暴动不同，是“善意之自治运动”，威胁中国政府不可进行军事镇压。商谈多日无果。直到11月5日，在各方压力之下，日军才示意武宜亭提出和平解决的要求，刘耀东获释，武宜亭等退出县政府机关，转移到天津日租界。这场由日本驻天津特务机关导演的闹剧方才勉强收场。

“白坚武事件”“香河事件”之后，日本在平津及华北其他地区怂恿、策划的事件层出不穷，“华北人民急进会”“华北人民自救会”“华北民众自卫队”“华北自治请愿团”等各种所谓“民众自治”团体蜂拥而起，甚嚣尘上。但是，中华几千年文化积淀，民族大义坚如磐石，绝不是一小群跳梁小丑所能撼动。这些非法的汉奸组织虽然因有日本的支持而热闹一阵，但它们既为国民政府所不容，也遭到全体中国人民的坚决反对，因此终究成不了气候。

喧嚣一时的“民众倡导自治”成效不佳，日本感到仅仅依靠特务机关网罗汉奸兵匪无济于事，于是决定分头并进，在煽动汉奸匪类闹事的同时，加紧物色合适人选，作为扶植傀儡政权的对象。这时，一个利欲熏心毫无民族气节的鄙陋浅薄之人落入陷阱，他就是殷汝耕。

殷汝耕是浙江平阳人，曾两度留学日本，不仅成为“日本通”，还迷上日本的文化生活，娶了日本女子为妻。回国后追随蒋介石，参加了1932年《淞沪停战协定》和1933年《塘沽协定》的谈判，明显表现出亲日倾向，深得日本特务头子土肥原的赏识。

1933年9月，国民政府批准将冀东22个县划为滦榆和蓟密两个行政督察专员公署。在日本人的帮助下，殷汝耕最终当上了两个专区的督察专员，将22个县悉数收入囊中，尝到了为虎作伥的甜头，从此“自认为只有依赖日本才能有安身之本，任何时候都心甘情愿地投靠日本”。为了讨得主子欢心，利令智昏的殷汝耕不惜多次出卖国家利益，投桃报李，日本特务机关决定扶持殷汝耕在华北建立“自治”政权。

1935年11月24日，在日本特务机关的授意下，殷汝耕宣布将滦榆区和蓟密区合并，并将停战区以外的昌平、宝坻、香河、宁河4县一并划入。25日，“冀东防共自治委员会”粉墨登场。同日，殷汝耕以“冀东防共自治委员会”委员长的名义通电全国，声明“自本日起，脱离中央宣布自治，举联省之先声，以谋东洋之和平”①。他还向平津卫戍司令宋哲元、晋绥绥靖主任阎锡山、山东省主席韩复榘、山西省主席徐永昌、绥远省主席傅作义、北平特别市市长秦德纯、天津特别市市长程克、青岛特别市市长沈鸿烈等人发出通电：“为华北柱石为民众领袖之诸公，当此危急存亡之秋，宜定大计，借救国家之灭亡而负磐石之重任。”②一个月后，“冀东防共自治委员会”更名为“冀东防共自治政府”，殷汝耕改任政务长官，总揽全区军政大权。

殷汝耕的冀东“自治”无疑是日本撬开“华北自治”的一道缝隙，日本陆军总部对此极为兴奋，日本外务省更是认定“华北可以此为导火线而发生重大变革”③。于是，华北驻屯军及日本特务机关“再接再厉”，随即在平津及华北地区兴风作浪，又怂恿、策动了多次“自治”闹剧。

所谓的“华北自治”是严重破坏中国领土主权的罪恶行径，这是任何一个主权国家都无法容忍的。南京国民政府马上做出反应，在11月26日，也就是“冀东防共自治委员会”宣布成立的第二天，撤销滦榆和蓟密两区行政督察专员，下令捉拿殷汝耕。同日，南京政府电示平津及河北军政当局，对冀东脱离中央的行为决不承认。但是，日本方面却气势汹汹跳出来进行阻挠，在国民政府下令缉拿殷汝耕的第二天，日本驻南京总领事对南京政府发出威胁：如果南京政府对华北自治运动采取无视舆论的手段，例如逮捕殷汝耕的行动，那么日本将不得不采取措施。④这一场场“闹剧”的幕后策划者华北驻屯军也放话：“中国当局如以武力镇压，实属徒劳。为中国官方计，莫如采取适当之步骤，以应付自治之要求。”⑤

在日本的恫吓下，国民政府不敢放手行动，捉拿汉奸殷汝耕的命令最后不了了之。就这样，“冀东防共自治政府”就在日本侵略军的羽翼下孳生，它如同一根鱼骨，卡在华北的中心平津，欲罢不能。华北危在旦夕！

---

①②③ 《满洲日报》1935年11月26日。

④ 天津《大公报》1935年11月29日。

⑤ 天津《大公报》1935年11月27日。

## 二、局势进一步恶化

日本处心积虑谋划一系列华北事变和“华北自治”运动，目的均在于促成中国北方各省的分裂。

在日本的操纵下，华北各地暗流涌动，各实力派首脑与南京中央政府之间的貌合神离初现端倪。狡猾的侵略者加紧利用中央与地方实力派之间的矛盾，以及各地方实力派之间的相互争斗，对各派首脑投其所好、威逼利诱，急切寻找华北独立的突破口。平津作为华北的中心，自然是日本关注的“焦点”。就这样，当时主政平津、以二十九军为武力支撑的宋哲元首当其冲，成为日本“渔猎”的首要对象。

宋哲元（1885—1940）是山东乐陵人，参加过直奉战争，是冯玉祥西北军五虎上将之一。1924年10月冯玉祥部改编成国民军，宋哲元任国民军第十一师师长，次年又任热河都统。此后历经北伐战争和蒋冯战争。1931年6月起，宋哲元任国民革命军二十九军军长，他努力整军经武，积极准备抗日。1933年，日本关东军占领热河，向长城各隘口发动进攻，原驻遵化的二十九军移师驻防平东地区，编入长城线对日作战，宋哲元任总指挥。在这一场声震全国的长城抗战中，宋哲元的二十九军血战喜峰口、罗文峪，创下辉煌战绩。从此，二十九军以英勇善战名扬天下①，宋哲元本人则获得了抗日将军的美名。

长城抗战的赫赫战功不仅给宋哲元和他的二十九陆军带来了崇高的荣誉，也为其在华北的发展创造了有益的条件。长城抗战结束后，宋哲元奉命率部从长城撤退至通州以东运河沿线布防。1935年6月北平发生白坚武汉奸叛乱事件，宋哲元与国民政府北平军分会代理主任协商，获准将二十九军开入平津平叛。虽然当二十九军第三十七师以急行军的方式赶到

① 以二十九军大刀队为创作原型的《大刀进行曲》成为当时流行最广的抗日名曲，广为传唱。

北平近郊时，白坚武已经被商震的部队击溃，但宋哲元却利用这个契机占据了平津。

宋哲元进入平津后，许多原西北军旧部纷纷前来投靠。为扩充编制，宋哲元多次与南京政府交涉，理由是进入山海关内的日军关东军至少有12万，而二十九军只有区区不到6万人，差距甚大，因此要求另外成立8个保安旅，计3.2万人，连同原有兵力扩充到近10万人。南京方面不仅同意了宋的要求，而且为其配备了装备。不仅如此，宋还自筹资金，从国外购买军火，又在天津、大沽等设厂，制造子弹、轻重机枪、迫击炮和掷弹筒等。于是，二十九军兵强马壮，非昔日同僚所能比。

在增强兵力的同时，宋哲元还将自己手下将士安插到平津和冀察两省重要位置上。如秦德纯出任北平市长，张自忠出任天津市长，刘汝明出任察哈尔省省主席，冯治安出任河北省省主席。这样，二十九军牢牢掌控了平津及冀察两省的军政大权，宋哲元成为华北最有实力的实力派首领。

宋哲元及兵强马壮的二十九军无疑是日本分裂中国的首选对象，因此，他们开始费尽心思拉拢宋哲元。关东军曾信心满满地说："实现华北分离，用内部工作的手段即有达成目标之希望。"这个"内部工作"主要指的是做宋哲元的工作。

1935年整整一年间，日本侵略军一边在华北兴风作浪，多次煽动、操纵妄图将华北从中国分离出去的一系列所谓的"华北自治运动"，向南京政府施压；另一边则利用宋哲元与南京政府的矛盾，引诱、催逼宋哲元采取实际行动实施"自治"。

1935年12月26日，即所谓的"冀东防共自治委员会"出笼后的第二天，南京政府行政院紧急召开会议，商讨应对措施。会上决定撤销北平军分会，以军政部长何应钦为驻平长官；任命宋哲元为冀察绥靖主任；殷汝耕免职拿办。①这一决定无疑是中央政府重振华北军政大权的尝试，立即遭到日方强烈反对。日军不仅向南京政府发出不得镇压"自治运动"的警告，而且不惜出动兵力、军舰挑衅示威。27日，华北驻屯军派出400多人增兵平津两

① 《国闻周报》1935年12月2日。

地；同时出动90余人武装占领丰台车站、天津总站和西站，公然阻止平汉、津浦两路列车南下。日本海军派出两艘驱逐舰从旅顺急驶华北，28日到达塘沽，在海上示威。

希图独占平津的宋哲元也不痛快，他忌讳南京政府设置的驻平长官插手平津事务，分化自己的权力。因为不能在明面上反对中央决定，宋哲元就对冀察绥靖主任一职坚辞不就，并以平津危机向南京施压。30日，宋哲元向南京发出名为请示，实为要挟的电报。电文说：

> 忧患叠乘，情势危迫，屡经电陈，计邀钧察。刻下民情愈益愤昂，城乡市镇，议论纷纷。倡导自治者有之，主张自决者有之。一一遏抑，既有所不能，徒欲苦撑，亦绝非空言所能奏效。……心所谓危，不敢不告。[①]

字里行间都在告知南京政府平津一带民情汹涌，华北“自治”已成大势，难以压制。次日，天津市长、北平市长也相继致电行政院告急。

日方和宋哲元共同逼迫南京政府放弃行政院的决定，为了在华北实行变相“自治”作为对日妥协的条件，蒋介石在无奈之中同意宋哲元成立冀察政务委员会，管辖河北、察哈尔两省及平津两市。

12月11日，南京政府发布《国民政府组织冀察政务委员会的命令》，预定12月16日宣布成立。然而，轰动全国的一二·九运动和一二·一六运动[②]相继在北平爆发，忌惮于北平及全国民众的强烈不满与反对，政委会的成立仪式不得不延迟到18日，而且成立大会仅有来宾与记者30余人[③]，在军警如林的氛围中，只开了20分钟就草草收场。会上，宋哲元发表了就职演说，明确表示要与日本善邻亲睦，表露出明显的亲日倾向。

---

① 《国民周报》1935年12月9日。

② 1935年12月16日，消息传来将在该日举行成立冀察政务委员会的仪式，北平学生和市民1万余人举行大规模的示威游行，表示对国民政府及宋哲元成立冀察政务委员会的抗议。史称“一二·一六运动”。

③ 《大公报》1935年12月19日。

冀察政务委员会是日本搅乱华北后的特殊产物。它名义上隶属国民政府，而实际上却具有半独立的性质。它的出现，是蒋、日、宋三方面相互妥协的结果。

从蒋介石的南京政府方面看，蒋介石对日本的侵略野心心知肚明，同时顾忌中国民众与日俱增的抗日情绪，决不能拱手将华北让给日本；但此时蒋又不敢直接与日本对决。成立冀察政务委员会作为一种缓冲，虽然承认华北的“特殊化”，但名义上国民政府仍对华北行使主权。

从日本方面看，冀察政务委员会虽与它预想的华北独立目标相去甚远，但在国际上与苏联冲突日见频繁，与英、美矛盾不断激化的情况下，全面发动侵华战争还有待斟酌，在不发生大规模武装冲突的情况下，成立一个半独立于蒋介石政府的华北政权，还是可以接受的。因为这个半独立的政权，将“成为华北五省政治上脱离南京政府而独立的阶梯”。

从宋哲元方面看，他达到了独揽平津及冀察政权的愿望，这是他自进驻平津以来，念兹在兹，绞尽脑汁在蒋、日之间权衡利弊的最好结果。然而，也就是这样的结果，意味着宋哲元在可知的未来将独立承担日本施与的更大压力，他将在以后的中日矛盾冲突中左支右绌、步履维艰，给自己的一生留下难以抹去的阴影。

然而，1935年12月冀察政务委员会成立后，宋哲元并没有完全遵从日方的旨意。于是，日方在继续设法诱惑宋哲元屈从的同时，也频频表现出若宋哲元不肯俯首帖耳，他们便要重新寻找代理人，将其逐出华北的意向。1936年1月23日，美国驻华大使江森就看出了日本人的企图，他给美国国务院发了一则电报。电报内容为：

> 一般认为日本人正继续策动五省自治的努力，但他们发现宋（哲元）、韩（复榘）、阎（锡山）都难动摇。一般咸信宋哲元如不顺从日本人的意愿，他将被逐出河北省。在日本人的支持下，石友三被任命为北平保安队司令，可能就是在必要时驱宋的预先安排。①

---

① 李云汉：《宋哲元与七七抗战》，台北：传记文学出版社1978年版，第146页。

1936年3月，日本驻上海武官矶谷廉介到华北转了一圈，发现华北的情形与日本的要求大相径庭，因而十分失望。他也发了一则电报，是给日本陆相川岛义之的。电文中说：

> 宋哲元惟听从南京中央之威命，完全不能行使我方之自治工作，亦未能依照预定进展，事态诚可寒心。欲为使我方之自治工作恢复轨道之故，有压迫宋哲元使彼听从吾人之必要。因此之故，天津军（即华北驻屯军）先有增兵之必要。天津军之增兵，务请将时间提前，必求于四月中实现。……某种场合，有驱逐宋哲元而代以其他人物之必要。①

矶谷廉介的电文明确反映出日方对宋哲元以及冀察政务委员会的不满。这种不满，使日本政府加快决定改变此前的“柔性”政策，转向积极谋划发动侵略战争。

从1936年起，日本开始了发动全面侵华战争的各种准备，其中最主要的举措，就是向华北增兵，强化华北驻屯军。

1901年，包括日本在内的11国与清政府签订《辛丑条约》后，日本以“护侨”“护路”为名组建的华北驻屯军，因司令部设在天津而得华北之名，它与朝鲜军、台湾军、关东军一起并列为日本帝国主义在海外的四大常备兵团。从侵入中国那天起，华北驻屯军就在中国领土上频繁举行军事演习，挑起武装冲突，不断制造或怂恿武装暴乱，掩护和参与走私贩毒活动，大肆掠夺中国资源……总之，无恶不作，给中国人民生命财产带来严重危害。关东军发动九一八事变时，华北驻屯军遥相呼应，也在天津惹是生非，策动了十一月的便衣队暴乱；在关东军攻打热河及长城各口时，华北驻屯军又与之狼狈为奸，秘密收买、分化和策反驻华北的中国军队；1935年，华北驻屯军还伙同关东军一起制造华北危机。华北驻屯军是日本帝国主义残

① 台湾外交问题研究会编：《中日外交史料丛编》（五），台北“中华民国外交问题研究会”1966年印行，第407页。

害、蹂躏中国人民的得力工具。

5月，首批增兵华北的日本军队抵达中国，在塘沽登陆。据统计，到6月，日军共增兵8批。增兵总数东京公布为6000人，连同原驻华北的2400人，合计8400余人，而实际增兵人数远远超过公布数字。据上海《申报》1936年9月间的调查，增兵后的华北驻屯军人数不下于14000人。此外，华北驻屯军还在华北19个城市设立特务机关，同时豢养一大批伪军。

日本政府擅自向华北增兵，这是对中国主权的严重侵犯。然而日本参谋本部总长闲院宫载仁却强词夺理，宣称这次增兵只有两个目的：一是“防共”，二是“保护日本侨民”。这些言辞纯系借口。

上万装备精良的日本兵荷枪实弹地开进华北，再加上驻屯军原有兵力和华北各地的特务机关，日本在华北的武装力量已经对宋哲元的二十九军构成严峻的挑战。伴随着增兵而来的，是日军在天津、塘沽一带横行霸道，为所欲为，蓄意制造武装冲突活动的加剧。日军增兵进一步加深华北地区的全面危机。

1936年7月9日，驻塘沽日军香川部队30名步兵乘小船在海河进行军事演习，他们把船划到东大沽，要求在那里登岸。因事先没有接到日军进行演习的通知，中国守军不允许日军上岸，然而日军却不听劝阻，强行登陆，导致双方枪击互伤。事后，驻守天津的三十八师师长张自忠委曲求全，亲自向日本驻屯军参谋长桥本群进行解释，“大沽口事件”才得以平息。

紧接着21日，天津市政府保安队九中队第三分队队长邹凤岭误入日本租界，被日本特务逮捕关押。日本特务对邹进行严刑拷打，审问他的身份、到日租界的目的等。邹凤岭不敢暴露，一口咬定自己是北宁新站小营公司的茶役，因迷路误入租界。22日，日本特务押邹凤岭到小营公司对质。由日租界到新站须道经市政府，此时，市政府保安队正为分队长失踪着急，一个在市政府轮值的保安队员一眼瞥见他们的分队长被押在卡车上正从金刚桥通过，一时情急，向此车开枪射击，打死一名日本特务。在场保安队员们合力把邹凤岭抢了回来。这就是“金刚桥事件”，也称“天津警探冲突事件”。事发之后，在津日本特务一窝蜂拥来，聚集在天津市政府门口；市政府保安队也全体出动，个个持枪肃立。两军对峙，冲突一触即发。此事最后依然由张自忠出面斡旋，最后日方提出4点要求:（1）市长正式道歉;（2）严惩开枪保安队员及肇事分队长;（3）从优抚恤死者及伤者;（4）保证此后不再发生类似事件。经过反复磋商，“金刚桥事件”最后未引发更大争端。

在北平市区及周边，日军为扩展驻地，更是不择手段寻衅滋事。国弱被欺，北平政府无可奈何，市民更是敢怒不敢言。

日本驻军常常不征得中方同意，擅自在东单牌楼和长安街等中心区域演习巷战，坦克在街头巷尾横冲直撞，钢铁履带将长安街路面轧得凹凸不平；日军甚至在民房上架起机枪，筑起沙袋工事，对垒演习，肆意踩踏，如入无人之境。情节严重、影响最为恶劣的，是日军针对二十九军在北平城内外连连发起的“朝阳门事件”和两次“丰台事件”。

1936年1月5日晚10时许，一辆日军军车行至朝阳门。此时城门已闭，守城警察张玉亭及保安队班长张巨铤按规定对未带通行证的日军进行拦截。但是，屈服于日军的嚣张跋扈，二人还是用电话向上级请示，经批准开城放行。日军对中国守城警兵的积极请示、通融，不仅不表示感谢，反而以开城迟缓为由殴打张玉亭、张巨铤二人，还冲进中方宪兵驻守所鸣枪恐吓。在城上守备的二十九军官兵见状不得不鸣枪示警，5名日兵这才爬上军车仓皇离去。后经交涉，双方派员到现场调查。日方以天黑无法看清为由，拒绝受伤中国警兵指认行凶日兵，反诬二十九军开枪射击日军，向中国提出无理抗议，并扬言保留向中方提出要求的权利。此事发生后，宋哲元向日本驻屯军提出抗议反击日军的嚣张气焰。“朝阳门事件”因发生在北京城区，当时引起更多的中外关注，一时间北平城内风声鹤唳，人心惶惶。

为了从二十九军手中抢夺丰台，日军又持续在丰台蓄意制造了两起“丰台事件”。

丰台镇位于北平西南卢沟桥东面，被称作平津的南大门，北宁、平绥、平汉等线路均以此为中心，是北平甚至可以说是华北地区的交通枢纽。这样一处经济、政治、军事上的战略要地，自然成了日本侵略者侵占北平乃至控制华北的首选目标，他们心怀不轨，时刻等待下手的机会。

1936年6月26日，二十九军三十七师部分官兵由张家口调至丰台驻防，行抵丰台火车站时，因火车突鸣汽笛，致使5匹军马受惊，其中一匹奔入日军正在修建的营房中，被日军扣留。中国士兵追至日本军营，与值勤的日军交涉要求归还军马，但日兵不仅拒绝归还，还将中国士兵打伤。第二天，意欲无事生非的一群日军冲进三十七师的马厩，与中国守军发生械斗，双方都有人受伤。事件发生后，日方要求宋哲元“道歉”“赔偿”并“撤出丰台”。宋哲元答应“道歉”，但拒绝从丰台撤兵，只将与日军发生冲突的官兵调往北平西郊颐和园。此为“第一次丰台事件”。

第二次丰台事件发生在8月31日。该日，日侨森川太郎闯入二十九军驻丰台军营无理取闹，在与中国守军殴斗过程中被刺杀。日军立即以“驻丰台日军感受到了二十九军的威胁”为由，又一次要求二十九军撤出丰台。宋哲元派人前去交涉有关赔偿、道歉事项，但包藏祸心的日军不肯善罢甘休。此后，丰台日军更不断向二十九军寻衅。9月15日，日本参谋本部甚至发布命令宣称：“在华北，万一发生有关帝国军队威信的事件，中国驻屯军应立即断然给以惩罚。”

9月18日下午，二十九军丰台驻军第五连孙香亭部在营房外铁道附近演习，回营途中与日军相遇，狭路相逢，互不退避。日军小队长岩井带领两名日本骑兵冲入孙香亭连行进的队列中，孙部士兵以枪托击马驱逐，日军以此为借口，将孙香亭连包围，并要解除其武器，孙香亭上前交涉，却遭日军扣押。步兵第一联队联队长牟田口廉也闻讯率一个大队从北平赶来增援，行至大井村，与丰台驻军展开枪战，日军趁机将丰台通北平的电话线切断，强占丰台重要地点威逼二十九军，双方对峙一整夜。此为“第二次丰台事件”。事后，日军要求：“在丰台地区之中国军队最后应撤至南苑或西苑。”在日军的强势压制下，宋哲元被迫退让。19日，中国军队移防到丰台东南方赵王庄、新林庄。

通过两次丰台事件，日军终于赶走了丰台的中国驻军，控制了北平南面的战略要地。丰台落入日军手中，成了日军发动卢沟桥事变的屯兵处。当时，北平的东面已经被日军一手扶持的通县殷汝耕伪冀东防共自治政府和唐山陶尚铭的伪唐山自治政府把控；北面，由百灵庙德王的伪蒙疆自治政府控制。就此，日本完成了对北平的三面包围。1937年7月7日挑起卢沟桥事变的日军，正是日军驻丰台的第三大队第八中队；最先向卢沟桥守军发起全面进攻的，也是从丰台出动的日军第三大队。

日军控制丰台后，气焰更加嚣张。10月26日至11月4日，华北驻屯军以北平为假想进攻目标，在北平城、卢沟桥、长辛店、军粮城、大沽、通州等处同时进行“秋季大演习”，参加演习的包括步兵、骑兵、炮兵及坦克各种兵种，几乎出动了驻屯军的全部兵力。演习中，日军肆意骚扰中国百姓，他们践踏庄稼、毁坏民房、殴打群众，甚至杀害无辜。据当时北平学联调查：“小粮、台潞至河台一带的棉花，都被日军演习时践踏，小红门一带的白菜也被践踏无余，没有成熟的高粱迫令割倒，民众因生命线断绝，莫不叫苦连天。”①有几个不识字的农民，因误入日军演习警戒线，竟被残暴的日军活活打死。11月3日，参加演习的日军开着坦克和炮车，全副武装地进入北平，在经过朝阳门时，一个年仅11岁的小姑娘喊了一句“打倒日本帝国主义”，一个日军听到后，竟然凶残地将这个小姑娘抓起来，扔到正在行驶的坦克下面，一阵隆隆声过后，小姑娘被轧成了肉泥。惨绝人寰的事实彻底暴露了日本侵略军的嗜血、残暴。②

进入1937年，日军的武装挑衅变本加厉。此时，从北平南面入手，通过卢沟桥进攻北平城区，再来一个“柳条沟事变”已在日军高层的盘算之中。对中国来说，“卢沟桥之得失，北平之存亡系之；北平之得失，华北之存亡系之”，卢沟桥的战略地位由此可见。但要占据卢沟桥，首先得拿下位居丰台镇西北2.5公里处的一个古村落——大井村。日军从丰台往卢沟桥调兵，必须从丰台往北到大井上公路后往西；从北平往卢沟桥调兵，要出广安门上公路通过大井去卢沟桥；从北平往丰台调兵，同样也要出广安门到大井后南行到丰台。作为交通要道的小小大井村就这样成了日军的必争之地。

早在1936年底，日本驻北平特务机关长松井太久郎就向宋哲元提出，要求允许日本人在大井村修建一个“商用”机场。宋哲元深知大井村的军事价值，岂能不知松井的真实意图？但此事又不能当面回绝以激怒对方，便

① 《现世界》第1卷第8期，1936年12月8日。

② 《历史不能忘记》丛书编委会：《“七·七”卢沟桥事变》，中国民主法制出版社1999年版，第13页。

先敷衍他说："区区小事，请你们与管辖大井村的宛平县协商解决。"此后，为了便于与日交涉，河北省政府于1937年1月1日在宛平城专设第三区行政督察专员公署，让北平市政府参事、宣传室主任王冷斋来担任督察专员兼宛平县县长，专门负责处理日军在大井村修建机场一事。

王冷斋生性耿介，有胆识又风度翩翩，有文人气质。面对骄傲蛮横的日本人，他有礼有节，照章办事，让他们一次次碰"软钉子"，又找不到把柄。日本人拿来占地草图要他交割大井村土地，王冷斋就向他们索要冀察当局的批文；当他们拿来批文，又被告知地面涉及居民房屋、树木、河流、道路、桥梁，需通盘研究；等一段时间研究后，又说当地农民不愿出卖祖宗坟地，县政府不能强迫。日本人屡次被拒后，便开始耍诡计，他们勾结当地汉奸、地痞进行串联，以欺骗、胁迫的手段让村民让出土地。王冷斋连忙派出手下人员，秘密到村里探访，对村民晓之以理，动之以情，告诉村民日本人拿到土地就要做机场，机场一旦建成就要侵略宛平城，到时大批日军进村，家家户户就要遭殃。由于村民拒绝，日军的诡计又一次落空。后来日军甚至强邀王冷斋参加宴会，在酒席上软硬兼施要他在协议书上签字，都被有勇有谋的王冷斋巧妙避开。就这样前后拖了四五个月，日本人虽然挖空心思，但最终没能在大井村建成机场。

1937年1月23日，成立不到一年的广田弘毅内阁倒台。2月2日，林铣十郎内阁上台，佐藤尚武出任外相。为了使日本内部平稳地向战争体制过渡，林铣政府改变了侵华策略。它在2月20日起草的《第三次处理华北纲要》中提出"处理华北问题的重点，在于将该地区造成巩固的防共、亲日满地带，同时，有利于获得国防资源和扩充交通设备"，并"使南京政权对日满华合作互助的各种措施进行合作"。①3月，日本政府派出以财阀玉谦次为团长的由银行家企业家组成的代表团赴华访问，打出"只谈经济，不谈政治"的招牌，与中国政治头面人物洽谈"经济合作"。4月16日，日本外、藏、陆、海四相会议制定《对中国实施的策略》和《指导华北的方针》，提

① 复旦大学历史系：《日本帝国主义对外侵略史料选编（1931—1945）》，上海人民出版社1975年版，第100页。

出要“努力消除内外的疑虑和中国对日本的不安之感”,“使中国方面进而对经济资源的开发、交通的发展、文化关系的提高等进行合作”。[①]在这一方针下,“佐藤外交”登场。

就在该月，华北驻屯军居然邀请宋哲元、张自忠等二十九军将领访日，事先声明费用从日本退还庚子赔款中支出。宋哲元自然不会前往，但张自忠等人经不住日本的软磨硬泡，半推半就入了圈套。以张自忠为首的代表团抵日后，每到一地,“都受到各方面热烈的招待”，代表团成员也是“满脸喜气”“至为满意”。日本因此大造“中日亲善”舆论。其间，日本政府甚至还派出一个大型歌舞团到中国，在济南向韩复榘等山东政要做慰问演出。一时间，中日间出现异乎寻常的和平友好气氛，与接二连三在平津两地发生的各种挑衅事件形成强烈的反差，诡异莫测。然而，旁观者清，当时就有明眼人对这种不平常的“中日亲善”提出怀疑。美国著名汉学家、“中国通”拉铁摩尔曾说:“这太像一九三一年了，太平静了，太平静了，平静得不能使我们放心，我们又怕见到一个‘九一八’呢!”以沉稳、圆滑、老练著称的美国资深外交官格鲁也觉察到:佐藤外交“只不过是扩张主义运动中的一次周期性退潮”,“恰似海边的浪潮，坚信潮是在涨，而不是在落，重涨起来的侵略扩张运动的浪潮必定要比以前的潮水冲得更远……按常例，今后几个月一定有好戏看。在这里，总觉得有点像坐在火山上，不知道火山将在什么时候爆发，我则确信，爆发的日子决没有过去”。中国共产党领袖毛泽东更是一针见血地指出:“所谓‘中日提携’的宣传和某些外交步骤的缓和，正是出于战争前夜日本侵略政策的战术上的必要。”[②]不幸而言中，这些怀疑和预测都成为后来发生的残酷事实。

胡搅蛮缠的武装挑衅、得寸进尺的扩军占地，以及“中日亲善”“中日提携”之类冠冕堂皇的论调，都不过是日本统治集团内部“急进派”和“稳健派”在侵华策略、侵华时机选择上的不同策略的表现。“急进派”认为“日

① 复旦大学历史系:《日本帝国主义对外侵略史料选编（1931—1945）》，上海人民出版社1975年版，第213页。

② 《中国共产党在抗日时期的任务》,《毛泽东选集》(第一卷)，人民出版社1991年版，第256页。

中关系如此恶化，用一般的手段就能调整好是不可想象的”，因此主张“首先对华一击，挫败蒋政权的基础……”；“稳健派”则认为要“采取一切手段，向互助共荣迈进”，“在实行以上工作后，仍不能调整日华关系或更加恶化、真的到了不得已时，经过最大的忍耐后，准备给予致命的痛击”。[①]可见，他们的最终目的都是一致的。

## 三、中国共产党的抗日主张

日本帝国主义的入侵激发了每个不愿当亡国奴的中国人的民族情感，九一八事变后，全国各阶层民众掀起了排山倒海般的抗日救亡运动。人们拿起枪走上抗日杀敌的战场；拿起笔，揭露日本侵略者的暴行，驳斥“攘外必先安内”的误国政策；组织各种抗日救亡团体，为实现全民族团结抗日奔走呼号。

中国共产党毅然打出抗日大旗，挺身站到全民族抗御外侮的前列。

九一八事变发生后，党中央立即发出《中国共产党为日本帝国主义强暴占领东三省事件宣言》。宣言控诉日军暴行，并发出警告：

> 帝国主义，尤其是日本帝国主义是压迫中国，屠杀中国民众的万恶强盗……其显明的目的显然是掠夺中国，压迫中国工农革命，使中国完全变成它的殖民地……全中国工农兵士劳苦民众，必须坚决一致在争取工农革命胜利自求解放的利益之下，实行反帝国主义反国民党的斗争。只有广大群众的革命铁拳，才能制止帝国主义的暴行，驱逐帝国主义出中国！

这一宣言，充分表现出中国共产党对日本帝国主义毫不妥协的坚定立场。

---

① 日本防卫厅防卫研究所战史室著，田琪之译：《中国事变陆军作战史》（第1卷第1分册），中华书局1979年版，第110页。

1932年1月，日本在上海发动一·二八事变，企图以新的侵略战争转移国际社会对东北问题的关注，中国共产党采取与国民党消极抗战截然相反的坚决态度。4月15日，中华苏维埃共和国临时中央政府发布关于动员对日作战训令，正式宣布对日作战，号召全中国工农红军和广大被压迫民众，在苏维埃的旗帜之下，积极参加和进行革命战争，以民族革命战争驱逐日本帝国主义出中国，反对一切帝国主义瓜分中国，彻底争得中华民族真正的解放和独立。同日，中共苏区中央局也发出《关于红五月运动中实行对日宣战的动员决议》，号召全国民众“自动武装起来，站在苏维埃领导之下，一致的对日作战”。

中华苏维埃共和国的对日宣战，与国民党政府的不抵抗政策形成了鲜明的对比。

1933年1月17日，针对日本关东军攻占山海关的侵略行为，中共发表《为反对日本帝国主义侵入华北愿意在三条件下与全国各军队共同抗日宣言》。宣言一面谴责蒋介石的不抵抗政策，一面提出愿意在“立即停止进攻苏维埃”“立即保证民众的民主权利”“立即武装民众创立武装的义勇军”这3项条件下，与中国任何武装部队订立抗日作战协定。①宣言的发表在全国引起强烈反响。在中国共产党宣言的影响和中共地下党组织的帮助下，冯玉祥、吉鸿昌、方振武等爱国将领组织了“察哈尔民众抗日同盟军”②，开展察绥抗战，轰动全国，由此引发积极响应共产党宣言、抵抗日本侵略的民间热情在中国大江南北迅速高涨。

1934年4月10日，中共又在《为日本帝国主义占领华北并吞中国告全国民众书》中疾呼：“一切真正愿意反对帝国主义的不甘作亡国奴的中国人，不分政治倾向，不分职业与性别，都联合起来，在反帝统一战线之下，一

---

① 中央档案馆编：《中共中央文件选集》（第八册），中共中央党校出版社1985年版，第444页。

② 又称察绥抗日同盟军，是在中国共产党的推动、帮助下，由冯玉祥、吉鸿昌、方振武等爱国将领于1933年在华北北部察哈尔（旧省名，在北京西北方向，今分属河北、内蒙古、山西等地）组织部队进行抗日斗争，是中国爱国将领冲破政府当局错误的对日妥协政策而进行的一次抗日壮举。

致与日本和其他帝国主义作战。”[①]几天后，中国共产党联络爱国民主人士，以“中国民族武装自卫委员会筹备会”的名义，发布《中国人民对日作战的基本纲领》，提出了中国人民武装抗日的6项共同纲领：

（1）全体海陆空军总动员对日作战；

（2）全体人民总动员；

（3）全体人民总武装；

（4）立即设法解决抗日经费；

（5）成立工农兵学商代表选举出来的全中国民族武装自卫委员会；

（6）联合日本帝国主义的一切敌人。

这个著名的“六大纲领”在国内外得到积极响应，有几十万人签名拥护。但不幸的是，当时国民党蒋介石置民族危机于不顾，顽固坚持“抗日必先剿共”的方针，集结重兵大举进攻苏区，中国工农红军在第五次反“围剿”中遭受失败，被迫进行长征。

就在红军进行艰苦卓绝的长征途中，日本帝国主义发动华北事变，中华民族濒临生死存亡的空前危难。1935年7月，在共产国际第七次代表大会期间，根据华北事变以来民族危机加深的形势和共产国际精神，中共驻共产国际代表团草拟了《中国苏维埃政府、中国共产党中央为抗日救国告全体同胞书》（即《八一宣言》）。《八一宣言》明确提出：“抗日则生，不抗日则死，抗日救国，已成为每个同胞的神圣天职！”并呼吁：“停止内战，以便集中一切国力（人力、物力、财力、武力等）去为抗日救国的神圣事业而奋斗。”《八一宣言》还提出了抗日救国的10条“行政方针”，具体内容为：

① 中央档案馆编：《中共中央文件选集》（第八册），中共中央党校出版社1985年版，第191页。

（1）抗日救国收复失地；

（2）救灾治水安定民生；

（3）没收日帝在华一切财产，充作对日战费；

（4）没收汉奸卖国贼财产、粮食、土地，交给贫苦同胞和抗日战士享用；

（5）废除苛捐杂税、整理财政金融、发展工农商业；

（6）加薪加饷、改良工农军学各界生活；

（7）实行民主自由、释放一切政治犯；

（8）实行免费教育、安置失业青年；

（9）实行中国境内各民族一律平等政策，保护侨胞在国内外生命、财产、居住和营业的自由；

（10）联合一切反对帝国主义的民众作友军，联合一切同情中国民族解放运动的民族和国家，与一切对中国民众反日解放战争守善意中立的民族和国家建立友谊关系。

从内容上看，中国共产党此时提出的抗日民族统一战线已经将国民党及其军队包括进来。这表明在外敌当前，在关乎民族存亡的危急关头，中国共产党能够以大局为重，前嫌尽弃，团结一切可以团结的力量，一致对外。

《八一宣言》于当年10月1日在法国出版的《救国报》[1]上全文发表，报社根据中国国内《新生周刊》订户的名单，将载有《八一宣言》的这份《救国报》分别寄到北平、上海、广州、重庆等城市，由此得以在全国各地广泛传播，引领国内外舆论。各界爱国人士对中国共产党的主张表示热烈拥护，就连一些国民党内的高层人士及国民党政要都对中共主张由衷称赞。趁热打铁，中国共产党积极采取团结争取的方针，加强与爱国民主人士以及国民党内爱国将领的联系。就这样，由中国共产党倡导的全国范围的抗日民

① 为了宣传《八一宣言》，促进抗日民族统一战线的实现，中共驻共产国际代表在共产国际七大闭幕后，在巴黎创办了《救国报》（后改名为《救国时报》）。

族统一战线呼之欲出。

同年12月17—25日，中国共产党在陕西安定县（今子长市）瓦窑堡举行扩大会议，即党史上著名的瓦窑堡会议。会议分析了华北事变后国内阶级关系的新变化，讨论了抗日民族统一战线、国防政府和抗日联军等问题。会议通过张闻天起草的《中央关于目前政治形势与党的任务决议》，提出：中国共产党是无产阶级的先锋队，同时又是全民族的先锋队。这次会议提出关于建立抗日民族统一战线的理论和策略，认为在民族矛盾上升为中国社会主要矛盾之际，有必要和可能与民族资产阶级以至地主买办阶级中的一部分力量重新建立统一战线。这表明中共把共产国际七大提出的关于建立反法西斯统一战略的总方针，创造性地运用到指导中国的抗日救亡斗争。

瓦窑堡会议结束后第三天，毛泽东根据瓦窑堡会议决议精神，在党的活动分子会议上，做了题为《论反对日本帝国主义的策略》的报告。报告

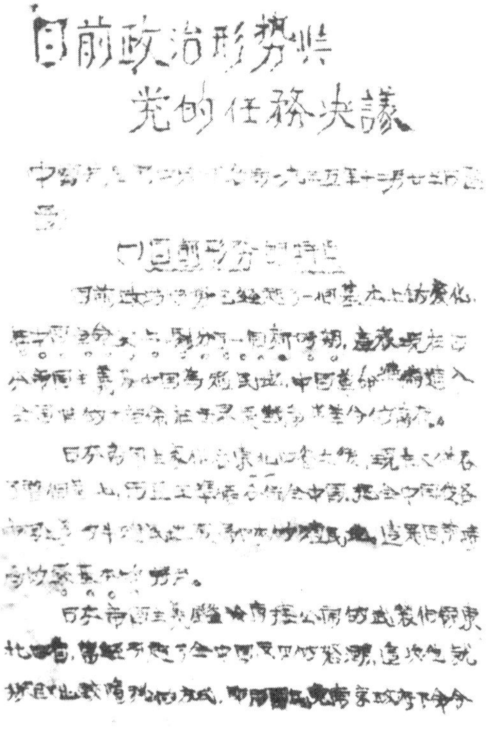
目前政治形势与党的任务决议

《中央关于目前政治形势与党的任务决议》

深刻分析了九一八事变以来，特别是华北事变以来的国内外形势，以及由此引起的中国国内政治关系的新变化。毛泽东在报告中富有预见性地指出，中国的工人、农民和小资产阶级都要求抗日；具有两面性的民族资产阶级，由于殖民地化的威胁，有起变化的可能性，他们中间的一部分有可能参加抗日斗争，另一部分则有动摇而采取中立的可能；即使大地主大资产阶级营垒，在民族危机的严重关头，也是要发生破裂的。他向全党发出号召："组织千千万万的民众，调动浩浩荡荡的革命军，是今天的革命向反革命进攻的需要。"

瓦窑堡会议的决议和毛泽东的报告是九一八事变以后，中共中央为建立抗日民族统一战线、实行第二次国共合作，确立的正确的方针政策。

瓦窑堡会议以后，中共采取了下层统一战线工作和上层统一战线工作齐头并进，着重开展上层统一战线工作的原则，力求推动最广泛的抗日民族统一战线蓬勃发展。

下层统一战线工作，主要是在城市各行各业中组织抗日救国会，联合各种救亡组织，大力开展群众性抗日救亡运动；在国共两军对峙的地方，则通过前线喊话、联欢、释放俘虏、派人到国民党军队宣传、办训练班等方式，有效地争取国民党士兵走上联合抗日的道路。

上层统战工作的一个重要方面是团结各界爱国领袖。这一时期，毛泽东曾代表中共中央先后给宋庆龄、蔡元培、沈钧儒、邹韬奋、陶行知、章乃器等写信，积极支持他们的爱国主张和民主活动，通过他们扩大统战工作的宣传力度和影响范围。投桃报李，中国共产党的努力收到丰厚的回报。宋庆龄、鲁迅、茅盾、覃振等知名爱国人士分别致电致函中共中央，表示拥护中国共产党的团结抗日主张。方振武、陈铭枢、蔡廷锴、陶行知等，还先后在《救国时报》上发表文章和谈话，公开声明拥护建立抗日民族统一战线。受中国共产党的影响，当时已经96岁高龄的爱国人士马相伯与廖仲恺遗孀、女权运动先驱何香凝等，一起走上上海街头，带领群众举行抗日救国游行。

争取地方实力派是上层统一战线工作的另一个重要方面。1935年七八月间，中国共产党驻共产国际代表团团长王明，在共产国际第七次代表大会上，根据共产国际新的统一战线策略精神，公开宣布愿意与国民党内各个派系在“抗日反蒋”的基础上结成统一战线。除华北的宋哲元、冯玉祥、傅作义、张自忠外，陕西的张学良、杨虎城、高桂滋、邓宝珊，山西的阎锡山，两广的陈济棠、李宗仁、白崇禧、李济深，四川、云南的刘湘、刘文辉、龙云等，都是中国共产党热切关注的重要统战对象，中共中央分别派出得力的干部，与他们建立各种形式的联系。毛泽东、周恩来、刘少奇、朱德等党和红军的高级领导人还以通信、公开谈话等多种方式，晓之以理，动之以情，千方百计同他们增进感情，恳切地表示愿同他们合作抗日，一致对外。

中国共产党建立全国范围内反日统一战线的倡言和行动，很快引起了蒋介石的注意。

就在1935年底，蒋介石阅读了南京政府驻苏联武官邓文仪递交的一份中共中央代表在共产国际“七大”发言的摘要之后，萌生了与中国共产党接触的念头。虽然，蒋介石这个念头产生的前提是他以为当时对红军的“围剿”已“初告成功”，因此幻想通过谈判的方式“收编”红军，以“政治方法来解决”共产党，并通过苏联驻华大使转请苏联政府说服红军承认国民党的中央政府，把红军交给南京政府改编和指挥。但无论如何都表明，在民族危机日益深重的现实压力下，蒋介石对待中国共产党的策略有所改变，愿意接受中共的抗日主张，开始寻求与中共的合作。

中国共产党对此做出了积极的回应。

1935年12月至1936年1月，国共双方都紧锣密鼓地筹划秘密接触。中共中央派潘汉年、周小舟、吕振羽等到南京，与国民党代表曾养甫、张冲、谌小岑，还有未露面的陈立夫，进行了初步会谈。陈立夫与其兄陈果夫掌控国民党党部，当时有“蒋家天下陈家党”之称，他们是国民党内最顽固的反共分子，但是，在中国共产党抗日民族统一战线主张的感召下，暂且放下了成见，愿意接纳中共代表共商抗日大计。“兄弟阋于墙，外御其侮”，虽然这期间的会谈没有取得具体协议，但毕竟有了两党共同抗日的议题，为以后从敌对走向合作打开了通道。

从1936年3月开始，国共双方进入了正式谈判阶段。3月5日，中国共产党首先亮明态度。这一天，正在陕西石楼前线指挥东征作战的毛泽东、张闻天等中共中央领导人，联名致电（与国民党谈判的）中共中央代表博古等，向南京方面提出5项基本条件作为谈判联合抗日具体步骤的前提条件。这5项条件是：

甲、停止一切内战，全国武装不分红白一致抗日；

乙、组织国防政府与抗日联军；

丙、容许全国主力红军迅速集中河北首先抵御日帝迈进；

丁、释放政治犯，容许人民政治自由；

戊、内政与经济上实行初步与必要之改革。

毋庸置疑，当时蒋介石与中共谈“统一”“合作”是有条件的，简单说就是“红军改编，苏维埃改制”。对此，中共领导人并非不知。早在2月，中共中央和军委就指出：“蒋介石的策略，即取消苏维埃红军，纳入三民主义的轨道，引进共产党代表于国民大会，在共赴国难口号下取消苏维埃制度与暴动策略，接受南京节制，以最后瓦解红军。”①然而，为了达到争取国民党及南京政府共同抗日的目的，中共采取了灵活和积极的政策，仅以国防政府和抗日联军为根本主张，军事上则声明红军愿意“东向抗日”，及“集中军队联合行动”。②

从3月到12月，国共双方代表秘密进行了多轮谈判。眼看日本在华北疯狂增兵挑衅，中日之战已经不可避免，中共为早日促成抗日统一战线的实现，率先垂范，采取多项团结抗日的实际步骤和措施。

早在2月10日，中共中央发布《为建立全东北抗日联军总司令部决议草案》，号召统一东北地区的各支反日救国力量，组成抗日联军总司令部。2月20日，由杨靖宇等具衔，发表了《东北抗日联军统一军队建制宣言》，宣布将原东北人民革命军第一、第二、第三各军和东北反日联合军第四、

---

① 《中共中央及军委给李克农的训令》1936年2月21日。

② 《周恩来致洛甫、毛泽东电》1936年3月2日。

准备东渡黄河的抗日先锋军骑兵一部

第五、第六各军，以及抗日游击队等，“一律改组建制为东北抗日联军第一、二、三、四、五、六军，以及抗日联军某某游击队”，并宣布：“东北抗日联军在政治上……完全接受东北反日救国总会领导。”接着，在中国共产党的领导下，东北各地的抗日武装相继改编为统一的“东北抗日联军”。

2月中旬，中国工农红军组成中国人民红军抗日先锋军东渡黄河东征，直接进入山西，准备东出河北与日军直接作战。但是，蒋介石、阎锡山部署重兵拦击，内战迫在眉睫，为顾全抗日大局，保存国防实力，中国共产党践行“停止内战，一致抗日”的主张，于5月5日全部回师河西，并发出《停战议和一致抗日的通电》，声明在国难危重之际，国共内战无论谁胜谁负，都是中国国防力量的损失，中国共产党绝不做这种亲痛仇快之事，切实履行共同抗日的承诺。

4月25日，中共中央发表《为创立全国各党各派的抗日人民阵线宣言》，提倡创立抗日的人民阵线，共赴国难，第一次公开把国民党包括在统一战线之中。

8月10日，中共召开专门会议，决定要更加重视加强对蒋介石南京政府的统战工作，提出“认定南京为进行统一战线之必要与主要对手”，准备在过去与南京谈判的基础上，在忠实进行抗日准备、实行国内民主与实行停止围剿的前提下，承认与之谈判苏维埃红军的统一问题。[①]此后，为了团结

① 《洛育稼怀凯泽致朱张任同志电》1936年8月12日。

抗日，以表诚意，中共中央正式放弃此前的“抗日反蒋”方针。12日，中共中央在《关于今后战略方针》的文件中，首次提出“请蒋抗日”的问题。为了达成这一目标，对国民党的挑衅，采取“先礼后兵”的政策。25日，中共中央发出《中国共产党致中国国民党书》，明确表示愿意“在任何地方与任何时候派出自己的全权代表，同贵党的全权代表一道，开始具体实际的谈判，以期迅速订立抗日救国的具体协定”，实现“两党重新合作共同救国”。①

9月1日，中共中央向全党下达《关于逼蒋抗日问题的指示》，要求全党全军都要认识到“在日本帝国主义继续进攻，全国民族革命运动继续发展的条件下，国民党中央军全部或大部有参加抗日的可能。我们的总方针应是逼蒋抗日”；对其他反蒋军阀，则不放弃和他们进行抗日的联合。

9月8日，毛泽东分别致信宋庆龄、李宗仁、蔡元培、邵力子、毛炳文、李济深、孙蔚如等，并附上《中国共产党致中国国民党书》，呼吁他们为促成国共合作而尽责尽力。同时，周恩来也致信陈诚、胡宗南等，希望他们作为“蒋先生最所信赖之人”，“能力排浮议”，劝蒋“立停内战”，“重谋国共合作”。

10月26日，毛泽东、朱德、周恩来、彭德怀等46人，联名致信国民党在西北的高级将领，表示只要国民党政府决心抗日，红军愿作前驱，开辟抗日战线，保证一定任务的完成。在这封信里，自1927年国共“分家”后，第一次称国民党军队为“友军”。12月1日，红军将领19人，又致信蒋介石，重申“化敌为友、共同抗日”的主张。

相较于中共的积极主动，南京国民党方面在国共合作谈判问题上依然表现得瞻前顾后、首鼠两端，不能真心坐到谈判桌前来。对蒋介石来说，问题的关键是军队，其他都是次要的。因而，南京方面的谈判代表避开中共方面的要求不谈，集中提出军队问题，企图迫使共产党方面根本放弃对军队的掌握。中国共产党明确表示：“国共十年对立，今求联合，完全是也只能是为了对日抗战，挽救中国于危亡地位，在当前则尤为保卫华北和西

① 《中国共产党致中国国民党书》1936年8月25日。

北，抗拒日寇进攻而停止内战共同救国之迫切需要。彼方之同意谈判，其出发点当亦不能外此。”中共明显在更高的站位引领着抗日统一战线的形成。

中国共产党始终是中国人民和中华民族利益的忠实代表。在外敌入侵，中华民族面临危难存亡之际，在中国人民惨遭屠戮，生命财产受到严重威胁之时，中国共产党毅然放下历史恩怨、主义之争，以大局为重，呕心沥血、奔走呼号，竭力谋求一个全民族共同抗战、一致对外的局面。其心昭昭，日月可鉴。

## 四、华北当局的妥协与抗争

华北局势的进一步恶化，直接对二十九军及冀察政务委员会构成巨大威胁，使其处于左支右绌的境地。

如前所述，冀察政务委员会的成立是蒋介石南京政府、日本侵略者以及宋哲元本人三方相互妥协的结果，南京政府同意宋哲元执掌华北政权，仅为缓冲与日方的矛盾，避开日军咄咄逼人的锋芒；日方允许宋哲元执政，则是其实施分离华北阴谋的一个步骤，为吞并华北，得先扶植一个代理人成为他们统治华北的牵线木偶。所以，表面上宋哲元独占华北一方，是支撑华北危局的主要政治力量，但其实仍然得承受来自南京政府和日方的两面挟制。

对南京中央政府，宋哲元绝不言“脱离”两字，仅仅表示自己不愿意做蒋介石个人玩弄的工具，因为几次与蒋打交道，宋都被伤得不轻。这中间有两方面的原因：一方面，宋哲元本质上还是一个深明大义的军人，不同于殷汝耕之流汉奸，为一己私利主动为虎作伥。他清楚南京政府毕竟是代表中国的中央政府，如果脱离中央政府，就意味着背叛国家。另一方面，宋哲元从个人的角度考虑，面对日方的强大压力，他若摘掉“中央”这块牌子，不仅失去政治依恃，而且也会失去与日方讨价还价的筹码。事实上，每次与日交涉，宋哲元都以“中央旨意”搪塞对方，给自己留有回旋余地。

对日本方面，宋哲元的态度有一个从妥协到抗争的变化过程。冀察政务委员会成立之初，为了稳固自己对华北的统治地位，宋哲元对日方做出不少让步，他在冀察政务委员会成立大会上公开宣告：“应本善邻原则，力谋邦交之亲睦。凡以平等互惠精神待我者，皆我友也。”[①]不仅如此，他还同意日方指定的亲日分子加入冀察政务委员会及其所属机构。凡此种种，都表明冀察政务委员会的亲日倾向，在当时，也引起了广大爱国人士的侧目和诟病。但是，宋哲元同时也明确表示自己对日方的戒备：“力求表面亲善，绝不屈服投降”“不说硬话，不做软事，不惹麻烦，也不怕麻烦”。因此，即便是一开始的妥协退让，宋哲元也是有底线的。这也是日方对宋始终有所忌惮的原因。

但是，毋庸讳言，宋哲元贪恋个人权势，企图借助日本的力量把华北经营成自己的地盘，这种欲念也是显见的，突出表现在宋哲元与南京政府的经济利益之争。华北地区的关、盐、统税，以及铁路、邮电等收入，原本是中央政府的收入来源之一，而宋哲元为了扩充自己的实力，不愿将华北的财政收入上缴中央。另外，中央军撤离平津后，蒋介石要求宋哲元将华北白银及文物南运，宋哲元却下令阻止。蒋对宋的所作所为极为不满，但为了拉住宋哲元不倒向日方，只能在这些方面对宋做出让步。更有甚者，为说服他人异议，蒋介石曾不得不替宋哲元的行为解释：“宋主任替中央在华北撑持危局，他的困难，就是我的困难，一切我完全谅解。”宋哲元也相机表示：“对中央是绝对拥护，大事绝对服从命令，小事自己可以权变处理的就权变处理。”[②]

然而，这样的经济利益之争发展到后来就不是能够权变的小事了。

1936年7月16日，日本记者发表与宋哲元的谈话内容，宋哲元明确表示：“余对华北之经济振兴，期望日本强有力之援助。”[③]这是宋抛开中央政府，擅自与日本进行“共同开发华北”谈判的试探。其后，他聘请日本人做顾问，并负责代表他与日方交涉“经济合作”事宜。9月，他又委任与华

① 《就任冀察政务委员会委员长发表对内政外交之主张》,《冀察政务委员会公报》第37期。

② 转引自荣维木《炮火下的觉醒》，广西师范大学出版社1996年版，第145页。

③ 《国闻周报》1937年7月27日，第十三卷第二十九期。

北驻屯军有密切关系的李思浩为经济委员会主席。结果，宋哲元与日方达成“中日经济提携”四原则：

> （1）遵据共存共荣之原则，以收中日均等之利益；
>
> （2）中日经济提携，中日应以平等的立场规律一切；
>
> （3）各种经济开发之事业，由中国方面向日本借款而以中日合办之企业体型行之，日方给以“援助”；
>
> （4）以谋民众之福祉增进，而得安居乐业主眼。①

以上述原则为指导，宋哲元与日本政府达成共同开发航空、铁路、炭矿、铁矿、筑港、电力、农渔、通信等8个“要项”。华北一地单独与日本达成“经济合作”，显然有违一个主权国家的整体利益。

宋哲元与日本草签“经济提携”协议的消息一经传出，立即遭到全国民众的谴责与声讨，南京政府也当即采取行动，于1936年12月4日电报告知冀察政务委员会：各省市对外协商及与外人合资条款，非经中央核准者，一律无效。在南京政府以及全国舆论的压力下，宋哲元“迷途知返”，向日方解释中央不允许他与日方交涉的这些协议，只能停止与日方的“合作”项目。但即便如此，对华北经济造成负面的影响已经不可逆转，如电力、矿业等大批基础企业落入日本人手中，通过冀察政务委员会与日方签署的《中日通航协定》，日方获得了在华北的航空飞行权益。

宋哲元有底线的妥协终究无法填满日本侵略者越来越大的胃口。宋哲元对“不脱离中央”立场的坚持，无疑让日本有关冀察政权与冀东伪政权合流的期望落空。从失望到愤恨，日军对宋哲元越来越不耐烦，军中高层出现了驱宋的呼声。1936年5月增兵华北后，日军对宋哲元的态度变得更加蛮横霸道。5月19日，多田骏赴天津就任华北驻屯军司令官，他随身携带了所谓的“改造华北方案”，其内容为：

① 台湾外交问题研究会编，中华民国外交问题研究会编印：《中日外交史料丛编》（五），台北“中华民国外交问题研究会”1968年印行，第464—465页。

（1）冀东政府取消，畀殷（汝耕）以伪满相当地位；

（2）驱逐宋（哲元）、萧（振瀛），排去二十九军系统，由曹锟另组华北政府；

（3）关税、盐税、统税脱离中央，外债担保继续有效；

（4）曹锟如不适当，拟令陆宗舆、齐燮元、李厚基等组织多头政权，受日军监督；

（5）迫晋阎（锡山）、绥傅（作义）势力退汾河以南。[①]

以上述方案为要挟，多田骏逼迫宋哲元就范，与日同流合污。

6月21日，日方又拟定组织“华北五省特政会”，使其凌驾于华北五省的政权之上，以图掏空宋哲元为首的冀察政务委员会的实权。此后，日方又进一步向宋哲元和南京政府提出，要由他们来确定冀察政务委员会经济委员会主席的人选。为实现自己的无理要求，这一时期，华北驻屯军一而再，再而三地在平津两地挑起事端，肆无忌惮地向宋哲元以及南京政府施压。

日军在平津的所作所为，最终让宋哲元明白对日妥协无法保障自己的利益，更不可能换来平津的安宁。因此，他在继续与日周旋的同时，在关系华北政权性质及自己主导地位的问题上，态度渐趋强硬。

中国共产党敏锐地觉察到宋哲元的变化。瓦窑堡会议后，中共中央迅即派出刘少奇主持北方局工作。1936年春天，刘少奇到达天津。他根据中共关于建立抗日民族统一战线的方针，深入分析华北政局，认为宋哲元作为左右华北局势的地方实力派，虽有保存自身实力，伺机发展的野心，但也有民族心和爱国心，绝不肯心甘情愿做汉奸；二十九军有光荣的抗击日本侵略军的历史，在日本的逼迫和全国民众抗日呼声高涨的情况下，他们不得不考虑民族存亡问题，不得不考虑如何处理国家利益与地方利益的关系问题，最后是有转向抗日的可能的。因此，刘少奇领导下的中共北方局决定改变以往反对冀察政务委员会的做法，代之以“拥护宋委员长抗日”“拥

① 李云汉：《宋哲元与七七抗战》，台北传记文学杂志社1978年版，第146—147页。

护二十九军抗日”“发扬二十九军传统”的口号。1936年8月14日，毛泽东在写给刘少奇的信中说：“必须向宋及二十九军继续工作……张自忠、刘汝明……一有机会，即须接洽。”[①]

为了争取宋哲元彻底放弃幻想转向抗日，中国共产党从内外两方面下功夫。

一是通过群众运动从外部影响宋哲元和二十九军。北方党组织时刻关注宋哲元及二十九军的动向，频频发动平津青年学生以多种形式拉近与二十九军的距离，并激发他们的抗日决心。1936年初秋，宋哲元在北海举办盂兰盆会，放荷花灯为喜峰口阵亡的抗日将士招魂祭灵。中共领导的北平学生联合会闻讯，立即派出代表参加追悼，并在会上宣读祭文。有一次，学生获悉何基沣部一个团在红山口举行演习，即与他们联系，派清华、燕京大学学生参加。学生们与演习教官同拟誓词，其中就有一句：“我们的每一颗子弹，一定要消灭一个日本鬼子兵。”[②]1936年11月，日本华北驻屯军举行大演习，为了表示对抗，二十九军也在固安举行为期3天的操练。宋哲元亲临现场指挥。北平学联趁此机会组织清华学生赴现场参观慰问，并献旗致辞鼓励演习将士。旌旗上题有“国家干城”4个大字，表达了对二十九军全体官兵的殷切期望。宋哲元和二十九军的官兵非常高兴地收下旌旗。北师大学生自治会还特地组织同学到南苑二十九军驻地开展抗日救国宣传活动，体育系的学生利用专长教士兵们打篮球、踢足球、搞田径比赛，这样的活动同时也在天津展开。1937年4月，中共领导下的天津学联成立了一个“通信剧团”，每周都安排两天到附近农村和军营演出爱国剧目。有一次，学生们在北仓、杨村和马厂为二十九军士兵演出独幕剧《放下你的鞭子》，效果极佳。北仓驻军的长官还将队伍集合起来，请学生们教士兵们学唱抗日救亡歌曲，其中有一首叫《上起刺刀来》，歌声高亢激越：

上起刺刀来，弟兄们散开！这是我们的国土，我们不挂免战牌！

---

① 陈绍畴：《刘少奇与华北上层统一战线》，《光明日报》1987年7月6日。

② 郑一奇主编：《一二九运动回忆录》（第一集），人民出版社1982年版，第82页。

这地方是我们的。我们在这儿，住了几百代。这地方是我们的。不能，我们不能让出来！

君命有所不受将在外，守土抗战，谁说我们不应该?！碰上我们，我们就只有跟你干。告诉你，我们不挂免战牌！[①]

张克侠

诸如此类的活动不一而足。总之，学生和二十九军官兵在频繁的接触中建立了友谊，形成了更加亲密的关系。

为了加大宣传动员力度，中国共产党还通过民众抗日团体向二十九军施加影响。在天津历史博物馆就珍藏着一件珍贵文物，那是当年天津各界自卫会给二十九军的一封信，信中写道："敌人的侵略是无止境的……华北危亡已到最后关头"，日寇的"最后目标是驱逐一切中国军队出华北，使华北永远变成它的殖民地。因此，我们今天唯一的希望，是你们继续抗战，为国家生存而战，为民族解放而战！"[②]言辞恳切，感人至深。

二是开展秘密工作，将抗战民族统一战线深入二十九军内部。张克侠就是为二十九军统战工作做出杰出贡献的中共特别党员（秘密党员）。张克侠1900年出生于河北献县。他早年在冯玉祥部工作，1927年曾到苏联中山大学学习，1929年加入中国共产党。同年，为了充分发挥他的作用，中共党组织派他返回西北军工作，被冯玉祥安排到张自忠部做参谋长。二十九军成立后，张自忠部改编为三十八师，张克侠仍担任该师参谋长。他利用自己的身份，直接和间接支持掩护北方党组织在二十九军内部的地下工作。另一位为中共在二十九军内部开展地下工作的是何基沣。何基沣[③]1898年出

① 郑一奇主编:《一二儿运动回忆录》(第一集)，人民出版社1982年版，第300页。

② 《天津各界自卫会给廿九军的一封信》，藏天津历史博物馆。

③ 何基沣，1933年春在喜峰口抗击日军，以战功升为第一一〇旅旅长。卢沟桥事变前夕，率部驻守卢沟桥一带，多次挫败日军。卢沟桥事变发生后，直接指挥驻军抵抗以机智顽强的作战赢得时人赞誉，成为一代抗日名将。

生于河北藁城县。他与张克侠一样从军官学校毕业后投奔西北军，后又一同编入二十九军。长城抗战中，何基沣曾亲率骑兵参战，为喜峰口大捷立下汗马功劳。二十九军移驻平津后，何已经是一一〇旅旅长，虽然这时他还不是共产党员，但已经与中共党组织取得密切联系，成为中共的地下工作者，着力推动二十九军抗日。此外，二十九军南苑军事训练团第三大队大队长冯洪国也是中共地下党员。冯洪国是冯玉祥的长子，14岁时被父亲送到莫斯科读书，在那里成为中国共产主义青年团团员。1929年，冯洪国又被父亲送到日本士官学校学习炮兵专业，当时他加入了日本共产党，翌年回国后转为中共党员。他利用自身特殊条件加强中共与冯玉祥旧部的联络，在二十九军内部贯彻执行中共团结抗日、一致对外的方针。

1936年8月，迫于日本和国民政府的双重压力，宋哲元曾派亲信刘子清为联络代表，到延安向毛泽东表达了他和二十九军的抗日意向。毛泽东亲笔给宋哲元写了一封回信，信中说：

> 曩者日寇入关，先生奋力边陲，慨然御侮，义声所播，中外同钦。况今日寇得寸进尺，军事政治经济同时进攻，先生独力支

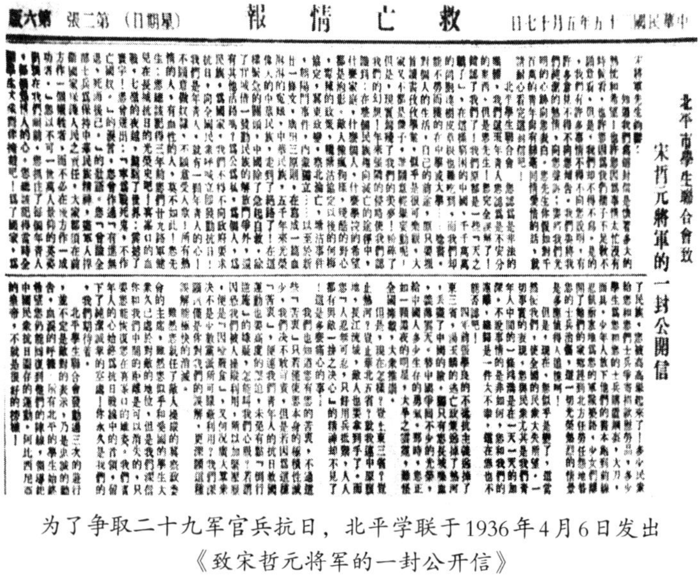
中華民國二十五年四月十七日 救亡情報 （星期日） 第二張 第六版

北平市學生聯合會致宋哲元將軍的一封公開信

为了争取二十九军官兵抗日，北平学联于1936年4月6日发出《致宋哲元将军的一封公开信》

> 撑，不为强寇与汉奸之环迫而丧所守。对华北民众运动，亦不复继续去冬之政策。果然确立抗日决心，一面联合华北人民群众作实力之准备，一面恢复一九二五年至一九二七年西北军光荣历史时期曾经实行之联俄联共政策，一俟时机成熟，实行发动大规模之抗日战争，则不但苏维埃红军愿以全力为先生及二十九军助，全国民众及一切抗日力量均将拥护先生及贵军全体为真正之抗日英雄……①

此信饱含中国共产党对宋哲元的关怀、希望和鼓励之情，使宋哲元深受鼓舞，进一步加深了他对中国共产党倡导的“停止内战，一致抗日”主张的理解，也使他增强了联合御侮的信心。

同月，为了争取宋哲元彻底转向抗日，中共派张经武为驻宋哲元处联络代表，同宋保持经常的联系，后又选派了中共党员朱则民、刘昭等到二十九军去做宋哲元和上层军官的统战工作。

中共通过这些秘密党员和密切联系者，在二十九军内部施加政治影响，也使宋哲元逐步站稳了抗战立场，主要表现在三方面：

首先，宋哲元和二十九军停止镇压学生的抗日救亡运动。宋哲元素有“枪口不对内”“中国人不杀中国人”的主张，但是他反对学生的游行示威，认为游行示威不仅不能救国，反而招致麻烦，因此他不允许在冀察范围内举行游行示威。在中共内外工作的影响下，宋哲元及其手下将士将最初对学生采取逮捕、殴打等方式，转变为拦截、驱散或派人劝导等温和手段，直至发展为对学生运动不加干涉。1936年春，宋哲元下令释放在一二·九运动中被捕的学生。当日军要求宋取缔爱国学生运动时，宋公开表示：“学生游行事件，日方表示颇为严重，实则学生尚无轨外行动，不便取缔。”②9月11日，宋哲元签署了冀察绥靖公署法政字2619号训令，将关押在“北平军人反省分院”即草岚子监狱的薄一波、安子文、刘澜涛等9名中共党员

① 《致宋哲元》,《毛泽东书信选集》，人民出版社1983年版，第40页。

② 《国闻周报》1936年6月8日。

释放，表达了自己“联合御侮”的诚意。12月12日，为了声援绥远抗战，中共地下党组织和北平学联组织了示威游行，队伍在西单商场附近的东槐里胡同，遇到宋哲元的汽车，同学们围着他的汽车高呼：“拥护二十九军保卫冀察！”“拥护宋将军领导抗日！”宋哲元显然很感动，脸上露出微笑，还开了车门向学生要了传单，并认真听取了同学们的意见和要求。1937年5月，宋哲元下令恢复被日军禁止的华北中等以上学校的暑期军训。

其次，宋哲元在对日交涉中摒弃软弱的态度。日军增兵华北后，宋哲元及二十九军将领随即表态：“誓不与日方妥协，誓不由华北撤退。”①尤其是在1937年2月，宋哲元不顾日方的阻挠，派秦德纯赴南京参加国民党五届三中全会，宣布“冀察外交今后将严格遵守中央政府的政策”，否认了日方一直在强调的华北特殊地位，维护中国政权的统一。这无疑给了日本侵略者一个重大的打击。此外，在经济方面，从1937年起，宋哲元以未经中央批准为由，下令中止或改变与日方正在进行的合资项目；同时，坚决制止日军在丰台与卢沟桥之间的大井村购地建机场。

最后，宋哲元及其二十九军开始做抗日的准备工作。日本增兵华北之后，宋哲元开始调动兵力，加强平津地区的防务。在日军经常演习的卢沟桥一带，宛平城北侧、东侧的田野及西道口，二十九军加强了戒备，除了对各个城门增派卫兵外，还增加流动部队；另有骑兵第九师及特务旅各一部驻南苑，独立第三十九旅一部驻北苑。在天津，张自忠将特务营全部改换保安队服装，秘密进入市内，并对市内原有3000余名保安队员更换武器，新添装备；在天津外围，部署第三十八师兵力。除加强防卫外，宋哲元及其二十九军还研究过抗日作战计划，“以攻为守”，消灭在天津、北平、察哈尔3个区内的分散部署的驻屯军，然后全力向山海关挺进。虽然这个作战计划后来并未实施，但依然能够说明宋哲元确曾积极准备抗日的诸多事项。

宋哲元及二十九军对日态度的变化，在1937年6月的“怀仁堂宴会”上表现得淋漓尽致。

6月6日，冀察政务委员会在北平中南海怀仁堂举办宴会，招待华北驻

① 《救国时报》1936年6月8日。

屯军驻北平附近的部分军官。中方出席宴会的有冀察政务委员会委员长、二十九军军长宋哲元，副军长、北平市市长秦德纯，三十七师师长、河北省主席冯治安，三十七师一一〇旅旅长何基沣，三十八师一一四旅旅长董升堂、二十六旅旅长李致远，以及北平附近部队团长以上的军官。日方出席宴会的有日本华北驻屯军特务机关长松室孝良，顾问松岛、樱井和日军驻北平附近部队的连长以上的军官。另外，宴会还邀请了当时在北平的一些社会名流，如北洋军阀吴佩孚、张怀芝等人参加。

筵席的座位安排是宋哲元、秦德纯、冯治安陪同松岛、边村、樱井等日本要人分坐两席，其余的中日军官分坐8席，每张桌都有三四个日本人。宴会前，宋哲元和松室孝良先分别讲话，大意是中日两国是同种同族，应力求亲善，然后中日军官一起留影，每个二十九军军官边站一个日本军官。

宴会开始后，表面上宾主热情地互相举杯敬酒，客客气气，但暗地里却互相戒备，暗藏杀机。酒到半酣，一个日本军官突然跳到空桌子上，放肆地扯开嗓门大唱日本歌曲。接着，又有两个日本军官上桌子唱歌挑衅，在场的日军齐声附和，声音直冲屋顶。这无疑是日本人存心挑战！在场的二十九军军官一时回不过神来，不知如何接招。这时，只见何基沣旅长一个箭步跃上桌，大声唱起中国战歌，二十九军军官们不约而同如雷般合唱起来，日本歌的声音被压了下去。极不甘心的日本军官又要花招，一个日本军官突然拔出军刀挥舞起来，寒风顿起，举座鸦雀无声。看到日本人如此嚣张跋扈，二十九军军官们义愤填膺但又不好发作。这次是董升堂出手了。他潇洒地打了一套西北流行的八卦拳，把舞剑的日本军官逼回座位。接着，又有日本军官出来比画倭刀，李致远当仁不让将自己的绝代招法“滚堂刀”使了出来。比武终于结束，但中日双方的暗中较劲还在继续。双方人马又开始“拼酒”，都想灌醉对方让对方出丑。此后借着酒劲，甚至还比书法、比杂耍，花样百出，大有憋着气要把对方比下去的架势。就这样，一场谋求“亲善”的活动险成中日军官之间的冲突。

这个原打算缓和僵局的外事活动，最后在并不友好的气氛中不欢而散，日方拉拢宋哲元，企图利用冀察政务委员会侵占华北的计划彻底失败。

## 五、南京政府的转变

从九一八事变到一·二八事变，再到华北事变，面对日本侵略军的步步紧逼，当时的国民政府则不做积极抵抗。到1935年底，河北、察哈尔、绥远等省大片中国领土相继被日军所控，北平、天津已无防可布，完全处在日军进攻的炮口之下。

国民政府之所以不做积极抵抗，主要与执行蒋介石“攘外必先安内”的基本国策有关。

九一八事变后，面对迫在眉睫的民族危机，南京蒋介石政府不仅没有做积极的抗日准备，反而把“攘外必先安内”作为基本国策。蒋介石宣称：“攘外必先安内，统一方能御侮，未有国不能统一而能取胜外者。故今日之对外无论用军事方式解决，或用外交方式解决，皆非先求国内统一，不能为功。”[①]虽然蒋介石的“安内”对象一直随着国内形势的发展变化而变化，但“剿共”一直被作为头等大事，简单说“攘外必先安内”就是先“剿共”后抗日。在军事方面，国民政府放着来势汹汹的日本侵略军不管，却倾其全力继续对中国共产党和革命根据地进行“围剿”。从1932年7月到1933年3月，蒋介石纠集50万兵力，发动对红军和革命根据地的第四次“围剿”，结果惨遭失败；1933年10月，蒋调集100万兵力，亲自“督剿”，向革命根据地发起规模空前的第五次“围剿”。中国工农红军主力撤出南方根据地长征到西北，此后蒋介石又不断向西北增兵，妄图将中国共产党和工农红军赶尽杀绝。正是在此期间，日本侵略军通过蚕食鲸吞，侵占了华北的大部分中国领土。

国民政府不做积极抵抗的另外一个重要原因，是对国联的调停抱有幻想。1931年9月22日，蒋介石在南京市党部党员大会上提出，“必须上下一致，先以公理对强权，以和平对野蛮，忍痛含愤怒，暂取逆来顺受态度，

① 蒋介石:《在顾维钧署理外交部长宣誓就职时的训词》,《中国现代史资料选辑》(第四册)，中国人民大学出版社1991年版，第3—4页。

以待国际公理之判断”。九一八事变后国民政府曾一再提请国联解决日本侵华问题，然而，事实却狠狠教训了蒋介石和他的南京政府。以英国侯爵李顿为团长的国联调查团于1932年1月21日才正式成立，调查团的行程不是首先去正在遭受日军铁蹄蹂躏的中国，而是去询问各个帝国主义国家对该事变的态度。4月21日，调查团一行终于抵达沈阳，此时日本侵略者已完全占领和控制了中国东北，制造了伪满洲国，迫使李顿调查团承认既成事实。姗姗来迟的调查团在东北活动了一个半月，然后在9月4日拿出一份《国联调查报告书》，洋洋洒洒14.4万字，虽然承认东北三省是中国领土的一部分，指出九一八事变是日方有计划的军事行动，但报告书把“中日冲突的重要原因”归咎于中国抵制日货运动，把苏联的“共产主义目前的传播”说成是造成九一八事变的最重要因素。对于九一八事变的解决，报告书却主张中日两国都从中国东北撤出武装力量，由西方列强各国共管。这一建议企图将中国东北纳入帝国主义共同势力范围，全然无视中国的领土主权。李顿调查团的这一调查结果无疑给蒋介石泼了一盆冷水，大失所望的他在1932年10月9日的日记中悲叹：“呜呼，以弱国而谈外交，又欲于外交中图自主自强之道，乃非此不可。”[①]到1933年3月28日，日本以抗议该报告书为由，宣布退出国际联盟，国联的调查报告书实际上就成了一纸空文。

1935年12月，国民政府被迫同意设立冀察政务委员会。消息传出，全国舆论哗然，民意激昂。北平各界群众尤为激愤，纷纷指责国民党对日妥协，实行“引狼入室”的卖国政策。9日，深感“华北之大，已经安放不下一张平静的书桌”的北平6000多名大中学生，终于将压抑在心中已久的怒火宣泄出来，举行了声势浩大的抗日救国示威游行。学生们头顶阴霾、面迎寒风，高唱《义勇军进行曲》，向国民政府军政部部长兼行政院派驻北平长官何应钦的驻地——新华门前进。但是，游行队伍遭到军警拦截，手无寸铁的学生面对大刀、皮鞭、木棒和高压水龙头，面无惧色，奋不顾身，大声高呼“停止内战，一致抗日！”“中国人不打中国人！”“反对华北自治！”“打倒日本帝国主义！”等口号，英勇前行。著名的一二·九运动就这

① 《总统蒋公大事长编初稿》（第二卷），台北国史馆1978年印，第236页。

一二·九运动中清华大学学生在街头演讲

样在中国现代史上留下色彩鲜明的印记。

学生的爱国壮举，点燃了全国各界民众的爱国激情，上海、北平、南京、天津、汉口、广州等地工人、市民、商人，迅速成立各种形式的抗日救国会、抗日义勇军和宣传队，罢工、集会、请愿、抵制日货，强烈呼吁政府出兵收复失地。

文化界爱国人士在全国抗日救亡运动中一马当先。早在九一八事变后不久，中国文化界就以中共领导下的左翼作家联盟和中国左翼文化界总同盟等文化团体为代表，投入抗日救亡的大潮。“左联”发表《告国际无产阶级及劳动大众的文化组织书》，抗议日军侵华，揭露日寇暴行，号召全国人民奋起反抗，并呼吁国际社会支援中国的反侵略斗争。许多文化界人士利用各自专长，创办报刊、出版书籍、编写剧本、拍摄电影、创作歌曲、举办画展等，开展多种形式的文艺抗日宣传活动，以《义勇军进行曲》《救亡进行曲》为代表的抗战歌曲在全国传唱，激励着每一个中国人投身全民族的抗日洪流之中。

爱国民主人士及国民党内的左派人士也在抗日救亡运动中发挥了重要作用。宋庆龄、何香凝等人公开反对蒋介石的不抵抗政策。1932年第十九路军发起淞沪抗战之际，宋庆龄曾冒着炮火到前线慰问，鼓舞士气。她对官兵们说：“你们抗战的枪声一打响，海内海外，男女老幼，都觉得出了一口气！亿万同胞声援你们，支持你们！”第二年8月，宋庆龄领导中国民权保障同盟与“左联”等进步团体，在上海成立“国民御侮自救会”。孙中山亲密战友廖仲恺的夫人、德高望重的何香凝女士对蒋介石的不抵抗政策义愤填膺，她公然给蒋赠送一条罗裙并附一诗：

枉自称男儿，甘受敌人气。
不战送山河，万世同羞耻。
吾辈妇女们，愿往沙场死。
将我巾帼裳，换你征衣去。[①]

毫不留情给蒋介石难堪的还有老将续范亭。1935年12月26日，这个曾经参加辛亥革命的国民党元老竟然跑到中山陵前剖腹自杀，留下一首《哭灵》诗：

谒陵我心悲，哭陵我无泪。
瞻拜总理陵，寸寸肝肠碎。
战死无将军，可耻此为最。
觍颜事仇敌，瓦全安足贵。

这一时期，群众抗日救亡团体如雨后春笋般在全国各地建立起来。1936年5月31日，全国各界救国会在上海成立，18个城市的60多个团体加入，爱国民主人士成为救国会的骨干力量。救国会制定《抗日救国初步政治纲领》，提出立即停止国内军事冲突、释放政治犯、各党派联合制定共同抗日纲领、建立抗日政权等主张，得到全国各阶层民众的热烈拥护，也给执行“攘外必先安内”基本国策的蒋介石南京政府带来极大的恐慌。

在声势浩大的救亡运动中，国民党内部分裂加剧。众多与蒋对立的派别纷纷拿抗日说事，表明抗战立场，让成为众矢之的的蒋介石寝食难安。

① 尚明轩：《何香凝》，《民国人物传》（第二卷），中华书局1981年版，第73页。

如陈济棠、李宗仁等在广州公开反对蒋介石的“攘外必先安内”政策，要求蒋“领导全国，矢抵抗之决心，争最后之一着”①。

一面是华北事变后日本帝国主义妄图独霸中国的咄咄逼人的行动，让蒋介石意识到日本侵略欲望绝无止境，对日妥协只能进一步撑大侵略者的胃口；另一面是全国民众抗日救亡运动高涨，中国共产党抗日宣传深得民心；再加上国民党内部主张抗日力量的增长，多重作用力的结合，逼迫和引导蒋介石国民政府的对日政策逐步发生转变。

1935年11月12日至23日，国民党第五次全国代表大会在南京举行。会上，蒋介石在对外关系的讲话中，提出5点外交方针：

（1）在不危害主权限度内，中国可与任何国家政治提携；

（2）在互惠平等原则下，中国可与任何国家经济提携；

（3）用一切方法以求和平，和平未到绝望时期，绝不放弃和平；牺牲未到最后关头，亦不轻言牺牲；

（4）到方法用尽及认为必要时，则不惜牺牲；

（5）根据以上原则，外交交涉权付与国民政府。

不难看出，蒋介石的这5点外交方针几乎每一条都是针对当时中国与日本的关系而言。尤其是第四条“到方法用尽及认为必要时，则不惜牺牲”，是蒋介石第一次明确表达对日本政府的强硬态度，被学界认为是自九一八事变以来，国民政府对日政策的一个转折点。

但是，目空一切的日本侵略者并没有将国民政府的对外政策转变放在眼里，就在国民党第五次全国代表大会闭幕后第三天，殷汝耕汉奸政权在日军的策划下正式出炉。12月18日，半独立于南京政府的冀察政务委员会宣告成立。这两件大事对蒋介石无疑是个很大的刺激。然而，打击不仅限于此。

1936年1月13日，日本政府发出《第一次处理华北纲要》，直接宣称：

① 唐德刚：《李宗仁回忆录》，广西人民出版社1988年版，第469页。

“自治的区域，以华北五省为目标”，“先求逐步完成冀察两省及平津两市的自治，进而使其它三省自然地与之合流”。[①]紧接着于1月21日，日本外相广田弘毅抛出“对华三原则”：

（1）中国取缔一切排日运动；

（2）承认“满洲国”，建立日“满”华经济合作；

（3）中日共同防共。

广田弘毅甚至傲慢地宣称，国民政府“对以上三原则表示了赞成的意思”[②]。对“三原则”拒绝就是战争，接受就是灭亡。是可忍孰不可忍，面对日本接二连三的外交侮辱，蒋介石在1月22日责成外交部对“三原则”发表声明，否认有承认“三原则”之事，改变了过去一味妥协的软弱态度。他明确表示：“今日完整华北之主权，乃为中国生死存亡唯一关键”；“虽至任何牺牲，亦所不恤之意”。[③]

3月16—19日，国民政府外交部部长张群和日本新任驻华大使有田就调整中日关系问题举行了4次会谈。中方提出了谈判的原则：第一，必须以平等互惠与互尊领土主权完整之原则为基础；第二，最正当之办法，应自东北问题谈起，第一步至少限度亦须先行设法消除妨碍冀察内蒙行政完整之状态。[④]仅此两项，可以表明国民政府在领土主权问题上寸步不让的坚决态度。日方自然不肯接受上述原则，谈判没有达成任何结果。

在日军增兵华北、中日矛盾进一步尖锐化的情势下，1936年7月10日至14日，国民党在南京召开五届二中全会。蒋介石代表主席团在全会上做了题为“救亡御侮的步骤与限度”的报告，对他在第五次全国代表大会上做的外交报告，做了进一步的解释和说明。他说：

---

①② 复旦大学历史系：《日本帝国主义对外侵略史料选编（1931—1945）》，上海人民出版社1975年版，第194页。

③ 秦孝仪主编：《中华民国重要史料初编——对日抗战时期·绪编（一）》，台北中国国民党中央委员会党史委员会1981年印行，第680页。

④ 《东方杂志》第34卷第1号。

中央对外交所抱的最低限度，就是保持领土主权的完整。任何国家要来侵扰我们的领土主权，我们绝对不能容忍，我们绝对不订立任何损害我们领土主权的协定，并绝对不容忍任何侵害我们领土主权的事实。再明白些说，假如有人强迫我们签订承认伪国等损害领土主权的时候，就是我们不能容忍的时候，就是我们最后牺牲的时候。

他还进一步对“所抱的最低限度”做了解释：

遇有领土、主权再被人侵害，如果用尽政治、外交方法而仍不能排除这个侵害，就是要危害到我们国家民族之根本的生存，这就是我们不能容忍的时候。到这时候，我们一定作最后的牺牲。所谓我们的最低限度，就是如此。

蒋介石的上述言辞，较之五全大会更为激烈。他第一次公开表示决不签订承认伪满洲国的协定，并要确保国家领土和主权的完整。

全会最后通过的宣言明显充满强硬的语气：

中国目前形势，非以决死之心求生存，则不能得安全之保障；非举国一致以整齐之步骤谋挽救，则将无逃于各个击破之危机。

国家既处此非常之形势，吾人对内唯有以最大之容忍与苦心，蕲求全国国民之团结，对外则决不容忍任何侵害领土主权之事实，亦决不签订任何侵害领土主权之协定。遇有领土主权被侵害之事实发生，如用尽政治方法而无效，危及国家民族之根本生存时，则必出以最后牺牲之决心，绝无丝毫犹豫之余地。

五届二中全会后，南京政府在处理中日关系问题时，明显放弃了妥协退让政策，采取了强硬立场。具体表现在全会后不久，南京政府对中国境内接连发生的“成都事件”和“北海事件”①的处理上。

正因为蒋介石下了决心，在有关事件善后的谈判中，国民政府坚持立场，一改过去委曲求全的行事风格。9月15日至12月3日，国民政府外交部部长张群与日本驻华大使川樾就有关两次事件的问题进行了8次会谈。日方的要求除道歉、惩处责任者、严惩犯人和赔偿等处置问题外，还要国民政府以具体措施表明调整国交的诚意，内容具体化为7项要求，包括：（1）缔结防共协议；（2）聘用日本顾问；（3）开辟福冈与上海航线；（4）缔结关税协议；（5）仿照华北经济提携方式，在中国全境进行中日经济合作；（6）完全压制排日宣传；（7）成都开埠与合作开发四川经济。在蒋介石的授意下，张群除针对日本的要求说明中国的立场外，一一驳斥了日方的无理要求，并向川樾强调“中日关系之调整，应合乎平等及互尊领土与主权之原则，若仅有利于一方之问题进行商讨，是不得谓为国交之调整”。一连串的会谈毫无成效，南京政府的坚决态度让日方碰了钉子。

蒋介石和国民政府在谈判中采取强硬立场让国际社会看到了中国的新形象。中日代表此次会晤之后，伦敦一家报纸发表评论指出：“中国不欲‘吃耳光，赔笑脸’，此为1931年后之第一次。”②毛泽东在当时也对此事有过评论，他认为体现南京政府对日政策改变所采取的实际措施就是（外交部部长）张群和（日本驻华大使）川樾1936年9月15日至12月3日的谈判。

这时的国民政府不仅在外交谈判中采取了强硬的态度，而且对日伪军的武装进犯也采取了坚决反击的政策，如傅作义部，在继长城抗日之后，于1936年8月，坚决反击日本对绥远的进攻，取得绥远抗战的胜利，让日军侵占绥远的计划化作泡影，极大地鼓舞了全国人民团结抗日的信心和

① 成都事件：1936年8月，日本外务省派人到成都筹备设置领事馆一事，遭到成都群众的拒绝。24日，成都群众，包括青年学生游行示威，表示抗议。游行队伍经过日本人下榻的大川饭店，愤怒的群众不仅与警察发生冲突，还打死日本人2名、打伤2名。北海事件：日本帝国主义在全面侵华之前，派遣了不少间谍潜伏在我国沿海城市和军事要塞周边活动。广西北海是我国西南通往海上的重要门户。日本人中野顺三以在此开设“丸一药行”做掩护，平时以打鸟钓鱼为名，足迹遍及北海以至廉州一带，秘密绘制地图和测量港口航道水深及记录潮汐等情况，为日军提供情报。事情败露后，愤怒的北海军民将中野顺三杀死在其药房内。

② 《东方杂志》第33卷第21号，第82页。

决心。

中国共产党对蒋介石以及南京政府的这些变化给予了肯定的评价。毛泽东在1936年致东北军将领王以哲的信中说：“蒋氏政策之开始若干的转变，南京国民党左派之开始形成，实为近可喜之现象。”①

然而，迫使蒋介石和南京政府放弃“攘外必先安内”的基本政策，下决心向积极准备抗日转变的，是一场震惊中外的“西安事变”。

瓦窑堡会议之后，中共将争取在西北的张学良的东北军和杨虎城的西北军作为工作重点，希望通过建立西北地区的统一战线来推动全国抗日民族统一战线的形成，实施“逼蒋抗日”策略。

九一八事变后，张学良及其率领的东北军奉行蒋介石“攘外必先安内”的政策，撤出东北，致使大片国土沦陷，一直承受全国民众抗日情绪的压力，被蒋介石调到西北对付中共军队后，愈加感到前途渺茫。拥兵西北的杨虎城在国民革命时期就是孙中山“三大政策”的拥护者，积极主张联共，曾聘任共产党员担任他举办的三民军官学校的政治部主任。国共分道扬镳之后，并非蒋介石嫡系的杨虎城备受排挤。红军长征到达陕北，杨虎城被作为对付西北工农红军和红色革命根据地的“工具”为蒋所用。在与红军作战中，东北军和西北军屡屡失利，而中国人打中国人，不去战场杀日寇的内疚心态，让部队不满情绪日益增长。中国共产党“化敌为友，共同抗日”的号召深入东北军、西北军官兵内心。张学良和杨虎城更是在中共不断派员的劝导下，发生思想上的转变，对蒋介石“围剿”红军及革命根据地的命令越来越抵触。

张、杨的转变让蒋介石大为光火。1936年12月，蒋介石飞抵西安摆出亲自督战的架势。张、杨对蒋胁迫他们进行反共极为反感，要求蒋放弃“攘外必先安内”的政策，停止内战，一致抗日。在多次据理力争宣告无效后，12日，张、杨对蒋实行“兵谏”，扣留下榻在西安郊外临潼的蒋介石以及西安城内随蒋而来的一批军政要员，同时通电全国，提出抗日救国八项主张，逼迫蒋介石接受停止内战，一致抗日的要求。这就是中国现代史上影响深

① 《毛泽东书信选集》，人民出版社1983年版，第49页。

远的“西安事变”。

“西安事变”震惊全国，也震惊了世界。面对事变发生后复杂的局势，考虑到国内外对事变的反应，中共做出了正确的分析和判断，引导事变朝有利于团结抗日的方向发展。15日，中共以毛泽东、朱德、周恩来等红军领导人名义致电南京政府，提出和平解决事变的主张。同时，应西安方面要求，中共出动主力部队集中在西安附近，一是对张、杨给予积极的支援和配合；二是准备迎接国民党亲日派的攻击。将保护蒋介石的人身安全视为当时非常必要之举，蒋在这个时间一旦出现意外，建立抗日统一战线的一切努力将付诸东流。①

17日晚，周恩来等一行作为中共谈判代表抵达西安，与张、杨商谈事变处理办法，和平解决“西安事变”逼迫蒋介石接受八项主张。美国记者斯诺曾就此分析：“共产党为什么会做出如此主张呢？一是中国面临着‘灭亡整个民族的外国侵略’；二是共产党‘有了表示他们提出统一战线纲领具有诚意的机会’。”②

经过三方磋商，在24日达成6项协议：

1. 改组国民党与国民政府，驱逐亲日派，容纳抗日分子；
2. 释放上海爱国领袖，释放一切政治犯，保证人民的自由权利；
3. 停止“剿共”政策，联合红军抗日；
4. 召集各党各派各界各军的救国会议，决定抗日救亡方针；
5. 与同情中国抗日的国家建立合作关系；
6. 其他具体的救国办法。

最后，蒋介石表示同意“停止剿共，联共抗日”。于是，从1935年底开始的国共秘密接触与谈判，在经历了众多的周折之后，终于在一朝一夕之

① 费正清、费维恺：《剑桥中华民国史（1912—1949年）》（下卷），中国社会科学出版社1994年版，第256—257页。

② ［美］埃德加·斯诺著，董乐山译：《西行漫记》，生活·读书·新知三联书店1979年版，第374—375页。

间达成了正式的妥协。从1937年1月始，国民党中央军停止进攻陕甘宁边区，撤销了设在西安的西北“剿匪”总司令部。至此，国内和平基本实现。

西安事变的和平解决成为扭转时局的枢纽，在新形势下，蒋介石及南京政府对日态度和立场发生明显的改变，同时，开始着手抗日准备工作。

军事方面：

华北事变以后，日本已经直接对中国华北构成严重威胁，蒋介石等深刻意识到，中国有进一步丧失华北领土主权的危险，因而开始积极修整国防。

1.设立国防机构，拟订国防计划。1937年3月，国民党中央执行委员会和中央政治委员会做出成立国防委员会的决定，规定国防委员会为全国国防最高决策机关，并明确国防机构的组成及权限，说明国民党开始重视国防决策组织的建设。同时，国民党还认真拟订了国防作战计划，如《1937年度国防作战计划》表明不再对中共“清剿和绥靖”，而是全部针对日本侵略军的作战方案。这个计划还包括战事后勤供给、国防工事修筑、战备动

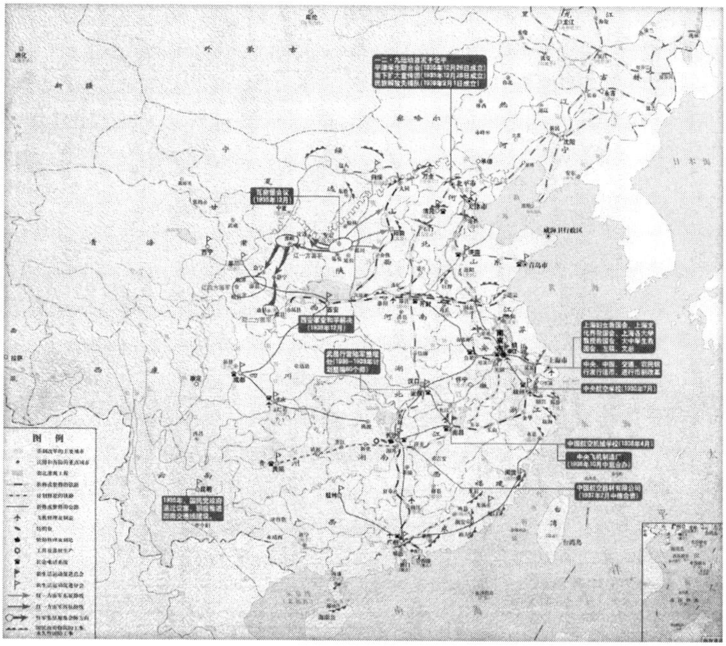


全国抗战准备示意图（1933年1月—1937年2月）

员等各方面的内容。可以看出，虽然这个计划还不十分完善，但它使国民政府抗日军事准备有了依据。

2.整编军队，修筑国防工事。1937年开始，为适应抗战需要，国民政府加快军队调整工作。至卢沟桥事变前，已完成85个师的调整。还加强了陆军的特殊兵种部队，到1937年上半年，共有1个装甲兵团、4个炮兵旅及20个炮兵独立团等。[①]在空军建设方面，1937年5月，国民政府将全国划分为6个空军区，共拥有各式飞机600架，训练飞行员3000余人，建设机场262处，并建成了杭州中央飞机制造厂、萍乡中国航空器材有限公司等飞机制造、修理工厂多处。海军建设方面，因没有自己制造的条件，只能着眼于购买造价低廉的军舰和巡逻艇。在全面抗战爆发前，中国海军共有3个舰队100余艘大小舰艇。

修筑国防工事，可以说是国民政府在抗战军事准备中最下功夫的地方，拨款717万余元。国民政府以南京为中心，开始修筑吴江至福山、无锡至江阴、乍浦至嘉兴3条永久性国防工事，动用两个师人力，花费百万元以上，到1937年建成。此外，浙江、山东、河北、察哈尔、山西、绥远、河南、广东、福建、广西等省，也分别制定修筑工事方案。到卢沟桥事变前，各地国防工事均有部分竣工。此外，在海江防御方面，国民政府向德国购置了一批重炮，先后安放到各海江要塞，到1937年上半年，南京、镇江、江阴、宁波、虎门、马尾、厦门、南通、连云港等防御要塞整理完毕，共设炮台41座，布置各种重炮273门。[②]

3.广泛征兵，训练壮丁。1936年1月起，国民政府明令实行《兵役法》，采取募征并行方法，扩充兵员。到1936年底，在苏、鲁、豫、湘、浙、鄂6省10个师管区，共新征5万名士兵。1937年春，又在苏、豫、湘、鄂、赣、闽6省征募士兵。除直接征兵外，国民政府还集中训练壮丁。至1936年，共训练壮丁50万名，另有100万名壮丁正在训练过程中。另外，国民政府还对高中以上学生实行军训，到抗战爆发前，共训练高中学生22.4万人，

① 军事科学院军事历史研究部:《中国抗日战争史》(上卷)，解放军出版社1991年版，第510页。

② 《全国要塞现状一览表》(1937)，中国第二历史档案馆藏。

专科以上学生64340人，并培养了一批预备役军官。①

经济方面：

中国经济力量和日本相去甚远。为了抵御侵略，就必须调整产业结构，加强国防经济建设。华北事变以后，国民政府开始重视与战略物资密切相关的重工业和交通运输业的开发建设。

1.进行资源调查，发展军工和原料工业。1936年，国民政府拨款1000万元用于增加冶金、燃料、机械、电气、化工等重工业建设。1937年，又拨款2000万元充作重工业发展费用。从1936年至1937年上半年，先后建立起中央钢铁厂、茶陵铁矿、江西钨铁厂、中央机器制造厂等21家工矿企业。此外，国民政府还在南京、汉阳、太原等地增设扩建一批兵工厂，开始生产步枪、机关枪、迫击炮及弹药等常规轻武器，另外建立一批汽车、飞机修理厂。

2.建设和发展交通运输业。自1936年至1937年上半年，全国共新建铁路2030公里，为8年筑路总和的6.5倍。这些铁路包括粤汉、浙赣、陇海、同蒲等相当重要路段。另外，湘黔、贵南等铁路也在这一时间开始动工。公路建设方面，国民政府也投入大量的财力和物力，到1937年上半年，全国公路已由1927年的1000公里增至10.9万公里，初步形成了沟通全国的公路交通网。

外交方面：

为争取更多的外交援助，国民政府的外交政策由过去对英、美的“一边倒”，变成一面继续依靠英、美，一面积极靠近苏联的双管齐下方针。九一八事变后，国民政府为阻止日本的侵略，把外交的重点放在了依靠英、美及其操纵的国际联盟上，一心希望通过国际舆论与国际制裁来迫使日本放弃侵华。蒋介石甚至提出：“外交上无形之战争，其成败胜负之价值，则超过任何一切战争之上。”②但实际上，英、美等国虽然反对日本独霸中国，却未采取任何制裁日本的有效措施，包括国联调停、沪战调停等，最终都

① 何应钦：《八年抗战之经过》，台北文海出版社1972年版，第120页。

② 《蒋介石在顾维钧就任外交部长职宣誓会上的训词》（1931年11月30日）。

没有使日本停止侵略步伐。在这种情况下，蒋介石逐渐由反苏的立场向联苏的立场转变。

1935年5月，针对日军在华北的一系列发难，中国驻苏大使颜惠庆对苏联承诺，一旦苏日战争爆发，中国军队将支持苏联。同年10月，“广田三原则”传出，日本吞并华北染指全中国的野心已昭然若揭，此时蒋介石下定抗日决心，召见苏联驻华大使鲍格罗莫夫，为在外交上加快与苏联的联合步伐，建议两国签订确实保障两国及远东和平的协定。随后，行政院副院长孔祥熙又向鲍格罗莫夫探求中日开战后经新疆从苏联得到军需物资的可能。同月25日，国民政府成立中苏文化友好协会，以立法院院长孙科为协会主席。1936年10月，蒋廷黻接任驻苏大使，继续寻求与苏缔结同盟。1937年，孙科与鲍格罗莫夫谈判，苏联同意以利率优惠的武器贷款的方式，向中国提供军备援助，但必须以不发动内战为担保。

在与苏联谈判获得外交援助的同时，国民政府对待英、美方面的外交主要是获取经济援助，为发动抵抗日军的战争筹款。1935年，国民政府实行币制改革，把中国货币纳入英镑体系，又将美元作为货币发行储备金，不仅收获巨额贷款，而且扩大了英、美等国的投资，将英美经济与中国局势捆绑，使其对日本的侵华战争不能再袖手旁观。此外，国民政府还与西方其他列强广泛接触，先后与德国、荷兰、比利时、法国、捷克斯洛伐克等国进行投资谈判，为军工和交通运输吸引投资。这些举措无疑对中国抗日战略物资的生产及交通运输的建设，起到一定的促进作用。并且，德国在中日战争爆发后的相当长一段时间内，没有支持日本侵华，其原因除了对苏战略考虑外，不愿轻易放弃与中国的合作关系，也是相当重要的一个因素。

总之，华北事变之后，蒋介石和国民政府在国际国内多种因素的促成下，对日态度日趋强硬，并且在军事、经济和外交方面开始了一定的抗日准备。

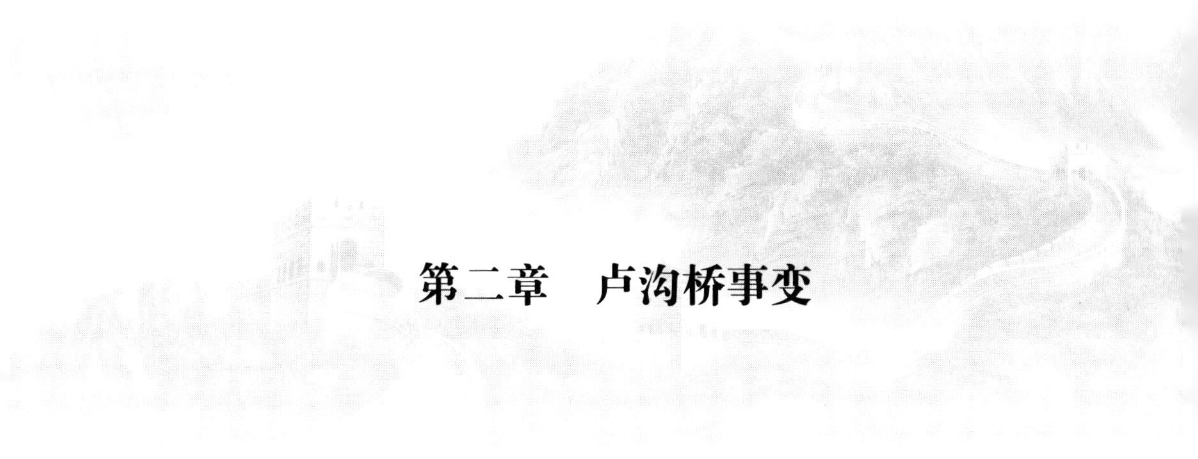

# 第二章　卢沟桥事变

1937年7月7日夜晚，驻丰台日军声称一名士兵失踪，要求进宛平城搜寻。这一无理要求遭到中国驻军的拒绝。8日凌晨，日军突然炮击宛平城，中国官兵奋起还击。七七事变（又称卢沟桥事变）爆发。七七事变是日本帝国主义蓄谋已久的全面侵华战争的发端，也是中国开启全民族抗战的标志。从此，中华民族万众一心抵抗外来侵略的号角吹响了！

## 一、七月七日夜

七七事变前夕，卢沟桥一带中日两军对峙，刀光剑影，战争气息四处弥漫。

卢沟桥位于北平城西南10公里的宛平县内，是北平与外界联系的交通要道——平汉铁路线上的咽喉，具有十分重要的战略地位。对中国军队来说，当时北平四周的4个战略要地——通州、丰台、南口和卢沟桥，已被日军占据了3处，仅有卢沟桥掌握在自己手里，控制卢沟桥不仅能守住北平的西南方，而且可以保障北平的唯一交通运输线。此外，在南苑还驻有大批中国军队，与驻守卢沟桥的中国军队一起，构成对驻丰台日军的两面威慑。对日军来说，一旦占领卢沟桥，不仅能和丰台形成掎角之势，解除丰台驻军的后顾之忧，还可以切断平汉线，使北平城内中国军队进退两难，处于孤立无援的境地。由此，在华北剑拔弩张的中日军队，全都不约而同地聚焦卢沟桥。

从1937年4月开始，驻丰台日军在卢沟桥一带不分昼夜地进行军事演习。据日军自己的统计，当时驻屯军在卢沟桥一带的演习情况如下：

（一）驻丰台部队的中期（5月至6月为中队及大队教练演习期间，特别是中队教练的完成日期为5、6月）教练，不分昼夜进行。

（二）军司令部随时对驻丰台部队进行检阅。5月下旬，军的大部幕僚齐集于一文字山（即沙岗），检阅该部队。

（三）联队长去丰台部队按教育计划检阅中队教练；以后辅助官又经常去该地一带检查。

（四）旅团长、联队长去该地附近视察了演习情况。

（五）本年6月至7月上旬，步兵学校教官千田大佐为普及新兵操典草案，曾在卢沟桥城（即宛平城）北面实施演习。北平及丰台部队的干部多数参加。①

5月至6月，日本关东军和华北驻屯军先后在承德、天津召开军事会议，策划扩大侵华战争。

6月6日，中日双方军官在北平中南海怀仁堂的联欢，是日本软化二十九军将士，企图不战而胜并吞华北的最后一次尝试。但是，这场“新鸿门宴”最后不欢而散。

6月下旬，日本东京政界出现“七夕之夜，华北将重演柳条沟（湖）一样的事件”②的传言，真真假假，难以捉摸，更让中日之间关系充满诡异的气氛。

7月6日，上台仅一个月的近卫内阁讨论施政方针，外相广田发言认为日中亲善“难望取得成效”，“除毅然推行正确政策（即武力侵华）外，别无

---

① 日本防卫厅防卫研究所战史室著，田琪之译：《中国事变陆军作战史》（第1卷第1分册），中华书局1979年版，第130—131页。

② ［日］今井武夫著，天津市政协编译委员会译：《今井武夫回忆录》，中国文史出版社1987年版，第12页。

他图”。对此，全体阁僚表示同意。[①]

以上种种迹象表明，日本早已下定发动全面侵华战争的决心，正在寻找机会出手。

此时驻守卢沟桥和宛平城的中国守军并非毫无觉察，他们密切关注着日军的一举一动。

卢沟桥和宛平城是二十九军重点驻防区域，驻守在这里的是三十七师一一〇旅二一九团第三营。营长金振中早年投军冯玉祥部，1933年参加喜峰口战役，因率部夺回烟筒山而受冯治安师长嘉奖。1936年冬，金振中又率全营人马攻下距离平西80华里的斋堂村，一举捣毁汉奸殷汝耕临时拼凑的“冀西防共自治政府”，并把伪军生擒殆尽，从而在二十九军中声名大振。1936年春天接受驻防卢沟桥任务时，金振中曾就如何应对日本驻军的武装挑衅请示冯治安，得到指示：“以不惹事、不怕事的原则维持目前局势。但若日军硬攻时，必抱定与城、桥共存亡的决心，以维护本军名誉和报答全国同胞。”[②]

第三营为加强营，有4个步兵连，并配属重机枪一连及轻、重迫击炮各一连，计有1400余人。金振中将战斗力较强的第十一连部署在铁路桥东端及以北龙王庙一带；把第十二连配置在宛平城西南角起至南河岔一带；第九连布防于宛平县城内；第十连作为营预备队，驻石桥以西的大王庙内；重迫击炮连安排在铁路桥西头，负责歼灭日军的战车和密集队伍；轻迫击炮连则部署于城东门内，便于支援十二连；重机枪连部署于城内东南、东北两城角，以便策应两翼和友邻的队伍。[③]兵力部署完毕后，面对日军咄咄逼人的气势，金振中经常向全体守城、守桥官兵灌输杀敌卫国思想，要求全营官兵在每日三餐及睡觉之前，都要集体高呼一遍“宁为战死鬼，不当亡国奴”的口号，以激励官兵守土抗敌的斗志。

---

① 日本防卫厅战史室编，天津市政协编译委员会译：《日本军国主义侵华资料长编》（上），四川人民出版社1987年版，第297页。

② 金振中：《回忆抗战经过》（未刊稿），原件存卢沟桥文物保管所。

③ 全国政协文史和学习委员会编：《七七事变——原国民党将领抗日战争亲历记》，中国文史出版社2015年版，第56页。

7月上旬，平津一带连日阴雨，久未放晴，有些地方已经积水过膝，泥泞不堪。6日，又是大雨滂沱的一天。然而，驻丰台日军不顾道路行走艰难，又在铁路桥东北龙王庙前，以卢沟桥为目标进行攻击式演习。枪弹呼啸、炮声隆隆，如临大敌一般。同一天，一小股日军还到宛平城东门，要求穿过宛平县城到长辛店地区演习，如此无理的要求当然遭到第三营守军的严词拒绝。日军居然赖在城外不肯退去，双方拔刀张弩相持了几个小时，空气紧张得几乎要凝固。直到夜色笼罩，日军才很不甘心地退回丰台。

战争似乎一触即发。这一夜，二十九军做了相应准备。一一〇旅旅长何基沣要求守军密切“注意监视日军行动”，并命令全体官兵“如日军挑衅，一定要坚决回击”①。第三营官兵连日来目睹日军的嚣张跋扈，早已义愤填膺，接到何基沣旅长的命令，大为振奋，大家摩拳擦掌，一致表示要誓死抵抗，坚决反击。

7月7日上午，日军照例又到卢沟桥以北地区演习。傍晚，驻屯军混成旅团第一联队第三大队第八中队中队长清水节郎，带领600名日军来到卢沟桥以北一公里的龙王庙附近，声称要进行夜间演习，其演习内容是从龙王庙附近到东面的大瓦窑，向“敌人”的主要阵地前进，利用夜幕接近“敌人”，然后黎明时进行突击。龙王庙位于宛平城西北，大瓦窑在宛平城东北，从龙王庙到宛平城，从大瓦窑到宛平城，各自的距离仅有千米。日军夜间在这里演习，显然另有图谋。

旅长何基沣已经敏锐地察觉到这一天演习的特殊气氛。为防备万一，他将情况报告正在河北保定的师长冯治安，冯即刻赶回，与何一起布置应战准备。营长金振中接到上级加强战备的命令后，调来九连增兵宛平城东城墙，同时通知宛平县县长王冷斋，让警察局在天黑以前就把东门关闭，不许人员出入。

随着夜幕降临，天色越来越黑，但城外日军却迟迟不撤。11时左右，

① 全国政协文史和学习委员会编:《七七事变——原国民党将领抗日战争亲历记》，中国文史出版社2015年版，第56—57页。

日军演习场方向突然响起了机枪声，在雨夜中显得格外刺耳。少顷，一队日军气势汹汹来到宛平城下，他们声称一名士兵失踪，因听见城内枪声，怀疑丢失的士兵在城内，因此要求进城搜寻。他们甚至威胁，如果中国守军不允许他们进入，他们就要动用武力强行进城。突如其来的变故让城墙上的中国守军顿感意外，金振中当即拒绝。他在回忆文章中说：

> 七月七日夜十一时许，忽然听到日军演习营地方向，响了一阵枪声。少顷，冀察绥靖公署许处长来电话说："据日方说，他们的一名演习兵被宛平城内华军捉进城去，他们要进城搜查。"在这黑漆漆的雨夜，日军到卢沟桥警戒线内演习，明明是企图偷袭宛平城，只因我守备森严，无隙可乘，便捏造丢失日兵为借口，乘进城搜查之机，诈取我城池。我将此情回告许处长，陈述不要听信日方谎言。①

日军在宛平城下碰了钉子。于是，清水节郎派出一名姓岩谷的曹长（相当于上士）返回丰台向大队长一木清直报告，要求派兵支援。一木清直得到报告后，立即请示日本驻屯军第一联队联队长牟田口廉也，牟田口廉也在电话中命令一木清直率第三大队主力前往现场。

与此同时，牟田口廉也向日本驻北平特务机关长松井太久郎报告正在宛平城发生的日本兵失踪一事。松井获悉后即与冀察政务委员会外交委员会电话交涉，声称："有日本陆军一中队，顷间在卢沟桥演习，仿佛听见由驻宛平城内之军队发枪数响，致演习部队一时呈混乱现象，失落日兵一名，要求进入宛平县城搜索。"②二十九军副军长兼北平市市长秦德纯接到冀察政务委员会外交委员会的报告，当即答复："卢沟桥是中国领土，日本军队事前未得我方同意在该地演习，已违背国际公法，妨害我国主权，走失士兵我方不能负责，日方更不得进城搜查，致起误会。"③然而，为了协商解

①②③　全国政协文史和学习委员会编：《七七事变——原国民党将领抗日战争亲历记》，中国文史出版社2015年版，第57页、第47页、第15页。

决问题，秦德纯退一步表示：“唯姑念两国友谊，可等天亮后，令该地军警代为寻觅，如查有日本兵，即行送还。”[①]

应该说，秦德纯的回复有礼有节，通情达理，但是，心怀叵测的日军却极为不满。收到答复后，松井太久郎再次打电话对冀察政务委员会外交委员会进行威胁，声称中方如不允许，日方将施以武力。这种无理要挟遭到秦德纯的坚决拒绝。秦当即通知冯治安和吉星文[②]，命令驻守宛平城的部队严密戒备，随时准备应战。同时，秦德纯还指示宛平县县长王冷斋“迅即查明，以便处理”。王冷斋即刻“通知城内驻军营长金振中切实查询各守兵”，经查明，中国军队并无开枪之事，也未发现有所谓失踪日兵的踪迹。[③]

遭到秦德纯拒绝的松井并不罢休，他要求与中方就所谓“日本兵失踪事件”进行调查。王冷斋回忆，他当时命令警察保安队在宛平城内搜寻走失的日本士兵，整整花了1个小时，毫无结果，最后不得不亲自到北平政府及外交委员会报告。8日凌晨2时左右，他和外交委员会主席魏宗翰、委员孙润宇、专员林耕宇以及绥署交通处副处长周永业等人，到日本特务机关部与机关长松井交涉。日方派出的商谈代表有冀察绥靖公署日本顾问樱井、日军辅佐官寺平及秘书斋藤。

王冷斋首先声明，枪声响于宛平城东北方，我方在此并无驻军，且查明城内守军也并无开枪之事，所带子弹不少一枚，可见绝不是我方所发。所谓失踪日兵一名，经搜寻也毫无踪影。日方却诡辩说城外搜寻不到失踪的演习士兵，必须进城搜索，方可明了究竟。面对日方的蛮横无理，王冷斋言辞激烈：“夜间宛平城门已闭，日兵在城外演习，怎么能在城内失踪？就是退一步说，果有失落之事，也绝和我方无关，或者效当年南京日领事

① 全国政协文史和学习委员会编：《七七事变——原国民党将领抗日战争亲历记》，中国文史出版社2015年版，第15页。

② 吉星文，1922年随族叔吉鸿昌参加西北军。1937年卢沟桥事变中，指挥二十九军二一九团在卢沟桥抗击日军20余日，从此开始了长达8年的抗战生涯。

③ 全国政协文史和学习委员会编：《七七事变——原国民党将领抗日战争亲历记》，中国文史出版社2015年版，第21页。

藏本自行隐匿的故技[①]，企图作要挟的借口。”[②]此言一出，松井哑口无言，1934年夏日本操作副领事藏本失踪伎俩，尽人皆知，让日本颜面尽失。但是，谈判了半个多小时，日方依然坚持要去宛平城调查。就在谈判期间，王冷斋获悉驻丰台的日军第三中队主力500余人，带着6门大炮，由中队长一木清直率领，已经开赴卢沟桥和宛平城。情势紧急，王冷斋只能妥协，同意日方代表马上跟随他回宛平城进行实地调查。当王冷斋等中方代表走出日军兵营时，又目睹日军300余人分乘8辆军车，向卢沟桥方向疾驶。

凌晨3时左右，中日两方代表分前后两辆车赶往宛平城。但汽车抵达宛平城外东北角约离城1公里的沙岗时，王冷斋发现该处已经被日军占据布防。沙岗是宛平城外的唯一制高点，日军称之为“一文字山”。站在沙岗顶端可以清楚地望见宛平县城的东门，以前国民党中央军第二师驻防北平时，曾花费2万元在沙岗修建了坚固的工事，第二师被迫撤离后，接手的二十九军未重视这个制高点，却被狡猾的日军觊觎，他们常常来此地演习并熟悉地形。王冷斋看到日兵多数俯卧作射击状，枪炮排列完全是一副攻城的阵势，倒抽一口冷气，深感局势严峻。就在这时，日本特务机关辅佐官寺平突然阻止车辆前进，他来到王冷斋的车前让他下车，拿出一张事先准备好的地图，对王冷斋说：“事态已十分严重，现已不及等待调查谈判，只有请你速令城内守军向西门撤出，日军进至东门城内约数十米地带再商解决办法，以免冲突。”面对凶恶、无耻的日本侵略者，王冷斋面不改色，此时他

---

① 1934年6月，日本驻南京领事馆通知国民政府外交部，称副领事藏本英明失踪，要求调查。一石激起千层浪，南京政府大为惊恐，“沈阳之战，日本失一中村而得东北三省。今失帝国一代表，其代价如何?”如果藏本果真失踪或发现已死，则日军云集南京的炮舰可以发炮攻击首都，海军可以登陆占领长江要塞……后果不堪设想。好在经过5天4夜兴师动众的寻找，终于发现藏本的踪迹，原来藏匿在明孝陵所在的山上。后经调查发现，此事就是日本侵略者精心策划炮制的。日本原计划让藏本自杀，然后嫁祸中国，借机发动侵华战争。因此藏本一失踪，日本朝野同声，大肆渲染藏本被中国政府机关某社绑架，“是中国有计划之行动”“显有反日政治阴谋”。日本政府甚至部署撤侨、舰只云集南京城下，战事一触即发。殊不料藏本武士道精神底气不足，贪恋人世，最后没有死成。他又不敢回领事馆交代，只得在荒山徘徊，最后被人发现。藏本活着回来，让导演这台丑剧的日本领事馆大为尴尬，找出牵强的理由掩盖内幕，并灰溜溜送藏本回日本。此后藏本再未露面，真的失踪了。

② 全国政协文史和学习委员会编:《七七事变——原国民党将领抗日战争亲历记》，中国文史出版社2015年版，第22页。

已经将个人安危置之度外。他冷冷地说，此次只负调查使命，我军撤出、你军进城的要求离题太远，谈不到！寺平碰了钉子，但不肯罢休。他傲慢地说："此项要求，系奉命办事，势在必行！请你见机而做，以免危险。"这时，同行的森田居然手指日军的枪炮，威胁林耕宇说："要请王专员迅速决定，十分钟以内，如无解决办法，严重事件立即爆发，枪弹无眼，你等同样危险。"

日军的枪炮在夜色中闪着寒光，被逼下车的王冷斋、林耕宇等人手无寸铁，站在四周都是日军的宛平城外。但是，他们没有畏惧，更不退缩，坚持调查原议。王冷斋还义正词严地斥责森田、寺平："此处非谈判之所，应依后方决定原则，在城内从容相商。你们前后方不应如此矛盾，万一事态扩大，你们二人当负全责！"①

就这样，双方在野外僵持了十几分钟，最后，森田、寺平见威吓不成，只好放弃。

大约清晨4点多，王冷斋、林耕宇和寺平、森田等终于到达宛平城进入专署会客室。一行人落座后，商谈重启。日方仍然坚持无理要求，声称驻守宛平城东门的中国军队必须退到西门，由日军占据东门后再继续调查事件的来龙去脉。王冷斋等中方代表则坚决予以拒绝。谈判不到5分钟，王冷斋认为大概是4时50分，城外突然枪声大作，子弹纷纷掠过专署的屋顶，让在座的谈判代表十分惊诧。这时，有守军跑来报告，日军开始向宛平城进攻。紧接着，位于沙岗村北侧大枣山的日军炮兵也向宛平城发射炮弹。

七七事变由此爆发。

战斗打响了！驻守在宛平城和卢沟桥附近严阵以待的二十九军二一九团官兵奋起还击，表现出中国军人大无畏的英雄气概。中华民族反抗日本帝国主义侵略的伟大战争自此翻开新页。

卢沟桥事变是日本帝国主义发动全面侵华战争的开端。但是，挑起这场侵略战争的罪魁祸首，却从一开始就谎言连篇，推卸罪责。本来，这场

① 全国政协文史和学习委员会编:《七七事变——原国民党将领抗日战争亲历记》，中国文史出版社2015年版，第22页。

在中国领土上发生的战争根本无须查证中日两方谁对谁错，但日本侵略者居然大言不惭要为自己入室盗抢的行径辩护。

一个是围绕走失士兵要的花招，强词夺理找借口。

最先提出失踪一名士兵的是清水节郎。他煞有介事地描述：

> 我站起来看了一下集合情况，骤然间假想敌的轻机关枪开始射击起来。我以为是那边的部队不知道演习已经中止，看到传令兵而射击起来了。这时，突然从后方射来几发步枪子弹，凭直觉知道的确是实弹。
>
> 可是，我方的假想敌，好像对此还没有注意到，仍然继续进行着空弹射击。于是，我命令身旁的号兵，赶紧吹集合号。这时，从右后方靠铁路桥的河堤方向，又射来十几发子弹。回顾前后，看到芦沟桥的城墙上和河堤上有手电似的东西一明一灭（似乎打什么信号）。中队长正分别指挥逐次集合起来的小队作好应战准备的时候，听到了一名士兵行踪不明的报告，就一面开始搜索，一面向在丰台的大队长报告这种情况，等待指示。[①]

今井武夫也做证：

> 演习结束后部队正在集合，在晚上十点多钟，受到驻卢沟桥北边约一千米处的永定河左岸龙王庙附近的中国部队的实弹射击，最初数发，随后连续打了十几发。
>
> 部队马上停止演习，点名时发现缺少一名士兵，当即进行搜索，同时向大队长报告，听候指示。[②]

---

① 复旦大学历史系：《日本帝国主义对外侵略史料选编（1931—1945）》，上海人民出版社1975年版，第285页。

② ［日］今井武夫著，天津市政协编译委员会译：《今井武夫回忆录》，中国文史出版社1987年版，第3页。

经调查，当年走失的士兵叫志村菊次郎，那天晚上他只是在演习期间突然闹肚子，临时离开演习队伍，由于夜色下看不清方向，加上道路不熟悉，他迷路了，未能及时归队。事情就是这么简单，清水在之后接受日本媒体采访的时候也承认了这一过程。但是，别有用心的日本侵略军不想错过这样一个“好机会”，他们小题大做，大张旗鼓地向中国驻军和冀察委员会发难，俨然那名士兵就是被中国守军抓走一样，由此进一步提出进宛平城搜寻的无理要求。其实，志村菊次郎在20分钟以后就安全归队，当时中日双方还在北平城内日本特务机关部为此事交涉。但负责演习的中队长清水在失踪士兵归队后没有及时报告。当调查中询问他不报告的原因时，清水居然说：“连联队长都下了交涉的命令，又因此而终止，我不知道中国方面会怎样宣传呢?”[①]他的意思是说虽然后来失踪士兵返回，但因为军事行动的命令已经发出，箭已离弦，只能将错就错。

铁证如山，无论是哪种情况，责任都在日军一方，所谓“士兵失踪”就是日军的借题发挥，目的是挑起战事。

后来，日军也意识到把“失踪士兵”作为向中国军队发难的借口实在有些牵强，他们很快淡化这一理由，甚至都不再提起。据参加过日军在北平召开的记者招待会的埃德加·斯诺讲述：“日本人对于是否真有士兵失踪，不论在当时或后来都不会提供任何证据……他们连说都不愿说起这个士兵。”[②]事实也是如此，卢沟桥事变后不久，志村菊次郎被送回了日本国内“保护”起来。过了4年多，1941年12月，他以宪兵伍长的身份再度入伍，被派往缅甸战场，最后战死在那里。在战后关于卢沟桥事变的证词里，从此死无对证。

再一个就是纠缠于中日双方谁开“第一枪”，编造谎言给自己开脱罪责。

7日夜在卢沟桥究竟是哪一方首先开了枪？是日军有意向卢沟桥方向射击，激起中国守军反击？还是日军在卢沟桥附近进行进攻性的实弹演习，引起卢沟桥中国守军误解而开枪还击？抑或是有人故意在中日两军之间放

---

① ［日］秦郁彦：《日中战争史》，河出书房新社1961年版，第173—174页。

② ［美］埃德加·斯诺著，董乐山译：《为亚洲而战》，《斯诺文集》，新华出版社1984年版，第14页。

冷枪，从而导致衅端？关于此事，多年来一直众说纷纭。

在现场当事人清水节郎的叙述中，一直在强调是中方首先开枪，他信誓旦旦地说：

> 根据这枪弹发射的闪光、发射音、飞行音以及声音在空气中的传播速度等来考虑，是可以区别实炮还是空炮的，并能判断出射击方向、射击位置的……而我中队的步枪完全没有射击。①

他先是说听到枪声来自永定河东岸龙王庙附近堤防，即宛平城西北方向。但在同中国方面交涉时，却又说成是宛平城内传出枪响，因而要求进宛平城内搜寻失踪的兵士。他把士兵失踪与中方开枪联系起来，既因为当时听到枪声，又同时发现丢失士兵，所以他就自然而然地想到是中国军队的问题，因此向上级，即大队长一木清直报告要求派兵支援。

日军《中国驻屯步兵第一联队战斗详报》也有记述：

> 7月7日午后7时30分开始演习……但在演习中，该中队于午后10时40分突遭从龙王庙附近中国军队既设阵地发出的子弹数发。于是，中队长立即中止演习，吹起集合号。正在这时，又从卢沟桥城墙方向射来十数发子弹……②

今井武夫更是“有根有据”分析中国军队首先放枪的原因，企图把人带进他的思路：

> 根据全过程去推测的话，可能是守备卢沟桥的中国军队，背着师长及上级长官擅自派兵到龙王庙，警惕日军的夜袭。最初因听到朝大瓦窑打来的轻机枪声就回了几枪，跟着又听到集合的号

① ［日］秦郁彦：《日中战争史》，河出书房新社1961年版，第166页。

② 中共中央党校中共党史资料室：《中国驻屯步兵第一联队战斗详报》，《卢沟桥事变和平津抗战》（资料选编），中共中央党校科研办公室1986年印行，第17页。

> 声，于是疑心果然是日军夜袭了。风声鹤唳，又打了十几枪……充分表现了训练无术的中国官兵的心理状态……在龙王庙最初打的十几枪，不过是由于怀着恐惧心理的中国兵的过失而造成的一场开火骚乱而已。①

日方的满口谎话并不能掩盖事实。据当时驻守卢沟桥北端白衣庵的三十七师二一九团的排长祁国轩做证说：

> 那天晚上，时时听到日军的枪声，并没有听到中国军的枪声。日本枪的声音“扑通！扑通！”比较低沉；中国枪“咔科！咔科！”声音激越。两者不同，谁都能听得出来。②

这些“枪声”不可能来自中国守军，演习的日军又否认由他们自己所发，那还剩下一种可能，即有秘而不宣的第三方暗中下手。对此，日本侵略者可谓浮想联翩，他们甚至有中国共产党派人放枪挑起两军冲突的说辞。今井武夫和樱井德太郎都曾捏造过这种谎言，一些日本史学家也附和这样的说法，认为首先开枪的既不是日军也不是二十九军，而是中国共产党的游击队。但因没有进一步的证据，这些谣言最后都不攻自破。

总之，七七事变绝不是中日双方驻军的擦枪走火，更不是一个日本“走失”士兵引发的偶然事件，它是一次有计划有准备的行动，是日本所谓大陆政策的必然发展，也是日本长期以来侵华野心的全面暴露。

需要说明的是，向中国发动全面侵略战争是日本帝国主义的既定国策，但是，在什么时间发起这样的战事，在日本国内还有分歧。侵华激进派此时已经急不可耐，他们蓄谋策划卢沟桥事变正是为了使日本的全面侵华政策立即得以实现，这也是不少日本军政显要在事变前也不知情的原因。

---

① ［日］今井武夫著，天津市政协编译委员会译：《今井武夫回忆录》，中国文史出版社1987年版，第49页。

② 转引自张海鹏、步平主编《日本教科书问题评析》，社会科学文献出版社2002年版，第234页。

## 二、“誓与城桥共存亡”

卢沟桥战斗打响后，二十九军副军长秦德纯、第三十七师师长冯治安和第三十八师师长张自忠等召开了紧急会议。秦德纯宣布：“保卫领土是军人的天职，对外战争是我军人的荣誉，务即晓谕全团官兵，牺牲奋斗，坚守阵地，即以宛平城与卢沟桥为吾军坟墓，一尺一寸国土，不可轻易让人。”[①]一一〇旅旅长何基沣、二一九团团长吉文星亲赴前线指挥作战，向卢沟桥守军下达3条命令：第一，不同意日军进城；第二，日军武力侵犯则坚决回击；第三，我军守土有责，绝不退让，放弃阵地，军法从事。[②]正在山东乐陵原籍休假的军长宋哲元，在获悉事变后，致电命令二十九军将领“扑灭当前之敌”。

那时，在宛平城东门，将士们抱定誓与城桥共存亡的决心，在宛平城居民的帮助下，用麻袋泥土快速修建起工事，只要敌人一接近城门，就在掩体后猛烈射击。面对敌人的进攻，战士们沉着应战，因枪支落后，弹药有限，往往要等到日军接近我方最有效射程内，才能以“快放”“齐放”的方式猛烈射击，给予敌人最大的杀伤力，由此打退敌人一次又一次的进攻。宛平城居民则自觉为守城将士运送弹药，并协助士兵修补被炮弹炸开的城墙。没有人惊慌失措，更没有人弃城而逃。军民同仇敌忾，斗志昂扬。金振中回忆说：

> 连续有几发炮弹飞进城来，落到营指挥部，炸倒房屋6间，炸死士兵2人，炸伤5人。这时，防守阵地的各连连长纷纷报告，日军已向我阵地发动进攻。得到报告，我迅速跑上城东门观察敌情，

---

① 秦德纯：《七七卢沟桥事变经过》，《七七事变——原国民党将领抗日战争亲历记》，中国文史出版社2015年版，第15页。

② 洪大中：《挥泪告别卢沟桥》，《七七事变——原国民党将领抗日战争亲历记》，中国文史出版社2015年版，第34页。

指挥战斗。城墙上下的官兵见到我，齐声高呼平时熟记的那两句誓言：“宁为战死鬼，不当亡国奴！”其情绪之激昂、壮烈，使我看到了全营官兵与城、桥共存亡的决心。接着，我又从西门出城，来到桥上督战。此时，这里的守军已经与敌人接上了火，枪声密集，炮声震耳。虽然日军的武器较我军精良，火力比我军猛烈，但我守桥官兵人人英勇无畏，沉着应战，使敌人在卢沟桥头的“卢沟晓月”碑亭不能前进一步。看到正面被阻，日军便在我石桥南400米处，用橡皮船偷渡过来200余人，企图迂回到我背后，对我进行夹击。早已埋伏在那里的保安第四团第一营给予偷渡之敌迎头痛击，打死打伤敌军80多人，残敌只得狼狈逃回东岸。①

激烈的战斗还在龙王庙和铁路桥进行。负责守卫铁路桥东头的三营十一连的排长申仲明，身先士卒冲上铁路桥，挡住一队来势凶猛争抢铁路桥的日军。面对敌人拔出的刺刀和指向他的无数枪口，申仲明岿然不动，毫无畏惧之色。这位年轻的军官在士兵们眼里，是个走路能带起一股风、撂下一句话能砸出一个坑的硬汉子，但士兵们不知道的是，申仲明在两年前就已经是秘密的共产党员。他曾斩钉截铁地对士兵们说：“咱们都是热血

驻守宛平县城的二十九军士兵跑步进入阵地

① 金振中：《卢沟桥抗日亲历记》，《亲历者说：中国抗战编年纪事（1937）》，人民出版社2015年版，第13—14页。

男儿，日本人想把咱们的父老乡亲全变成亡国奴，咱们不能站出来打鬼子，还有什么脸面活在世上！”丧心病狂的敌人突然开枪，申仲明倒在血泊之中，他睁着眼睛，手臂还高高擎起，指着卢沟桥的方向。申排长的牺牲，激起了战士们心中的怒火，当几百名敌人冲到近距离，守桥的两个排士兵抡起大刀，与日军展开肉搏。战斗进行到最后，因敌我力量悬殊，两个排的中国士兵几乎全部战死，烈士的鲜血染红了桥头阵地。这一仗日军虽然夺得了龙王庙和铁路桥东头，但受到了重创。

守卫卢沟桥和宛平城的将士以自己的鲜血和生命，践行“宁为战死鬼，不当亡国奴”的誓言。第二一九团团长吉星文曾这样赞扬坚守城、桥的战士：“这次士气的旺盛，较前喜峰口作战时尤甚。因为士兵们含垢忍辱，已非一天，这一口郁结在胸中的气，无缘发泄，所以大家听见说打日本，个个都纵身跳起来。士兵们看见了阵亡的同伴，一点也不悲伤，只是咬紧牙关，急步向前，带伤的就是命令他后退，也不掉转头来。”①

日军进攻的枪炮声传到宛平城内，正在城中同日方谈判的王冷斋一面向北平报告日军向我方开火情况，一面严词责问樱井等日方代表，并声明日军首先开枪破坏大局，应负酿成事变的责任。樱井表面支支吾吾地说“开枪或出于误会，当努力调解此事，勿使扩大”；内心却在暗暗等待日军攻进城内，到时造就既成事实。然而，樱井显然低估了宛平城中国守军的决心。双方射击了1小时，日军依然被牢牢挡在城外，未能前进一步。谈判室内的樱井显然坐不住了，他向中方建议，由他手持白旗登上城墙，让日军停止射击，然后派出两名代表从城墙上缒绳而下，商谈两军停火。

就这样，日军的第一轮进攻停止，宛平城下的枪炮声暂告平息。但金振中清楚，日方绝不会就此罢休，无非是趁停火的间隙调兵遣将。因此，他毫不放松，加紧指挥宛平城军民巩固布防、积极部署，准备迎接更猛烈的进攻。

事实正是如此。卢沟桥战斗打响之后，华北驻屯军就打定了乘机扩大事态，并将其演化成全面战争的主意。

---

① 《港报》1937年8月3日。

在7月8日午后，华北驻屯军和关东军联系，要求对方援助弹药、燃料以及满铁工作人员和铁路材料等。[①]关东军接到卢沟桥事变的通报后，司令官植田谦吉当即命令独立第十一旅团迅速向华北推进，将主力集结于承德、古北口之间，一部集结于山海关。当晚，植田谦吉又命令关东军飞行集团急速派出战斗、侦察、重轰炸机各两个中队，飞抵山海关、绥中、锦州，随时准备支援华北驻屯军。下午6时，关东军发表声明称：因暴戾的二十九军挑衅而在华北引起事端，对此关东军保持极大关心及坚定决心，密切关注事件的发展。

这样的声明无疑是对二十九军赤裸裸的威胁，将士们抗日复仇的火焰在胸中燃烧，他们已将个人生死安危置之度外，"誓与城桥共存亡"的决心牢牢扎根在每个人的心中。

早在8日凌晨1时30分，华北驻屯军参谋长桥本群代在天津的司令部召开幕僚会议。卢沟桥的枪炮声让这群战争狂热分子兴奋异常，他们唯恐天下不乱，顺势做出了几项扩大战事的决定：立即派出驻屯军参谋和知鹰二中佐及铃木京大尉前往卢沟桥；通知驻天津日军各部于凌晨3时做好出动准备；命令正在秦皇岛附近南大寺演习场检阅的旅团长河边正三立即回到北平。

7时30分，驻屯军司令部对天津各部队下达准备出动的命令。9时，驻屯军对联队长牟田口廉也下达命令：

> 一、（驻屯）军要确保永定河东岸卢沟桥附近，谋求事件的解决。
>
> 二、步兵旅团长应解除永定河左岸卢沟桥附近中国军队的武装，以利于事件的解决。
>
> 下列部队中午由天津出发经通州公路到达通州时，受你（因河边正三正在赶往北平的途中）指挥：步兵第一联队第二大队（缺步兵两个小队）、战车一中队、炮兵第二大队、工兵一个小队……[②]

---

① 日本防卫厅防卫研究所战史室著，田琪之译：《中国事变陆军作战史》（第1卷第1分册），中华书局1979年版，第134页、135页。

在驻屯军司令部调兵遣将的同时，在宛平城内的樱井获悉自己有武力做后盾，因此立马换了一副嘴脸。他有恃无恐地向中国方面提出3点要求：

（一）宛平县城内中国驻军撤退至西门外十华里，以便日军进城搜查丢失之士兵，否则日方将以炮火把宛平城化为灰烬；

（二）昨晚日方所遭受之损失，应由华方负责赔偿；

（三）严惩祸首，最低限度处罚营长（矛头指向三营营长金振中）。

对于日方的无赖表现，中方代表非常气愤。金振中强按心头怒火，对这3点要求一一进行驳斥：

1. 宛平县城乃是我国之神圣领土，任何外人无权强令我国驻军从城内撤退。如果诉诸武力，我将予以奉陪。

2. 丰台距宛平城8里之遥，又是雨夜，日方队伍为何来到我城、桥警戒线以内进行演习？其用心昭然若揭。再者，日军在城外演习，夜间城门已闭，怎会在城内丢失士兵？真乃自欺欺人！现在日方既称丢失士兵已经归队，为何又要进城调查丢失士兵的原因？岂不是节外生枝，借故挑起事端吗？真乃欺人太甚！

3. 日方昨夜（应是8日清晨）炮击宛平县城，致使城内的房屋被炸毁数间，我军民被炸死炸伤多人，我方损失应由日方赔偿。我方为保卫国土，被迫还击，何罪之有？日方才是挑起事端的祸首！①

最后，中日双方的谈判一无所获。

在谈判桌上占不到便宜，侵略者马上露出穷凶极恶的面目。牟田口廉

① 金振中：《卢沟桥抗日亲历记》，《亲历者说：中国抗战编年纪事（1937）》，人民出版社2015年版，第15页。

下午3时50分，日军旅团长河边正三赶到丰台。他到前线观看战况后，发现日军当时在战场上的布局并不占优势，于是不得不命令日军将主力集结于永定河右岸，重新部署再战。

曾参加“停战协商”的今井武夫在事后交代当时的形势：

> 当时我军兵力，能够逐步调往前线附近的，只有驻屯在北平附近所谓步兵约两个大队。天津派来增援的炮兵部队，因为连日下雨，道路泥泞，被阻在通州，无法前进。
>
> ……
>
> 与此相反，冀察军除了在卢沟桥附近永定河左（东）岸合计约有一团兵力外，在北面有西苑驻军两个旅占据着八宝山，其中一部分已进入到卢沟桥西北约三公里的衙门口，在南面有第38师常驻在南苑。此外，平汉线方面已从南方向长辛店增援兵力。战争形势对我军极为不利和紧迫。[①]

为了争取运兵时间，重新部署进攻兵力，在北平的日军又玩起“停战协商”的老一套。

下午4时，牟田口派人向宛平城送信，约王冷斋和吉星文出城谈判，王、吉以守土有责不便擅离职守为由，拒绝了他的要求。

到5时，牟田口再次送信向宛平城政府，发出最后通牒：

> 1.限即日下午8时，华军撤退至河西，日军撤退至河东，逾时将用大炮攻城；
>
> 2.通知城内人民迁出；
>
> 3.留在城内日本顾问樱井、译员斋藤立即出城。

① ［日］今井武夫著，天津市政协编译委员会译:《今井武夫回忆录》，中国文史出版社1987年版，第35—39页。

王冷斋回信答复：

1.本人非军事人员，对于撤军一节，未便答复；

2.城内人民，自有处理办法，勿劳代为顾虑；

3.樱井等早已令其出城，惟彼等仍愿留在城内谈商，努力于事件之解决。①

牟田口的威胁再次宣告无效。

下午6时，重整军备的日军发起了第三轮进攻。他们用大炮狂轰宛平城，第一发炮弹就击中刚刚还在用作谈判之地的宛平专员公署，接着一炮连着一炮呼啸而来，公署转瞬被夷为平地。好在宛平县政府官员以及中日谈判代表已经在几分钟前离开公署，迁至附近一所民房。日军的射击如此精准，让人不得不怀疑当时公署成立时，一木清直前来祝贺的险恶用心。当时一木出乎意料地徒步前来，显然是为了以步测距，同时查看城内的布局。这也从侧面证实，日本侵略者早在几个月之前就已经阴谋夺取卢沟桥和宛平城。也许是因为夜幕降临，日军的这一次进攻只动用大炮，并未出动战车和步兵。炮轰持续到晚上8时多。

此时，在浓郁的硝烟中，夜幕徐徐降临。日军得到军事情报，得知二十九军一一〇旅在旅长何基沣的率领下，由西苑开到八宝山一带，已经进入大井村等地。因担心被切断后路，日军不敢恋战，忙不迭地收兵息战。

二十九军的奋勇作战给日本侵略军迎头一棒，沉重打击了他们不可一世的嚣张气焰。一个叫乌衣一郎的日本兵在他的日记中记述了他对中国守军印象的变化：

七月八日

清晨，玖川他们来轮流放哨，才知道我们和中国兵发生了小

① 王冷斋：《卢沟桥事变及平津沦陷》（摘录），《抗战档案（上）》，中央文献出版社2005年版，第198页。

冲突。中国兵居然也敢反抗，这是出人意料的，显然中国军队已渐进步了，从此我不敢再轻看他们。

……

一到晚上，情势却突然转变了，据玖川放步哨回来说，桥西五六里的长辛店，驻有二十九军的吉星文团，已经沿永安（定）河东进了。我们都胆怯地等候着，樱夫次郎盲目地放了十多枪，说是壮壮胆量。果然，到了晚上，中国兵也开始还枪了，我们打了几响大炮，中国兵却并不害怕，用着大刀冲杀过来，弟兄们被杀了不少。樱夫次郎这鲁莽家伙，也被杀死了。看着流出血来的尸体，想起他的家，我真想痛哭一下。这次我才明白了中国兵确实很忠勇。①

普通士兵乌衣一郎的记述无疑代表了当时全体日本侵略者对中国守军的真实看法。

9日凌晨，日本特务机关长松井突然声称："失踪士兵业已归队，一场误会希望和平解决。"在此之前，就在日军炮轰宛平城时，日本驻平武官辅佐官今井武夫已经和秦德纯及二十九军一三二师师长赵登禹等人有过接触，此时，松井与寺平等又与秦德纯等"协商停战"；同时，华北驻屯军参谋长也在天津与张自忠谈判。到9日凌晨2时，松井和秦德纯以口头形式达成3点"停战协定"，内容是：

（1）双方立即停止射击；

（2）日军撤退至丰台，我军撤向卢沟桥以西；

（3）城内防务除宛平原有保安队外，并由冀北保安队担任，人数限三百人，定于本日上午九时左右到达接防，并由双方派员监督撤兵。②

① 转引自陈益民编著《七七事变真相》，江苏人民出版社2017年版，第12页。

② 王冷斋：《卢沟桥事变始末》，《七七事变——原国民党将领抗日战争亲历记》，中国文史出版社2015年版，第23页。

然而，上述协定只是日军的烟幕弹，完全是为了争取时间向北平运兵。

凌晨3时，距离松井和秦德纯达成口头协议仅仅1小时之后，日军旅团长河边正三即下达命令：

旅团把兵力集结在卢沟桥站，监督军事协定实施情况……以步兵第一联队的一部分（第二大队缺员）兵力集结在一文字山（即沙岗）东侧待命，其主力在卢沟桥站附近集结，于晨5时执行此命令……一部机械化部队驻扎在丰台（炮兵、工程兵），其主力集结在通州待命。余下的部队现在到卢沟桥站集结。[①]

可见，日军并不打算按照协议退兵到丰台，相反，正向卢沟桥地区增加兵力。到6时，天色刚刚破晓，驻丰台车站的日军大队长一木清直就指挥炮兵，再次对宛平城和卢沟桥进行狂轰滥炸。100余发炮弹，呼啸着落在宛平城内。直到7时30分才停止炮击。城内大部分民房被炸成残垣断壁，无辜百姓惨遭祸殃，雍容典雅的历史古城就这样在侵略军罪恶的炮火下变成一片废墟，侵略者的罪恶罄竹难书。

该日下午3时，中日双方共同派出的监视撤兵委员来到宛平城，日方种种刁难，直到晚上6时，不足200人的保安队才得以进入宛平城，而每人只被允许带30发子弹，所携机关枪则不准入城，一律送回北平。冀北保安队接防后，原来驻守宛平城的二十九军第三营官兵，只能根据“停战协议”，撤出宛平，退至永定河边。

中方守军按协约换防，但日军却依然蠢蠢欲动。10日凌晨2时20分，日军似乎对未能进驻宛平城心有不甘，又开始向城内射击，城中保安队奋起还击，战斗进行了1个小时。到10日上午，日军大批援军已由天津、古北口、榆关等处陆续开到，大炮、坦克等向卢沟桥方向接踵而来，并沿途占领大井村、五里店等地，对宛平城形成包围。情势愈加紧急，中方几次

① 北京档案馆：《驻平日本陆军机关业务日志》，《北京档案史料》，新华出版社2009年版，第72页。

提出抗议，但日方依然用谈判、协商等借口搪塞。

在金振中的回忆中，10日上午8时，日军联队联队长牟田口亲临前线指挥。敌人先以强大炮火把城、桥周边炸得砖石乱飞，浓烟滚滚。紧接着，又加大火力，以战车掩护步兵围攻城、桥。铁路桥东端发生的争夺战最为惨烈。当时，日军团团围住铁路桥东端，金振中指挥若定，命令轻、重迫击炮两个连，集中火力，对准敌人的战车和密集的步兵队伍；重机枪连猛击威胁铁路桥东端左翼的日军；金振中亲自率第九、第十两个连压制右翼的侵略军。枪林弹雨、炮火纷飞，双方都杀红了眼，最后展开了肉搏。由于寡不敌众，日军最后占领了铁路桥东端的阵地。这时已经是午后1时，中日两方队伍都打得疲惫不堪，相距仅仅400米，形成对峙状态。

连续3天的战斗，英勇的二十九军官兵在宛平城连续打退日军几轮进攻，但铁路桥东端阵地又被日军占领，心中十分不甘。于是，该日晚上8时，卢沟桥守军召开军事会议，决定在11日凌晨夺回铁路桥东端阵地。

这次战斗以金振中的第三营为主，换防的冀东保安队也参加战斗。第三营的第十一连向日军右侧背进攻；第九连左接第十一连右翼，向日军左侧背进攻。保安队派出三个连，左接第三营右翼，向正面的日军进攻。重迫击炮连集结于铁路桥东，轻迫击炮左接重迫击炮连右翼，根据战况灵活配合。重机枪连以支援铁路桥东端战斗为主。第三营的第十连为预备队，埋伏在铁路桥东端400米外。

会上规定战斗时注意4点：

（一）出击时间：十一日凌晨二时；

（二）出击队伍联络记号：以白毛巾围绕脖子；

（三）本夜口令："战胜"；

（四）我桥东失地收复后，发射四发红色信号弹，见到信号弹后，各个出击队伍撤回原驻地。①

① 金振中：《宁为战死鬼　不做亡国奴》，《七七事变——原国民党将领抗日战争亲历记》，中国文史出版社2015年版，第60页。

连日来，日军反反复复的武装挑衅早已使守城官兵愤恨至极，现在杀敌的命令一下，大家都有些迫不及待，有的战士竟等不及绳梯，便飞身跃下城去，恨不能一下子把侵略者消灭光。[①]

凌晨2时，几乎一天未停的大雨此时转为霏霏细雨，埋伏在铁路桥阵地的敢死队队员出其不意，向敌人发起进攻，从两面冲进日军阵地。顿时，枪声大作，杀声四起。毫无防备的日军惊慌失措、乱作一团。一位敢死队队员事后描述这一场战斗中的战友：

他冲进日军的战壕，先用刺刀扎死一个敌人。还没容他将刺刀拔出，身旁的一个日本兵刺伤了他的左臂。他放开手中的枪，用右手拔出背上的大刀，一刀把刺他的那个日本兵的头劈成两半，接着，又用大刀连续砍死两个敌人。另一位年仅19岁的战士陈永德挥动大刀砍死13个日本兵，生擒1人。[②]

敢死队队员如猛虎下山，所向披靡，他们的英勇气魄让侵略者胆战心惊，狼狈逃窜。队员们乘胜追杀，杀得敌人狼奔豕突，溃不成军。直到集合号响起，才把英勇的敢死队队员们一一召唤回来。

这次夜袭，中国守军以伤亡100余人的代价，将日军的一个中队几乎全歼在铁路桥上，收复了铁路桥东端和龙王庙阵地。这样激烈的场面实属罕见。一位伤员回忆说：

弟兄们将敌军打败后，还拼命地追杀过去，集合号也不能把他们集合回来，结果，还是官长亲自把他们叫回来。因为我们有命令，只能守，不准进攻。但这情形好像猎犬追赶兔子一样，是一件无法抑制的行为。[③]

---

① 《港报》1937年8月3日。

② 《上海立报》1937年7月10日。

③ 何立波：《七七事变　全国抗战的爆发点》，中共党史出版社2005年版，第115页。

金振中营长在战斗中腿部负伤，左腿下肢被炸断，紧接着又被一发手枪子弹击穿右耳。身负重伤的他依然不肯下火线，后被战友抬出战场，护送到长辛店车站，及时送往保定医院救治。金振中住院期间，平津各界群众纷纷前去慰问，中国共产党也派代表送去“抗日先锋”银盾一枚，高度赞扬金振中等爱国官兵的英雄壮举。

二十九军的斗争精神鼓舞了北平人民参加抗日斗争的热情，也极大提升了全国人民的抗战信心。当时，有一个署名“流火”的诗人赋写了一首题为《怒吼吧，卢沟桥》的诗歌赞扬英勇的二十九军：

怒吼吧，卢沟桥！
我们抗战的日子已经来到。

忍辱负重已非一日，
祈望和平亦非一朝，
可是我们得到的是
卢沟桥头的无理取闹。

如今已有廿九军的崛起，
用铁血回答着敌人的横暴！
呀呀，杀敌的喊声起了，
健儿们的鲜血已洒在北国的荒郊！

不要迟疑，不要退，
让我们大家持着枪和刀，
前进吧，热血的男儿啊！
把数十年的仇恨一齐报。

卢沟桥，怒吼吧！
我们抗战的日子已经来到。

这首诗发出了在侵略者铁蹄之下的几万万中国民众的呐喊，表达了全中国人民的心声。

## 三、高举起全民族抗战的旗帜

日军挑起的卢沟桥事变如当空的一声炸雷，震惊全中国各阶层的民众。亡国灭种的威胁近在眼前，中华民族已经到了生死存亡的关头！宁愿站着死，不愿跪着生！誓死不当亡国奴！……举国上下，反抗日本帝国主义侵略的运动以排山倒海之势，席卷神州大地。

事变的第二天，中国共产党中央委员会通电全国，大声疾呼："平津危急！华北危急！中华民族危急！只有全民族实行抗战，才是我们的出路！"并通电阐明中共的政治主张：

> 我们要求立即给进攻的日军以坚决的反攻，并立即准备应付新的大事变。全国上下应立即放弃任何与日寇和平苟安的希望与估计！
>
> ……我们应该赞扬与拥护冯治安部的英勇抗战！我们应该赞扬与拥护华北当局与国土共存亡的宣言！我们要求宋哲元将军立即动员全部二十九军，开赴前线应战！我们要求南京中央政府立即切实援助二十九军，并立即开放全国民众爱国运动，发扬抗战的民气，立即动员全国海陆空军，准备应战，立即肃清潜藏在中国境内的汉奸卖国贼分子，及一切日寇侦探，巩固后方。我们要求全国人民，用全力援助神圣的抗日自卫战争！

通电最后向全国人民发出振聋发聩的口号：

> 武装保卫平津，保卫华北！
> 不让日本帝国主义占领中国寸土！

为保卫国土流最后一滴血！

全中国同胞，政府和军队，团结起来，筑成民族统一战线的坚固长城，抵抗日寇的侵掠！

国共两党亲密合作抵抗日寇的新进攻！

驱逐日寇出中国！[①]

同日，毛泽东、朱德等红军将领还分别致电宋哲元等二十九军将领和蒋介石。在致宋哲元等人的电文中指出：

日寇进攻，全国震愤，卢沟桥之役，二十九军英勇抵抗，全国闻讯，愿为后盾……红军将士，义愤填胸，准备随时调动，追随贵军，与日寇决一死战……[②]

在致蒋介石的电文中指出：

敬恳严令二十九军，奋起抵抗，并本三中全会御侮抗战之旨，实行全国总动员，保卫平津，保卫华北，收复失地，红军将士，咸愿在委员长领导之下，为国效命，与敌周旋，以达保卫祖国之目的……[③]

7月9日，中国共产党代表周恩来等前往庐山会见蒋介石，共商抗日大计。在同一时间，彭德怀等红军将领慷慨激昂发出通电，代表全体红军向国民政府请缨抗日，并表达期盼早日开赴前线的心情。通电如下：

---

① 《中共中央为日军进攻卢沟桥通电》（1937年7月8日），《中共中央文件选集》（第十册），中共中央党校出版社1989年版，第277—278页。

② 《红军将领为日寇进攻华北致宋哲元等电》（1937年7月8日），《中共中央文件选集》（第十册），中共中央党校出版社1989年版，第281页。

③ 《红军将领为日寇进攻华北致蒋委员长电》（1937年7月8日），《中共中央文件选集》（第十册），中共中央党校出版社1989年版，第280页。

……我冀察当局及二十九军勇士，为自卫而抗战，誓保国土，与城共存亡，忠义勇烈，不愧为我大中华民族之男儿。德怀等以抗日救国为职志，枕戈待旦，请缨杀敌，已非一日，当华北危急存亡之要紧关头，敬敢吁请我国民政府迅调大军增援河北，勿使忠勇之二十九军陷于孤军抗战，红军愿即改名为国民革命军，并请授命为抗日前驱，与日寇决一死战。[①]

中国共产党和红军将领的通电，表明了坚决反对日本帝国主义侵略的坚定立场和鲜明态度，大大激发了全国人民特别是华北人民的抗战决心。

中国共产党之所以能在卢沟桥事变爆发后做出如此迅捷的反应，在于中国共产党在西安事变后就加快了与国民党的合作谈判进程，已经着手准备迎接一个新的历史时期的到来，这就是国共合作，共同抗日的时期，就是中华民族万众一心共御外侮的时期。

早在1937年1月13日，中共中央机关迁往延安，延安就此成为中国抗战的政治中心之一。1936年6月在陕北瓦窑堡成立的“中国抗日红军大学”，更名为“抗日军政大学”，也在1937年1月与中央机关同时迁入延安。为了培养和训练更多的抗日军政干部，毛泽东亲自担任教育委员会主席，林彪任校长。抗日军政大学的学员主要是从部队抽调的干部，另外还招收一些知识青年，学习政治、军事、历史、民运、统战等课程。毛泽东为该校题词:“坚定正确的政治方向，艰苦朴素的工作作风，灵活机动的战略战术”；“团结、紧张、严肃、活泼”。从此，源源不断的高素质抗日将士从这里出发，走上抗击日本侵略者的疆场。此外，为了表示中国共产党的合作诚意，1月29日，毛泽东、周恩来致电正在南京代表中共与蒋介石政府谈判的潘汉年，同意为了抗战大局放弃陕南驻兵。

1937年初，国民党紧锣密鼓筹备五届三中全会，中共中央于2月10日发表致国民党五届三中全会电，为了实现国共两党的再次合作，提出了著

① 《人民抗日红军要求改编为国民革命军并请授命为抗日前驱的通电》(1937年7月9日),《中共中央文件选集》(第十册)，中共中央党校出版社1989年版，第282页。

名的五项国策和四项保证。五项国策是：

（一）停止内战，一致对外；

（二）保障言论、集会、结社的自由，释放一切政治犯；

（三）召开各党各派各界各军的代表会议，集中全国人才，共同救国；

（四）迅速完成对日作战的一切准备工作；

（五）改善人民生活。

中共中央在电文中指出，如果国民党将上述五项要求定为国策，中国共产党愿意实行如下四项保证：

（一）在全国范围内停止武力推翻国民党政府的方针；

（二）工农政府改名为中华民国特区政府，红军改名为国民革命军；

（三）特区实行彻底民主制度；

（四）停止没收地主土地的政策，坚决执行抗日统一战线的共同纲领。

以上的五项国策和四项保证，明白无误地表达了中国共产党开始执行"坚持拥蒋抗日路线"，不仅废除陕甘宁边区军事、财政等方面与南京政府的对立方针，而且还向各反蒋派系建议废止反蒋政策。中共以实际行动争取推动南京政府进一步改变国策，建立全国最广泛的抗日民族统一战线，这样的合作诚意赢得了全国舆论的普遍赞誉。

在1937年3月间，毛泽东和党中央就国共合作、共同抗日对党内做出一系列明确指示，指出：

今天的任务是巩固国内和平，准备对日作战，以推动全国抗日统一战线的实际工作与抗战的开始。党的中心任务是积极参加抗日救国运动，成为这一运动的领导力量。一切工作均应转变，以适合这一总任务……红军应利用时机加强内部政治上的和军事上的训练力量，加紧党在红军中的堡垒作用，重新教育干部，使他们能够担负新形势下新的任务。严整军风纪，学习群众工作，使红军成为抗日军队中的模范。①

这一年春天，周恩来马不停蹄，亲自奔走在西安、南京、庐山等地，与国民党代表展开正式谈判。

3月，正是江南草长莺飞、鸟语花香的好时节，周恩来根据中央指示，由潘汉年陪同，乘飞机抵达阔别5年的上海。1931年12月，因为中央特科负责人顾顺章叛变投敌，根据中央决定，周恩来离开上海赴中央苏区担任中央局书记。如今时移势迁，为共赴国难，国共再度携手，曾经在上海与国民党进行长期艰苦而隐蔽斗争的周恩来不禁感慨万千。

周恩来在上海首先会晤的是宋美龄，在处理西安事变过程中，周恩来与宋美龄有诸多交往，彼此多有了解。周恩来深知宋美龄对蒋介石的影响力，他将中央书记处拟订的国共谈判新方案交给她，嘱其转交蒋介石。在上海，周恩来还会晤了宋子文、蒋鼎文，以及著名抗日将军李杜，希望通过这些蒋介石倚重的人物对蒋施加影响。

从3月16日开始到3月底，周恩来在杭州莫干山就苏区改制和红军改编问题与蒋介石谈判，向蒋介石递交了11条书面意见和6点口头声明。共产党坚持的基本原则是：服从“三民主义”，但绝不放弃共产主义；承认国民党在全国的领导，但绝不取消共产党组织；红军改编后人数至少为六七万人，编4个师，其余编某路军直属队；共产党在国统区公开后，国民党得以在特区活动。经过1个多月的谈判和争论，双方初步商定，将红军中最精壮者编为3个国防师，计6旅12团；3个师上设某路军总指挥部；骑兵部队1400多人编成一个骑兵团。会谈中，蒋介石承认中共“有民族意识，革

① 中央档案馆：《关于国内和平实现后的形势和红军任务的指示》，《中共中央文件选集》（第十一册），中共中央党校出版社1991年版，第162—163页。

命精神，是新生力量，几月来的和平运动影响很好”，表示希望中共“与他长久合作，即使他死后也要不生分裂，免得因内乱造成英、日联合瓜分中国”。[①]杭州会谈总体上比较顺利，也有一定成果。

就在杭州谈判结束前夕，为了正确分析当时的国内形势，规定新的斗争任务，统一思想，中共中央于3月23日至31日，在延安召开政治局扩大会议。会议指出：国民党的三中全会标志着国民党基本国策转变的开始，从此，内战已经结束，党争取和平的任务已经实现，革命进入新的阶段。新阶段党的中心任务是争取民主，巩固国内和平，准备抗战。会议强调，国共重新合作后，党必须在各种斗争中积极争取革命领导权，但在民族矛盾已成为主要矛盾的情况下，党的统一战线的基本方针不能因局部斗争的变化而变化。在革命新阶段，国内的阶级矛盾无疑依然存在，党不应忘记这方面的斗争，但必须有新的斗争形式，必须将过去武装斗争的、两个政权对立的方式，转变为和平民主的斗争方式。会上决定，为了推动国共两党合作，应在党的抗日救国十大纲领和国民党一大宣言的基础上，起草《民族统一战线纲领》，在这个纲领的基础上建立包括各党各派的抗日民族联盟。

这次政治局扩大会议是在国共合作的新形势下召开的，为迎接全民族抗战做了重要准备。乘风借势，周恩来在4月9日致电蒋介石：“归肤施后述及先生合作诚意，均极兴奋，现党中央正开会计议纲领及如何与先生永久合作问题，会后即将南下再次会晤先生。”[②]

“度尽劫波兄弟在，相逢一笑泯恩仇。”在民族存亡之秋，国共两党以民族利益为重，放弃前嫌，化敌为友，同仇敌忾，共赴国难。这是中华民族之幸，这是全体中国民众之幸。

为配合贯彻国共合作共同抗日的大政方针，4月3日，中共中央宣传部

---

① 《中共中央关于与蒋介石谈判经过和我党对各方面政策方针向共产国际的报告》（1937年4月5日），载《中共中央抗日民族统一战线文件选编》（下），档案出版社1984年版，第449页。

② 中共中央文献研究室编：《周恩来年谱》，人民出版社、中央文献出版社1989年版，第361页。

颁布宣传大纲，即《国民党三中全会后我们的任务》[①]（以下简称《大纲》）。《大纲》中说：

> 中日矛盾为中国革命目前阶段上主要的矛盾。因为国内战争应该以适应抗日的大局为原则。因为中国人民的利益，应当高于一切。在民族危机空前严重的关头，必须团结一切力量去反对共同的敌人。

《大纲》明确在新的历史条件下中国共产党新的基本任务：

> （1）坚持抗日统一战线的政策，坚持抗日救国的方针，对于民主权利的实现与人民生活的改善，都是要环绕在抗日的问题上；
>
> （2）坚持共产党的独立性，利用批评的武器，善用一切适当的斗争方式，提出自己的正确主张，批评朋友的每一动摇，使广大群众团结在党的周围；
>
> （3）建立全国范围的工作，培养每个地区的坚强的独立的干部；
>
> （4）重新教育干部，使他们了解新的政策和新的工作方式；
>
> （5）开展党内的民主，提高党员的干部的积极性、自动性、警觉性；
>
> （6）加强党内的思想斗争，反对"左"倾。

4月5日，中国传统节日清明节的到来，为国共两党的友好往来提供了一个良好的契机。这一天，国共两党在经历十年内战后，首次派代表聚在一起共祭黄帝陵，以表达停止内战、团结御侮的决心。国民党方面的代表是国民党元老、中央监委委员张继，国民政府西安行营主任顾祝同（致祭当天并未到场）；中共方面代表是同盟会老人、陕甘宁边区政府主席林伯渠。

---

① 中央档案馆：《国民党三中全会后我们的任务》，《中共中央文件选集》（第十一册），中共中央党校出版社1991年版，第173页。

毛泽东亲自撰写了祭文：

赫赫始祖，吾华肇造。胄衍祀绵，岳峨河浩。
聪明睿知，光被遐荒。建此伟业，雄立东方。
世变沧桑，中更蹉跌。越数千年，强邻蔑德。
琉台不守，三韩为墟。辽海燕冀，汉奸何多！
以地事敌，敌欲岂足？人执笞绳，我为奴辱。
懿维我祖，命世之英。涿鹿奋战，区宇以宁。
岂其苗裔，不武如斯：泱泱大国，让其沦胥？
东等不才，剑屦俱奋。万里崎岖，为国效命。
频年苦斗，备历险夷。匈奴未灭，何以家为？
各党各界，团结坚固。不论军民，不分贫富。
民族阵线，救国良方。四万万众，坚决抵抗。
民主共和，改革内政。亿兆一心，战则必胜。
还我河山，卫我国权。此物此志，永矢勿谖。
经武整军，昭告列祖。实鉴临之，皇天后土。
尚飨！

据说，当年毛泽东很重视这篇祭文的写作，他在3月下旬就一气呵成，并于29日寄给曾以《大公报》记者身份到陕北采访过的范长江，希望他“可能时祈为发布”。但这篇祭文未能在国统区的报刊上发表出来。《大公报》4月5日发表了国民党中央的祭文，4月6日的《大公报》《申报》和天津《益世报》，均报道了张继等祭谒黄帝陵以及其他人祭扫明孝陵的消息，而对毛泽东、朱德派林伯渠致祭黄帝陵一事却只字未提。只有天津《益世报》很蹊跷地来了一句：“陕甘边区新编军队，亦派代表四人参加，以示尊崇整个民族祖宗之意。”当时国共两党正在谈判之中，红军尚未纳入国民革命军序列，朱德用的还是“人民抗日红军总司令”的名义。最终，毛泽东的《祭黄帝陵文》在延安《新中华报》上发表，在当年4月6日一篇题为《苏维埃代表林伯渠参加民族扫墓典礼》的报道中披露。在这篇祭文前，有几句话

1937年清明节，国共两党代表同祭黄帝陵（前排右三为中共代表林伯渠，右七为国民党代表张继）

点明此次祭祀活动的意义："苏维埃政府代表苏区内全体公民，为对中华民族之始祖致敬，并表示誓死为抗日救亡之前驱，努力实现民族团结计，特于五日派遣代表前往参加。"

"誓死为抗日救亡之前驱"，正是毛泽东《祭黄帝陵文》的要旨所在。任弼时曾评价毛泽东的《祭黄帝陵文》说："这是我们开赴前线的《出师表》哩！"在民族危急存亡之际，将毛泽东《祭黄帝陵文》视作中国共产党及其军队奔赴抗日前线的《出师表》，这个比喻恰到好处！

在这样的气氛之中，5月28日，国民党派出国民政府军事委员会委员长西安行营考察团（国民党简称中央考察团），到陕甘宁特区和红军驻地考察，了解中国共产党和特区的各方面情况，以及中国共产党对国共两党合作抗日的态度。国民党中央考察团一行18人，团长是国民革命军第四军副军长涂思宗，他们一行人于5月29日下午5时到达延安城。

当晚，陕甘宁特区举行隆重的欢迎晚会，毛泽东出席并致欢迎词。毛泽东说："这次欢迎大会具有伟大的历史意义。因为第一次大革命时代是由国共两党合作干起来的，现在与那时不同，民族危机比那时严重，因此，今天国共合作比以前合作的意义与作用是更大的。过去10年国共两党没有团结，现在民族危机严重，如果国共两党再不团结，国家就要灭亡。考察

延安城南门悬挂着欢迎国民党中央考察团的大标语，
城楼上站满了欢迎的人群

团此来，使国共两党团结进入新的阶段，其意义是很大的。”涂思宗则在致答谢词后，介绍南京政府从各方面准备抗战的情况。

5月30日下午，延安各机关、群众团体和武装部队在城南门外大操场召开五卅纪念与欢迎中央考察团的群众大会，毛泽东再次出席并讲话。他说：日本帝国主义要灭亡中国，现在中国最中心最主要的任务就是打日本救中国。要打日本救中国，就要国内团结。

国民党中央考察团在延安考察了抗日军政大学、中共中央党校和各武装部队，受到中共中央和延安各界群众的热情接待，他们有感于苏区上下浓烈的抗战气氛，表示愿将苏区各界对国共两党合作的愿望和诚意转达南京政府，以迅速促进对日抗战的实现。

从4月到7月，国共谈判进展迅速，在红军军费问题、南方游击队问题、西路军问题等方面都达成一致，甚至开始磋商红军夏衣供给、中共抗日报刊发行、红军办事处筹建等细节。就在这个时候，卢沟桥事变爆发！这突如其来的大事件无疑是促成国共合作共同御敌强劲的推动力，国共两党从接触到谈判，再到达成合作，一切水到渠成。

7月4日，卢沟桥事变前周恩来起草了《中共中央为公布国共合作宣言》（以下简称《宣言》）。《宣言》根据中共中央致国民党三中全会信及第一次庐山会谈交给蒋介石的民族统一纲领草案，以团结抗战、实行民主政治为主旨，阐述了国共合作的三大纲领和中共的四项保证，明确提出“争取中华民族的独立自由与解放，为此必须切实迅速准备与发动民族抗战，以收复失地和恢复领土主权之完整”，并承诺“取消红军名义及番号，改编为国民革命军，受国民政府军事委员会之统辖，并待命出动，担任抗日前线之职责”。

7月8日，中共中央就卢沟桥事变后华北工作方针指示北方局：“坚决保卫平津，保卫华北，提出‘不让日本帝国主义侵占中国寸土’‘为保卫国土流最后一滴血’等口号，动员全体爱国军队，全体爱国国民，抵抗日本帝国的进攻，在各地用宣言、传单、标语及群众会议，进行宣传与组织的动员”“迅速组成坚固的统一战线，对付当前的重大事变”。“立即在平绥平津以东地区，开始着手组织抗日义勇军，准备进行艰苦的游击战争，在平汉线、津浦线亦应准备组织义勇军，注意与各界爱国分子合作”，“进行坚决的反汉奸斗争”。[①]

7月13日，中共中央在延安召开紧急会议，毛泽东在会上发出动员号召：“每个共产党员和抗日革命者，应沉着地完成一切必须准备，随时出动到抗战前线。”[②]同日，毛泽东致电叶剑英[③]：“积极同国民党中央军、第十七路军及冯钦哉[④]等接洽，协商对日坚决抗战之总方针及办法。我们拟先派四千人赴华北，主力改编后出发，正向蒋介石提出要求。红军大学增加抗日课程，准备陆续派出。”

7月14日，中共中央致电南京政府表示：愿在蒋介石指挥下，努力抗战，红军主力准备随时出动抗日，已令各军10天内准备完毕，待令出动，担任平绥线国防。

第二天，即7月15日，朱德总司令发表《实行对日抗战》一文。文中指出：

① 中央档案馆:《中共中央文件选集》(第十一册)，中共中央党校出版社1991年版，第276页。

② 《解放周刊》第1卷第11期。

③ 叶剑英，当时任中共中央革命军事委员会副总参谋长。

④ 冯钦哉，当时任国民党军第七军军长。

日本帝国主义绝不是甚么可怕的恶魔，只要我们全国民众上下一致齐心协力向着它抵抗，搏战！除了抵抗与搏战之外，我们再无有其他的出路。因此，全中国人民团结起来，动员起来，奔向这唯一的生路！

……

摆在我们面前的唯一问题是抗战，抗战到最后的胜利！

同在7月14日，负责国共合作谈判的周恩来，同博古、林伯渠一起，再次抵达江西庐山，与蒋介石的代表进行谈判，当时蒋介石正在这里就全国抗日召开第二次谈话会。

在强敌入侵、国难当头之际，中国共产党和红军铿锵有力的承诺和雷厉风行的举措，赢得了全国各界民众的高度信任和赞扬。

战鼓催征，时不我待。虽然国共谈判还在进行当中，但反抗日本帝国主义侵略的怒吼在全国各地如山呼海啸而来。“风在吼，马在叫，黄河在咆哮”，中华民族不屈的精神激励着中国工农红军全体将士，他们已经热血沸腾，时刻准备驰骋沙场，报效祖国。

8月下旬，红军完成改编，整装待发。

## 四、众志成城

卢沟桥的炮声激发了全中国民众特别是华北民众的抗战决心，在中国共产党的积极推动下，全国民众和平津地区军民，团结一心，共同谱写了并肩抗战的壮歌。

七七事变第二天下午，北平救亡团体——中华民族解放先锋队、华北各界救国联合会、北平各界救国联合会和北平市学生联合会，马上派出代表，奔赴前线慰劳二十九军的抗日将士。

中华民族解放先锋队简称民先或民先队，成立于1936年2月。民先队以反对帝国主义、反对封建主义，追求民族解放为宗旨，是中国共产党领导建立的青年抗日救国团体，下设组织、宣传等部和秘书处，其成员和各级组织遍布全国各地。华北各界救国联合会和北平各界救国联合会则是全国各界抗日救国联合会的重要分支。1936年5月至6月，全国20余省市60多个救亡团体及十九路军代表共70余人在上海召开会议，成立全国各界抗日救国联合会，宋庆龄、何香凝、马相伯、邹韬奋等40余人为执行委员，沈钧儒、章乃器、李公朴、王造时、沙千里、史良、孙晓村、曹孟君等14人为常务委员。北平市学生联合会成立于1935年11月，曾组织了著名的一二·九大游行和一二·一六大示威，后又在中国共产党的领导下，与天津学生联合会一起组织南下扩大宣传团，深入农村，开展抗日宣传，是抗日救国学生运动的核心组织。

当北平救亡团体的代表们带着慰问品到达宛平城时，因日军不间断地向城内射击，宛平城门已经关闭。城墙上的将士看到冒着遭遇枪弹袭击危险前来慰问的代表，一阵阵暖流涌上心头。他们已将敌人的凶狠、战场的残酷置之度外，国家的重托、民众的期望让他们力量倍增。一位军官站到城头上，代表战友们向城下的慰问代表表示感谢。他激动地说："诸君能够不怕敌人的炮火和枪弹，冒着这样的危险来看我们，此种不怕死的勇敢精神真正可佩服。"守城官兵们从城头上垂下绳索，将代表们带来的慰问品、旗帜等吊上城墙。同时，他们劝说代表们："现在谈判已经决裂了，诸位快走吧，不然要遭到危险的！"①两军交战之地不可久留，城上城下，代表们和守城官兵不得不挥手告别，然而，抗击日寇的决心已经紧紧地将他们连接在一起。

七七事变爆发之时正值北平大、中、小学生放暑假，但绝大多数学生、教员都自动留在校内，积极组织各类抗敌救援会，支援二十九军的抵抗斗争。他们的活动不仅极大地鼓舞了前线作战官兵的士气，也坚定了国民政府的抗战决心，使得抗战救国的热潮高涨并持续下去，从而带动更多的民众投身于抗日救亡活动。

7月9日清晨，北平市学生救国联合会慰问守卫北平各城门的二十九

---

①《港报》1937年7月27日。

军官兵。以北平民先队和北平学生救国会为骨干，各校先后组织了战地服务团、后方服务团。战地服务团分成通讯组、交通组和救护组，通讯组的工作主要是负责收发电讯、打旗语和写信；交通组负责送信、开汽车、传达命令；救护组负责抢救伤兵和前线民众。救护组中绝大多数是女学生，她们换掉考究的衣裙，擦去脂粉，和男同学一起并肩作战。后方服务团分募捐队、纠察队、看护队和宣传队，担负起大量的救护、宣传和劳军任务。当时，有一群学生正在北平西南的妙峰山演习打游击战，获悉事变，他们立即赶回城内，义无反顾地投入抗日活动。组织宣传动员更是学生们的长项，各校的宣传队蜂拥而出，在北平的街头巷尾，到处可以听到慷慨激昂的演讲和激越高亢的救亡歌声，如《毕业歌》《大路歌》《开路先锋》《义勇军进行曲》《松花江上》《打回老家去》等。歌声像一把火，点燃民众的爱国热情。学生一面宣传，一面进行募捐活动，号召大家"有钱出钱，有力出力"，为抵抗外敌入侵争取中华民族的独立而贡献自己的绵薄之力。在得知前线需要麻袋修筑防御工事时，学生们就发起募集万条麻袋、万件背心运动，在很短的时间内，就把足够数量的麻袋送到阵地。

一连几天，卢沟桥前线炮火不息。将士们浴血奋战的壮举让一部分青年学生热血沸腾，他们纷纷投笔从戎，直接拿起枪杆子，走上战场。北平师范大学教授杨秀峰带领一部分进步青年，到冀西建立游击队，参加人员很快发展到700多人。据上海《申报》7月19日报道，东北流亡学生王镛等40余位有志青年，参加抗战志愿兵。更多的学生则组织劳军团、宣传队携带大量慰劳物品，穿梭于长辛店、门头沟、宛平县城，慰劳前线作战官兵，鼓舞作战士气。在长辛店，驻军长官弃北平当局不准学生参加战地活动的指示于不顾，安排学生们与部队官兵在阵地见面，召开见面会。官兵们赞扬学生不畏牺牲前来战地服务的爱国大义，并表示了自己坚决抗战的决心。一位东北籍学生声泪俱下，讲述了从九一八事变以来日本帝国主义的侵华行径，在场官兵们深有同感，泪流不止，场内气氛悲愤异常。这时，一位大学生冲到台上大声说："我们知道你们二十九军是冯玉祥将军的旧属，是爱国的，过去在长城喜峰口抗击过日军，愿你们以那次抗战为榜样，发扬赵登禹将军带大刀队夜袭敌阵夺回高地的无畏精神①，坚决抗战。我们拥护二十九军抗战，我们做你们的后盾。”台下士兵听闻，热血沸腾，仿佛又回到了当年长城抗战的鏖战之中，激动地高呼：“誓死保卫卢沟桥！”学生们这边热烈回应：“拥护二十九军抗战！”“打倒日本帝国主义！”最后大家齐声高唱《九一八》歌。②见面会的气氛达到高潮，极大地鼓舞了官兵们的士气。会后，学生们在战士的带领下绕安全地带离开防地，但他们对前线战士的殷切期望和热诚的鼓励，却一直激励着二十九军将士英勇杀敌，报效祖国。

著名的《申报》《大公报》等报纸头条不断刊登平津各校支持抗战的消息：“燕大、清华学生今赴卢沟桥慰问前线”③，希望以宋哲元将军为代表的二十九军能够不失寸土，坚决抵抗；“保定各院校十三日电国府及冀察政务委员会，强硬交涉，誓为后盾”④；13日午间，保定校馆联合会代表，携带大批罐头、背心、衣服裤子等物，慰劳伤兵；7月14日，平津各大学教授致电林森、蒋介石、汪精卫，请即发动全力，抗敌图存；“平津学生救亡联合会十六日发告同胞书：要求武装保卫华北，拥护二十九军组织抗敌”⑤；7月21日，平津国立院校教职员联合会倡导捐物活动；“平津教育界李书华、李蒸燕等二十余人，二十七日曾交换时局意见，当决心即电蒋委员长，万不能坐以待毙，备发动全国兵力即明日令应战以保国家民族生存”⑥……

北平其他各阶层民众也踊跃投入支援二十九军抗战的活动中，与青年学生一同承担募捐、慰劳和战地服务工作。平津院校教联会、市商会、银行公会等团体，组织北平各界联合会，发起国立、私立大、中、小学校教

① 1933年3月，长城抗战爆发。11日，赵登禹带领大刀队，用最简陋的武器在夜间对日寇发动了夜袭，砍杀尚在睡梦中的1000余名日寇，取得了自九一八事变以来的首次大胜，史称喜峰口大捷。

② 谷淑良：《卢沟桥抗战简记》，《七七事变——原国民党将领抗日战争亲历记》，中国文史出版社2015年版，第79页。

③ 《申报》1937年7月26日。

④ 《大公报》1937年7月14日。

⑤ 《申报》1937年7月17日。

⑥ 《申报》1937年7月27日。

职员捐薪一日活动[1]。银行公会筹集了大量款项和慰劳品，还组织战地服务团，奔赴前线救护伤员；组织劳军团，携带大批慰劳品分赴前线和医院，慰问并支援抗战的各方面工作。

北平的工人阶级较早地接受了中国共产党的宣传教育，具有光荣的斗争传统和革命精神。在七七事变前，长辛店的铁路工人们就运送大批枕木、铁板和铁轨，帮助宛平城驻军修筑了坚固的阵地；事变爆发后，他们又赶来援助二十九军。主动组建担架队，冒着枪林弹雨，把前线受伤、牺牲的战士抬下战场，急送后方医院；他们还组织了侦察小组，冒险涉水渡河侦察敌情，充当官兵们的眼线，传递重要情报。日军密集的炮弹落在宛平城，但二十九军仍能坚守阵地继续抵抗，回击侵略者，这与长辛店工人的援助分不开。[2]

处在战斗最前线的宛平县、长辛店等地的民众义不容辞地挑起了支前的重担。他们冒着生命危险，给前线官兵输送了无以计数的粮食、马匹饲料、燃料，甚至直接充当民工，和官兵们一起运送弹药、修补工事、转移伤员。长辛店一带的农民，甚至包括妇女和孩童，不辞劳苦，无偿地帮助二十九军筑路、送情报、抬伤员、运物资、送食品。因交战不分昼夜，这些村民就昼夜不停地奔波劳顿，顾不上自己的日常生活。自家无米下锅，妻子儿女挨饿，他们无暇顾及；唯一生产工具——毛驴累瘦累死了，他们没有怨言。他们对二十九军官兵说，这是国家大事，不比往常，你们要用，尽管招呼。就是我们回家以后，什么时候要，什么时候准

北平民众协助运送伤员

① 《世界日报》1937年7月14日。
② 何基沣:《回忆二十年前的今天》,《人民日报》1957年7月7日。

来！这些质朴又无私的村民就是希望早日赶走日本侵略者，好安心过日子。

北平城区的市民也以各种实际行动支援在宛平城作战的抗日将士。磨刀匠主动来到前线，无偿为二十九军官兵磨刀，盼望将士们多多杀敌，教训这些贪婪的侵略者；城内的许多车夫不要报酬，争抢着出城运送伤员入城救治，因此有不少车夫在城外运送伤员时被日军炮火击中。众多商店老板、店员，作坊师傅、学徒，家中妇女、老人等，都不约而同停下各自手中的活，把服务抗战当成头等大事，尽心尽力提供帮助：一些市民将茶水、防暑药、毛巾、食品等，陆续送到守城军警处；北新桥、绒线胡同、灯市口等地的居民，甚至还蒸馒头、煮绿豆粥，慰问夜间执勤的军警；茶商们发起为前方将士捐献一万包茶叶运动；小学生也行动起来，号召每人节约“一大板（铜钱）”，用来支援前线；职业妇女会的成员专门为二十九军将士缝制白布小衫，还有其他妇女团体组织，也为前线官兵做鞋、缝制衬衫，制作慰问袋，袋里装毛巾、牙刷、牙粉、铅笔、日记本、鞋袜等物，有的慰问袋还印上“诸位弟兄，尽忠报国，北平市民，誓为后盾”[①]的字样，以表达和二十九军共同抗日的决心；北平红十字会等26个团体组织起庞大的战地救护队，到前线为将士们服务，妇女们开设救护班，加紧训练到前线参加救护工作。

以下是卢沟桥事变爆发后几天北平的大事记：

7月8日，中国共产党中央委员会发布《中国共产党为日军进攻卢沟桥通电》，号召全民族抗战，武装保卫平津、保卫华北。

同日，中华民族解放先锋队、华北各界救国联合会、北平各界救国联合会、北平市学生联合会等抗日救亡团体派代表到卢沟桥前线慰劳抗日将士，并在城内举行追悼会纪念牺牲军民。

7月9日，中华民族解放先锋队北平队部号召各区队、小队立即组织救护伤员，调查、监视日军及汉奸的活动，募捐慰劳二十九军将士。

① 《北平新报》1937年7月15日。

同日，北平市学生救国联合会慰问守卫北平各城门的第二十九军将士。

同日，平汉路、长辛店办事处及工会工人慰问二十九军受伤将士。

同日，中国红十字会等26个团体组织大批救护队赴前线救护伤员。

7月10日，北平工人联合会到医院慰问受伤官兵。

同日，北平民先队、北平学联、北平各界救国联合会、东北旅平各界救国会、北平文化界救国会等20多个进步团体，发起募集万条麻袋运动，支援守军修筑工事。

7月11日，平汉路工会募集日用品、食品慰问抗日官兵。

7月12日，北平文化界、教育界推举代表赴市政府慰问，并致电蒋介石和宋哲元请对时局采取坚决措施。

7月13日，北平各界妇女救护慰劳会恢复救护训练班，并派代表慰劳伤员。

同日，北平市记者公会组织北平新闻界慰劳抗战守土将士会，携带慰劳品到前线慰问。14日，北平新闻界慰劳二十九军抗战守土将士会刊登启事，扩大募捐慰劳活动。

同日，北平文化界后援会成立，并通电全国文化界，采取一致行动慰劳抗日官兵。

7月15日　北平市商会成立慰劳将士团，募集捐款慰劳二十九军抗战将士。

同日，北平市工会联合会发起全市工人前方救护队，并派代表前往医院慰劳伤员。

7月19日，北平市妇女会、妇女共鸣社、女子文化月刊社、基督教女青年会联合致电宋哲元，请力抗强敌。

7月20日，北京大学教授发表卢沟桥事件宣言，谴责九一八以来日本的侵华暴行，号召举国上下抗战到底。

7月22日，流亡北平的东北义勇军成员二十余人在白羊城村成立抗日军。9月5日，正式定名为国民抗日军。

“国家兴亡，匹夫有责”，北平各行各业的民众迸发出强烈的爱国主义激情，他们团结一心、同仇敌忾，以各种方式有力地支援了奋战在前线的二十九军，对激励二十九军英勇抗日起了很大的鼓舞作用。

卢沟桥事变爆发后，不少国民党将领，如冯玉祥、傅作义、阎锡山、商震、陈仪、陈诚、汤恩伯、宋希濂等，发出通电声援二十九军抗战，并要求即刻开赴前线。冯玉祥①将军是二十九军老长官，他在事变后的7月10日，发表《对卢沟桥事变谈话》，指出全国军民应团结一致，为民族生存，为国家复兴而坚决奋斗。他还致电二十九军官兵，鼓励他们说：“诸君乃革命军人，抗敌守土之责，断不容丝毫退让，以消息后（编者注：原文有误），即保千万年之光荣历史也。予深信廿九军及华北民众正准备为捍卫国家而继作更勇敢之奋斗、更伟大之牺牲也。”②傅作义③将军撰文表示：“吾人的鲜血，可以胜过敌人的飞机大炮，吾人大无畏的精神，可以战胜敌人的物质。”

原先活跃在中国社会的一些中间党派，如国家社会党、青年党、救国会、中华职教社、乡村建设派等，也迅速加入抗日的阵营中。7月10日，第三党向国民政府提出了团结御侮、抗日救亡的八项主张。10月，李济深、陈铭枢等为表示“拥护政府”“增强全民族团结”，自动解散中华民族革命同盟。除声明拥护政府对日作战外，各中间党派还在创办报刊，进行抗日宣传；组织各种民众团体支援抗战；发动募捐，慰问将士，救济灾民；贡献良策，争取宪政等方面做了一系列卓有成效的工作。更有许多中间党派成员，直接参加正面或敌后战场的对日作战，为中华民族的独立和解放事业英勇捐躯。

地方实力派纷纷发表通电、讲话，表明拥护中央坚决抗日的决心。国民政府建都南京以后，山西、广西、四川、宁夏、云南、青海等省的地方

① 当时在南京出任军事委员会副委员长。

② 虞和平主编：《中国抗日战争史料丛刊（312军事战事）》，大象出版社2016年版，第447页。

③ 时任晋绥军三十五军军长、绥远省政府主席等职。

实力派仍各据一方，拥兵自重，中国实际上还处于半分裂的状态。然而，九一八事变之后，随着日本帝国主义的步步紧逼，中华民族的危机日益加深，这些地方实力派开始认识到“覆巢之下，岂有完卵”的道理。在外敌入侵，国难当头之际，只有团结一心、共赴国难，才是唯一出路。因此，他们开始放弃各自的成见和利益纷争，在抗日救国的旗帜下，参加抗日御侮斗争。卢沟桥的炮声再次敲起民族危亡的警钟，地方实力派不仅使国民政府实现了军令、政令的统一，而且还推动南京政府走向抗日。7月15日，李宗仁致电蒋介石及各方长官，呼吁“为应付目前重大事变，应即实行全国总动员”[①]。20日，李宗仁、白崇禧、黄绍竑联名发表通电，再次呼吁抗日。桂系将领的登高一呼，各地将领纷纷响应。广东的余汉谋表示：“枕戈待旦，愿效前驱，彼虏虽强，我能持久抵抗，最后胜利，终将在此，而不在彼也。”[②]云南的龙云慷慨陈词：“方今紧迫之际，凡属袍泽，同声愤慨，自无不乐为前驱也。”[③]四川的刘湘也公开声明：“愿在政府领导下，作不顾一切的为民族求生存战。”[④]他随后开始整编川军，准备应召出征。

文化界人士响应中国共产党的抗日号召，应声而动，踊跃投入抗战救亡运动。7月9日，上海文化界人士洪深、胡愈之、周寒梅、周剑云、郑振铎等140余人举行会议，成立救国团体，打出抗日救亡大旗。在西北，作家丁玲、吴奚如和外国友人史沫特莱等组织“西北战地服务团”，决计随军奔赴前线工作。延安各界举行欢送大会，毛泽东在会上满怀热情鼓励服务团为抗战做出贡献。他认为军队是用枪与日本打仗，而服务团可以用笔和口与日本打仗，我们要从文的方面、武的方面，夹攻日本帝国主义。战地服务团团长丁玲豪情万丈，表示战地服务团的组织虽小，但是它好像小河流一样，慢慢地流入大河，汇聚起若干河的水，变成磅礴洪流，把日寇完全消灭在我们的洪水中。

大批爱国师生由原来反对蒋介石的不抵抗政策转向配合国民政府进行

---

①②③　四川大学历史系、成都市社会科学研究所编：《世界反法西斯战争中国战场史长编》（上），四川大学出版社1985年版，第237页、第236页、第237页。

④《国防联席会议记录》，（1937年8月7日），中国第二历史档案馆馆藏档案。档号：七八七-22431。

抗日救亡。蒋介石庐山讲话之前，时任北京大学文学院院长胡适对记者说：“再这样下去，国将不国，还谈什么研究问题、科学救国！当今最大的问题，就是全国同心，把日寇赶出中国！”7月24日，上海各大学联合会还致电蒋介石：“奉读（蒋介石）宣言，表示抵抗决心，至为感奋。谨率全国青年学子追随钧座鞭策与敌周旋。”[①]全国各地学生迅速组建抗日救亡团体，诸如平津流亡同学会、上海大学联合会、上海留日同学救亡会、苍梧学生抗日救国会、暨南大中学留沪同学会、学生界战时服务团等。据《申报》报道，7月12日，天津中等学校学生成立劳军团，全市各大中学校均有代表参加，决定即日起开始募捐。上海学生也走上街头进行募捐，捐款的数目不限，铜板、钞票、银圆都可以。上海大学联合会向校内教职员募捐金银器皿及饰物捐献政府，刘海粟校长等以身作则当场捐金戒指数枚。武汉大学教授郭霖封、瓮纯州两位虽年逾古稀，依然主动捐款数千元。《大公报》还报道武汉大学教授苏学林女士，贡献金条五十一两，价值七八千元。

“位卑未敢忘忧国”，贩夫走卒、妇孺老幼都为抗战贡献自己的绵薄之力。冀察政务委员会不仅每天都能接收大批全国各地发来的声援抗战的电报和信件，而且还能收到一笔笔慰劳二十九军的捐款。南京下关一位卖菜小贩，在得知日军在卢沟桥的暴行后，极为愤慨，他将自己5年内辛苦积攒的300元悉数送到中央财委会，捐作御侮守土将士的费用，以尽其国民之职责。[②]整个7月，宛平城不断迎来来自全国各地的慰劳团体，上海、广州、天津、北平的各个抗日团体和各大学学生自治会，带来了大量的慰问品、纪念品，并且为部队的抗日英雄照相留念。据说，在慰劳品中，单单是西瓜等食品就堆积如山，可以想见全国民众对抗日士兵的关怀和牵挂。

全国人民的鼓励和支援极大地鼓舞了二十九军的士气，官兵们热血沸腾，誓以生命捍卫国家尊严、民族利益。7月13日，卢沟桥前线守城将士在给上海各团体的复电中表示：“本军受国家人民付托之重，保卫祖国，义不

① 《申报》1937年7月24日。

② 《大公报》1937年7月21日。

容辞，向重合法合理之精神，素以不屈不挠为职志，故人不侮我，我不侮人。”“卢沟桥事变发生，为正当防卫计，自不能不予以坚强之抵御。日军之宗旨在战斗，凡我官兵，慷慨赴义，分所当然。”

二十九军将士和平津人民以全国人民为后盾，面对侵略者，英勇抗击，他们用生命和鲜血，筑就了一道捍卫祖国疆土的钢铁长城。

大刀向鬼子们的头上砍去！
二十九军的弟兄们！
抗战的一天到来了！
前面有东北的义勇军，
后面有全国的老百姓，
咱们二十九军不是孤军。
看准那敌人，把它消灭！
把它消灭！冲啊！
大刀向鬼子们的头上砍去！

雄壮的《大刀进行曲》在全国的抗日战场上传唱……

# 第三章 “战”与“和”

卢沟桥事变的爆发是日本帝国主义发动全面侵华战争的开端。为了把事变发生及事态扩大的责任推给中国，同时也为了争取向中国运兵时间，日本侵略者玩起两面手法，即一边大张旗鼓准备战争，一边继续打着“不扩大”旗号与中国政府进行谈判。他们向宋哲元的冀察政务委员会施放和平迷雾，并用“现地交涉”的陷阱诱导其与中央政府愈行愈远。然而，在日本的得陇望蜀和南京政府及中国民众的双重压力下，宋哲元不得不放弃幻想，转向抗日。

## 一、日本蓄意全面侵华

7月7日卢沟桥事变爆发让急切等待扩大侵华战争的日本法西斯欣喜若狂。自发动九一八事变侵吞东北三省以来，这群嗜血的好战分子时刻等待着攫取全中国的时机，然而，在如何实行全面亡华的战略步骤，以及选择什么样的时机扩大战争规模等这些问题上，日本法西斯集团内部的意见并不统一。卢沟桥事变的发生无疑将这些分歧激化，集团内部因此迅速分化成“不扩大派”与“扩大派”两个阵营，甚至形成正面冲突。

所谓不扩大派，是以日本参谋作战部的石原莞尔、河边虎四郎、堀场一雄等为代表的一干人物，他们主张控制事变的升级和扩大，将战争的目标和范围限制在平、津一带，方式是渐进、酌情增兵。石原莞尔是九一八事变的主要策划者，因其侵略中国有功，在日本国内被誉为“民族英雄”。日本天皇给予其嘉奖，使其平步青云，从中佐直接晋升为少将。在卢沟桥事变前，石原已经升任参谋本部第一部即作战部部长。这样一个侵华干将，为什么会对扩大侵华战争提出异议呢？究其原因，主要是出于以下几点考虑：

一是忌惮苏联。石原虽然力主进攻中国东北，但北方的苏联才是他真正的假想敌，他把日本和苏联的战争放在第一位。所以，侵占中国东北后，石原认为应该积蓄足够力量，用来对抗日本宿敌——苏联的威胁，而不是在这个时候因夺取中国更多国土而分散力量。这对日本的整个战略不利。他认为，到1936年止，苏联在远东的军事实力已经大大增强，这势必对日本的对外扩张形成威胁；此外，从1935年开始，中国政府主动寻求中苏关系的改善，“苏联也表明了完全支持国民政府的态度”[①]。因此，日本在制订作战方案时，“对苏必须严加警戒”[②]。卢沟桥事变爆发时，石原认为日本“正专心致志完成满洲建设和对苏战备以巩固国防”，应防止“因插手中国而弄得支离破碎”，因为此时日本若拿出巨大兵力对华作战，势必影响当下对付苏联的准备工作。因此，日本需要避免将事态扩大为全面侵华战争。石原甚至提出“华北全部驻军一举撤至山海关满华国境，然后由近卫首相亲自飞往南京与蒋介石促膝交谈，解决日华根本问题”[③]。

二是认为日本发动全面侵华战争的准备不充分。“不扩大派”认为如果同中国开战，即使把战斗区域限制在黄河以北地区，也需要：（1）动员15个师团；（2）使用一半以上到目前为止积蓄起来的军需准备量；（3）战火可能烧过黄河，扩大到上海；（4）半年以上的作战时间；（5）55亿日元以上的军费。上述条件当时日本并没有达到。此外，“不扩大派”还认为全面侵华必然引发与苏联的对抗，因此，日本还需要做好与苏联开战的准备。出于这样的估计，“不扩大派”提出当下更主要的任务是充分开发满洲以扩军备战，也就是“消化东北、觊觎华北”。

三是担心日本陷于长期战争。石原认为对中国政府而言，华北的重要

①② 日本防卫厅防卫研究所战史室著，田琪之译：《中国事变陆军作战史》（第1卷第1分册），中华书局1979年版，第90页、第91页。

③ 日本防卫厅战史室编，天津市政协编译委员会译：《日本军国主义侵华资料长编》（上），四川人民出版社1987年版，第327页。

性远高于东北，中国军队在绥远的殊死抵抗就已经证明这一点。而卢沟桥事变后中国政府与民众的激烈反应则进一步表明了中国的抵抗决心，此时“一旦开战，必将酿成全面战争，而且成为长期战争，不能进行决战”，“势必陷于无底的泥潭”。[①]因此，与其逼迫中国做全面抵抗，不如“掌握最小限度的中国要地”，等待时机进行决战。

必须说明的是，“不扩大派”的这些考虑仅仅表明他们的“不扩大”只是认为发动全面侵华战争时机尚不成熟，而不是放弃全面侵华的企图。一旦达到决战的条件，日本仍要“积极地、全面地转变日华关系”[②]，即充分运用日本的有限国力，综合政治、经济和外交力量，以建立由日本控制的“日、满、华”的最高政略。此外，石原等人主张的“不扩大”还留有相当的余地，他们解释说：“不扩大方针是政治上的问题。开战后对作战范围的限制，是以我方作战力量判断为依据的军事上的问题，并非出自政治上的牵制。”[③]由此可见，在发动侵华战争的大方向上，石原的战略构想与日本军部法西斯的大陆政策别无二致，只不过在手法上比“扩大派”更带有策略性和欺骗性。在日本防卫省的战史资料馆，至今还保存着1936年日本内阁制定的《国防国策大纲》，这部决定日本军事战略方向的大纲，就是石原莞尔主持修订的，他提出了日本侵华的指导策略，就是以蚕食的方式逐步灭亡中国。

然而，卢沟桥事变爆发后，被日本军国主义分子所掌控的军部，大部分军官是希望以卢沟桥事变为契机，即刻发动全面侵华战争，因此“扩大派”才是主流。这不仅是因为坚持这一主张的代表人物均为日本陆军最高首脑或直接统领军队的将领，更主要的是这一主张符合日本法西斯对外扩张的迫切愿望。

“扩大派”的代表人物除华北驻屯军首脑外，还包括关东军司令官植田谦吉、参谋长东条英机、朝鲜军司令官小矶国昭、日本陆军大臣杉山元以及陆军次官梅津美治郎等人。他们对于卢沟桥事变以后日本的策略主张与

①②③ 日本防卫厅战史室编，天津市政协编译委员会译：《日本军国主义侵华资料长编》（上），四川人民出版社1987年版，第334—336页。

“不扩大派”正好相反。他们的分析结论是：

首先，苏联无暇干涉。“扩大派”认为，一方面，苏联内部肃反运动进入高潮。1937年初至1938年底，是苏联大肃反运动最黑暗的时期，大批苏联高级干部和军事将领遭到清洗，不仅严重阻碍了苏联的经济发展，而且极大削弱了苏联的军事力量。另一方面，从干岔子事件[①]中可以看出，苏联在日苏冲突中占不到便宜，已经领教了日军的威力，不会贸然前来。

其次，英美等国无心东顾。1935年意大利入侵埃塞俄比亚，1936年德国进军莱茵非武装区，对发生在欧洲中心的入侵行为，英美都采取听之任之的态度，表明两者都不会真正干预日本扩大在中国的战事。

最后，中国无力抵抗。他们认为中国国内四分五裂，军阀各据一方，国力不强，军心涣散，如果日本发起有力进攻，中国必将在短期内失败或屈服。他们预言：只要“日本一宣布内地动员或大批列车一通过山海关”，或者“尽最大限度，通过保定一次会战，即可解决一切问题”；“只要将船开到塘沽附近，即使不登陆，北平也好，天津也好，将会投降”。[②]

基于以上分析，“扩大派”认为“不扩大派”的理由纯属多虑！

陆军大臣杉山元是日本陆军最高指挥官之一，他是“扩大派”中的关键人物。杉山元出身武士家庭，从小崇尚武力，1900年毕业于日本陆军士官学校，1904年就参加了在中国东北爆发的日俄战争。此后在日本军界呼风唤雨，成为一名狂热的军国主义分子。1931年7月，他主持制定了《解决满蒙问题方策大纲》，明确日本侵略中国东北的原则、步骤和措施，是九一八事变的主要策划者和操控者。杉山元自信满满地宣称，卢沟桥事变的爆发，正是日本全面侵占中国的最佳时机。只要日本在中国面前表现强势，情势就会像九一八事变一样——中国政府将华北拱手相让。他甚至宣称“事变大约用一个月时间可以解决”。他断言，日本只有拥有中国的丰富资源，才

---

① 干岔子岛位于黑龙江省逊克县干岔子村北侧，是黑龙江中游主航道中方侧一较大岛屿。1931年日本侵占中国东北后，认为江界应以江中主航道为界，而苏联则把江界划在岛南侧的支流中。1937年6月，日苏双方为争夺该岛控制权发生边境武装冲突，苏军被击沉、击伤炮艇各一艘。

② 日本防卫厅战史室编，天津市政协编译委员会译：《日本军国主义侵华资料长编》（上），四川人民出版社1987年版，第298页。

能为未来更大范围的侵略战争提供有力的保障，最终战胜苏联。他强硬地反驳“不扩大派”的石原莞尔：“所谓不扩大，只是避免全面战争，而不顾日军的威信。”

时任日本华中方面军副参谋长的武藤章也是个极力主张侵华战争的军国主义分子。他曾在1936年任关东军参谋，是石原莞尔的下级，但此时他对石原的主张不以为然。他认为只要日本强势地对待中国，中国立即就会对日本言听计从，日本就可以轻而易举地掌控战争局势。武藤章制订的卢沟桥事变扩大方案在遭到石原莞尔的反对后，他居然拿九一八事变要挟曾经的上级石原。同为石原部下，时任参谋本部科长的永津佐比武藤章更对石原不留情面，他口出狂言：“石原的看法是错误的，只要我们以少许兵力略施威胁，中国就会屈服，此时再予其一击。这是贯彻我们方针的最好的策略。”

当时，这些“扩大派”的主张还五花八门无奇不有，有仅仅主张把中国军队赶出平津地区的，也有像朝鲜军司令官小矶国昭①那样，说干脆把黄河以北全部解决算了，最积极的是陆军省军务课长田中新一，他说“不扩大就不扩大，反正不拿下上海也确实不算扩大”。

无论是哪种主张都表明，“扩大派”日军的自满自傲已极度膨胀，个个沉浸在为日本攻城略地，为个人建功立业的迷梦之中！

7月8日清晨，关东军在接到卢沟桥事变的消息后，立即召开紧急会议，一致认为目前北方（指苏联）是安全的，所以乘此时机应对冀察给予一击。会议决定即刻调集混成第一、第十一旅团主力及空军部队一部，做好随时出动准备，只等开赴华北战场的命令。9日，关东军参谋迁政信甚至专程赶到卢沟桥，当面向牟田口廉也表示关东军对他们的支持。与此同时，“关东军先后派遣参谋副长今村均、富永恭次、田中隆吉飞往东京，敦促中央部当机立断”②。

① 小矶国昭（1880—1950），1935年12月2日，任朝鲜军司令官。日本驻朝鲜军是日本帝国主义驻扎在朝鲜的陆军占领军部队。

② 日本防卫厅战史室编，天津市政协编译委员会译：《日本军国主义侵华资料长编》（上），四川人民出版社1987年版，第300页。

朝鲜军司令官小矶国昭也不甘落后，他在获悉事变后的第一时间向陆军中央报告：“鉴于华北事件的爆发，已以第二十师团的一部作好随时出动的准备”，并建议，“利用这一事件推行治理中国的雄图”。②

8日夜，杉山元下令：原定于7月10日复员的京都以西各师团的4万名军人，延期两年复员；同一时间，日本海军中央部也做出准备好机动兵力，以备对华紧急出兵的决定。

9日，杉山元即在内阁会议上提出从日本国内派出增援兵力的方案。他提出鉴于卢沟桥事件发生以来中国军队的态度，日本在此时增派兵力去中国正是适当的时候。但由于会上“不扩大派”认为从国内派兵时机不到，而此时在北平中日双方于凌晨达成3项口头协议一事传到日本，杉山元的提案因此被暂时搁置。但是，在讨论对华交涉方针时，石原等“不扩大派”并未坚持“不扩大”意见；相反，提出由陆军部去“了结”。这等于把最后的处置权交给陆军部。

就在同一天上午11时，日本内阁首相、外相、陆相和海相召开四相会议，共同商议“中国事变”的解决办法。会议最后形成《关于解决卢沟桥事件的对华交涉方针》，在当天晚上由日军参谋次长今井清电示华北驻屯军。电文中要求“使冀察方面在最短时间内予以承认、实行：（一）停止中国军队在卢沟桥附近永定河左岸驻扎；（二）关于将来的必要的保证；（三）处罚直接的负责人；（四）道歉”。明明是日军挑起卢沟桥事变，中国军队只是被迫进行自卫还击，却被要求赔礼道歉；明明是在自己国家的土地上驻守防卫，却被指手画脚命令撤出驻地……日本内阁宣称执行“不扩大”方针，实际却在为扩大事态寻找借口！

即便是这样的“不扩大”方针，也顶不住日本军界要求扩大战事的疯狂叫嚣，在“不扩大派”和“扩大派”之间游移不定的日本内阁如坐针毡，急需做出定夺。在“扩大派”强势的压力下，此时的首相近卫文麿主意已定，宣布在7月11日召开内阁会议。

11日上午，在日本内阁会议之前例行召开的五相会议上，陆相杉山元急不可耐地表达了自己的增兵意见：“为了确保中国方面实行道歉和必要的保证，必须火速以关东军及朝鲜军准备好的部队增援中国驻屯军，同时也要从国内抽调必要的部队迅速派往华北。”海相米内光政立即响应，声称：“对于海军来说要作全面战争准备。”在“扩大派”的鼓噪中，会议通过了向中国派兵案，宣称“派兵是为达到目的而显示威力”。会上，根据内阁官房长官风见章的提议，还将“卢沟桥事变”改称“华北事变”，向华北“出兵”被改称向华北“派兵”。这标志着卢沟桥事变将进一步扩大和升级。

11日下午，内阁会议最终接受了五相会议的决定，并宣称要“举国一致”来处理发生在中国的事变。会后，首相近卫文麿和杉山元等一行赶到叶山皇室别邸觐见他们的天皇，同样雄心勃勃的天皇与这些战争狂热分子一拍即合。至此，日本彻底完成了从制造事变到全面侵华的决策！

7月11日傍晚6时24分，日本政府正式发表《关于向华北派兵的政府声明》(以下简称《声明》)。《声明》诬陷中国二十九军挑起了卢沟桥事变，并以此为借口向中国派遣军队。《声明》中说：

> 这次事件完全是中国方面的有计划的武装抗日，已无怀疑的余地。……由此，政府在本日内阁会议上下了重大决心，决定采取必要的措施，立即增兵华北。①

《声明》实际上宣告了日本政府扩大侵华战争的决策。在这一决策之下，日本帝国主义加速开动战争机器，举国上下摩拳擦掌，几近亢奋。

《声明》发表的当晚，近卫文麿就在永田町的首相官邸召集贵、众两院议员及财界实力人士、新闻界代表开会，宣布政府出兵华北的决议，并表明内阁的决心，要求得到各界的理解和支持。由于近卫亲自出马“登高一呼”，一时间，“所谓对事件采取不扩大、就地解决的稳健论调几乎不见了”。当时有影响的报纸，多数主张“以强硬态度面对中国”。日本政界、财界和舆论界掀起了空前的叫嚷发动战争的声浪，法西斯论调铺天盖地。

---

① 复旦大学历史系日本史组编译：《日本帝国主义对外侵略史料选编(1931—1945)》，上海人民出版社1975年版，第240页。

同日，日本陆军参谋部向关东军发出临参第五十六号命令：

一、关东军司令官将管辖下部队之一部派遣去华北。

二、关东军司令官应将管辖下部队中下列部队急速派遣至华：独立混成第一旅团之主力、独立混成第十一旅团之主力、关东军空军集团之一部（侦察、战斗、重轰炸各二个中队）、高射炮二个中队、铁道第三联队之主力（包括装甲列车）、电信第三联队之一部、关东军汽车队之一部、关东军防疫部之一部。

三、上项部队通过“满”华国境时即受中国驻屯军司令官指挥……

四、关东军司令官在作战初期，应对中国驻屯军提供兵站、交通业务之援助……①

同日，日本陆军参谋部向朝鲜军第二十师团长川岸文三郎发出临参第五十七号命令：

一、派遣第二十师团去华北。

二、第二十师团长务须迅速到达华北，编入中国驻屯军司令官管辖下……②

同日，日本海军也做出“全面战争的准备”，并与陆军达成《关于在华北作战协定》，其中规定：

陆、海军要协同作战……海军负责输送和护卫，并协助在天津方面的陆军作战。在华中、华南方面，以海军为主担任警戒……海上护卫由第四战队、第二水雷战队、第二航空战队、第

①② 日本防卫厅防卫研究所战史室著，田琪之译：《中国事变陆军作战史》（第1卷第1分册），中华书局1979年版，第148页、第149页。

二联合航空队及第三舰队之一部担任间接护卫。①

同日，香月清司接替患重病的田代皖一郎担任中国华北驻屯军司令官。13日，中国驻屯军制订了以《中国驻屯军情况判断》为名的行动方案，规定：

军将第一次所增加兵力（包括第二十师团）合并使用，必要时一举歼灭第二九军。……为此，对主要部队按如下部署集结：

（一）河边旅团：丰台至通州间、北平城内及天津、警备北宁铁路；

（二）独立混成第十一旅团：顺义；

（三）独立混成第一旅团：通州；

（四）航空队：通州及天津；

（五）第二十师团：天津；

……军向冀察政务委员会提出要求，并促其实现……如不答应……即认为冀察政务委员会没有诚意，要求解散冀察政务委员会和第二九军撤出冀察……军的主力先扫荡北平附近，然后根据情况可能进入保马厂一线。在此期间，预料对北上的中央军要进行扫荡……军可能进入德州、石家庄一线。在军进行作战准备期间，如确认中央军北上，在要求撤出河北之同时，准备与之进行作战……军在作战时以一部兵力进入八达岭附近，阻止来自平绥线方面之敌，以有利于军的主力作战。②

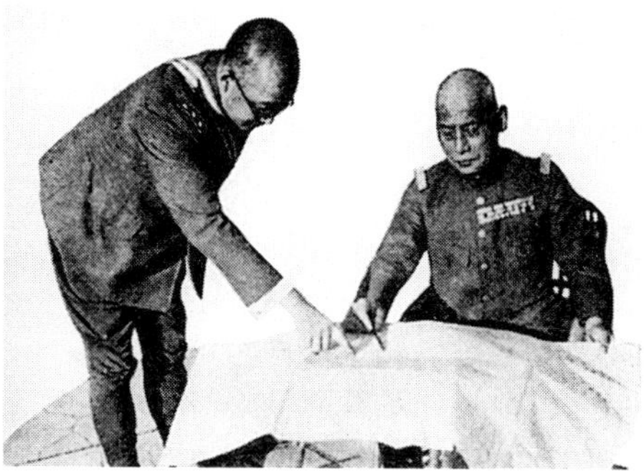

日本中国驻屯军司令官香月清司（右）

① 日本防卫厅防卫研究所战史室著，田琪之译：《中国事变陆军作战史》（第1卷第1分册），中华书局1979年版，第150—151页。

② 日本防卫厅防卫研究所战史室著，田琪之译：《中国事变陆军作战史》（第1卷第1分册），中华书局1979年版，第161—162页。

15日，日本陆军又以临参命令第五十八号，命令编成“临时航空兵团”，派赴满洲。

同日，中国驻屯军制订具体作战计划。其主要内容为：

> 第一期作战主要在于一举击败北平西部的第三七师，将其扫荡至永定河以南。根据情况对在南苑的第三八师一并攻击之。在此期间，作好准备可由第二十师团，随时将第一三二师击溃……在陆军会战之前，先以航空部队主力集中威力对最富于挑衅的第三七师进行攻击。为此，轰炸目标可指向西苑、八宝山、北苑、长辛店。根据情况也可包括南苑在内。
>
> 第二期作战根据情况决定。预期以现有兵力进入保定、任丘一线；在增加兵力以后进入石家庄—德县一线，同中央军决战。①

从以上计划可以看出，日本统治集团已经孤注一掷，全面侵华战争已在眉睫之内。

然而，即便扩大战争的主意已定，狡猾的日本侵略者为了继续把事变发生及事态扩大的责任一股脑儿推给中国，同时也为了争取运兵时间，玩起了两面手法，即一边大张旗鼓准备战争，一边继续打着“不扩大”旗号同中国政府进行谈判。

就在日本发表派兵声明的第二天，日本驻华大使馆参事日高信六郎及副武官赴中国外交部谒见外交部部长王宠惠，向中国施加压力。此时日本宣称的“不扩大”明摆着是对中国单方面的约束，即日本可以肆意扩大侵略，而中国却无权扩大抵抗。具体表现在日本同南京政府的交涉中，屡屡表明所谓防止事态扩大的两点原则：一是不准南京政府插手平津与华北事务；二是不准南京政府派中央军北上支援二十九军抗战。日本阴险毒辣的

① 日本防卫厅防卫研究所战史室著，田琪之译：《中国事变陆军作战史》（第1卷第1分册），中华书局1979年版，第171页。

企图在于：中国政府如果接受上述原则，将丧失援助二十九军，维护国家主权与领土完整的权利，听任日军长驱直入占领平津，兼并整个华北；中国政府如果不接受上述原则，日本即可以中国拒绝和平为由，随时对中国发起全面进攻。由此可见，日本政府发表派兵声明以后继续玩弄外交谈判的伎俩，其实只是为了让中国政府举手投降。也正因为如此，在谈判中日本驻华参事狂妄至极，一开始就开门见山地表示：奉日本外务省命令告知中国，日本对于中国中央军及空军或已出动或准备出动一事，“已抱最大决心，以谋应付”！

面对日本政府的战争讹诈，中国坚决予以抵制，并提出严重抗议。

鉴于南京政府不肯屈服，日本军部于17日提出与中国交涉的更为苛刻的条件，其内容为：

> 一、规定7月19日为履行期限，最低限度提出以下要求：
>
> （1）要宋哲元正式道歉。
>
> （2）处罚责任者包括罢免冯治安（第三七师师长）。
>
> （3）撤退八宝山附近的部队。
>
> （4）在7月11日提出解决的条件上，改为由宋哲元签字。
>
> 二、中国方面在上述期限内对我方要求事项不予履行时，我军即停止现地交涉，讨伐第二九军。为此，下令动员在规定期限满了时需要的国内部队，并立即派往华北。
>
> 三、在期限满了后，即使中国方面履行我要求事项的态度有所软化，也要使第二九军退出永定河右岸地区。
>
> 四、以帝国一贯期望把局面限于华北并求得就地解决的意图，向南京政府提出：中央军恢复旧态势，中止对日挑衅行动，并不得妨碍就地解决。①

① 日本防卫厅防卫研究所战史室著，田琪之译：《中国事变陆军作战史》（第1卷第1分册），中华书局1979年版，第179—180页。

这些规定的字里行间充斥着日本军国主义的蛮横无理与狂妄跋扈。

日本陆军部之所以把7月19日作为中日交涉的最后期限，是因为他们认为在7月19日前后，中国驻屯军战略部署应该已经完成。可见，所有日方的谈判设计，均从扩大对华战争的部署出发，扩大战争才是他们的核心要求，谈判、交涉只是烟幕弹或权宜之计。

19日，即日本要求南京政府做出答复的最后一天，中国政府表明，尽管南京政府没有放弃和平解决事变的希望，但仍然坚持两点原则：

> 第一，如不能中日双方同时撤兵，中央军不会停止北上；
>
> 第二，日军与冀察当局的一切交涉，须经南京政府批准。

南京政府的态度无疑让日方恼羞成怒。20日，恼怒的日本外务省发表声明再次强辩：“此次事变乃因中国方面的不法射击而发端，责任全在中国方面。而中国理应首先撤兵，停止不法行为……”此外，对于南京政府宣示对华北的主权，日方则诡称：“冀察政务委员会乃有别于其他地方政权的大规模特殊政治形态。多少次重要的地方交涉向来由其进行，南京政府并未过问。而今竟突然主张我方和冀察政权的对话，必须经过承认，完全是故意为圆满解决事件设置新的障碍。目前事态恶化的原因，在于南京政府一面阻碍现地协定，一面不断调中央军北上。”日方在声明中向南京政府发出威胁：“当此时机南京政府倘不翻（幡）然醒悟，解决时局将完全无望。”[①]

在日本外务省发表声明的同时，日本陆军参谋部召开本部部长会议，达成使用武力解决事变的一致意见。会上，急忙抛出《关于决定帝国态度的意见》，提议“为确保《何梅协定》，扫除事变根源，以安定华北，要求坚决使用武力”。

21日，杉山元面奏日本天皇，要求从日本国内派遣3个师团。

① 日本防卫厅防卫研究所战史室著，田琪之译：《中国事变陆军作战史》（第1卷第1分册），中华书局1979年版，第185—186页。

此时，关东军和朝鲜军增援华北的部队已经陆续到位。

种种情况表明，日本国内已经在对华发动全面战争这个决定上达成一致，箭在弦上，只等着一声令下展开大规模的军事进攻。

在中国境内的华北驻屯军的武力挑衅与日本国内的战争叫嚣遥相呼应。7月25日，华北驻屯军向驻扎在廊坊的中国军队发起进攻；26日，又在广安门挑起武装冲突。

27日，日本召开紧急内阁会议，批准陆军实行动员。上午9时30分，杉山元就动员问题奏请日本天皇批准。同日，日本贵、众两院分别做出决议，"感谢在华北事变中劳苦的官兵，并祝其勇健"①。这样，日本开始由国内向中国大量增兵。

据记载，当年日本陆军的增兵计划为：人数20.9万，马匹5.4万，"第五、第六师团为紧急动员，第十师团为下令动员"，"预定将第十一师团派往青岛，将第三师团派往上海。这两个师团预定在下令动员后十日到达现地"。"紧急动员的部队，可从8月1日开始输送。随第一次动员征用十万吨船舶，28日输送完了；接着输送第二次动员的部队，同时计划新征用船舶三十六万吨。"②另外，日本陆军还向内阁特别会议提出侵略华北的军费共计4亿多日元。

7月27日同一时间，日军参谋部连续发出多道命令，包括命令驻屯军"除现有任务外，应负责讨伐平津地区的中国军队，安定平津地区各重要地方"；命令第五、第六、第十师团"到达华北后，即编入中国驻屯军司令官管辖下"；命令"陆、海军配合问题，按陆海军协定的另册摘要行事"；等等。③

同日，日本海军也拟定了《处理时局及准备的协议》，提出："鉴于今后形势有很大可能导向对华全面作战，因此海军必须进行对华全面作战的准备……应该对华北方面军予以分内的协助，护卫输送船只……但对华全面

① 日本防卫厅防卫研究所战史室著，田琪之译：《中国事变陆军作战史》（第1卷第1分册），中华书局1979年版，第198—201页。

作战和保护青岛及上海，也应完成必要的准备。”①

7月29日，日军参谋本部制定出《对华作战大纲》，其内容为：

击败平津地区的中国军队；设法使该地区安定下来。作战地区大概限定于保定、独流镇一线以北。根据情况，以一部分兵力在青岛、上海附近作战……②

上述计划表明了日本把侵华战争扩大到平津、华北以外的打算，并准备在青岛、上海等沿海城市同时向中国发动进攻；同时，也考虑到扩大战争规模后补给与兵源的问题。周密布署，步步为营，一场关系中华民族存亡的生死之战已拉开大幕。

## 二、南京政府“应战而不求战”

卢沟桥事变发生时，作为国民政府军事委员会委员长的蒋介石，正和新上任的外交部部长王宠惠等国民政府要人在江西庐山牯岭消夏，军政部部长何应钦则远在重庆巡视。

7月8日一早，常驻北平的军政部参事严宽向何应钦并转蒋介石发出了一份报告事变消息的电报。身在山东乐陵原籍的宋哲元则直接发电给蒋介石，并请示处置办法。宋的报告是：

日军驻丰台部队炮四门、机枪八挺、步兵五百余人，自阳夜十二时起，借口夜间演习，向我方射击，企图占领我卢沟桥（即宛平县城），向该城包围攻击，轰炸甚烈。我驻卢沟桥之一营，为正当防卫计，不得已与之周旋，现仍在对峙中。除以在事态不扩

①② 日本防卫厅防卫研究所战史室著，田琪之译：《中国事变陆军作战史》（第1卷第1分册），中华书局1979年版，第201、202、204页。

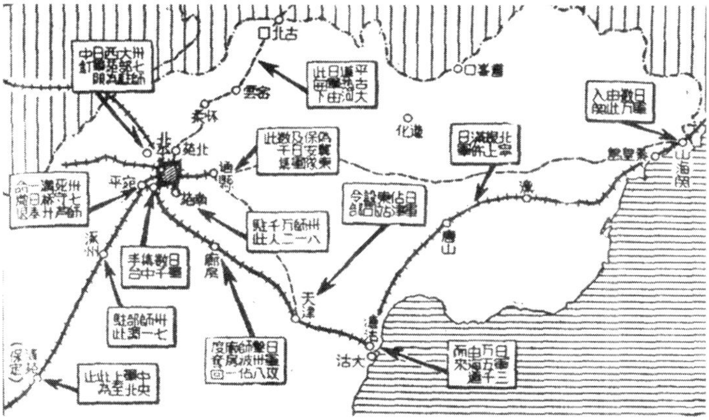


七七事变平津战局发展图

大可能范围内沉着应付中，如何之处，请示机宜。[①]

1936年起日军在华北的一系列举动，已经让蒋介石认识到日本的野心决不会止步于东北三省，而他自己也不可能坐视东北三省落入豺狼之口有去无回。他认为“中国自强之意义与责任，应具必战之决心，而后可以免战，乃得达成不战而收复失地之目的”[②]。

蒋介石在同一天即7月8日回电宋哲元：“宛平城应固守勿退，并须全体动员，以备事态扩大。此间已准备随时增援矣。”[③]同日，蒋介石电令军委会办公厅主任徐永昌并转示参谋长程潜：“应即准备向华北增援，以防事态扩大为要。”[④]与此同时，蒋介石还直接电令河南省主席刘峙，希望他从驻守开封的部队中派出一个师，开赴黄河以北。

9日上午，蒋介石一面电令宋哲元迅速从山东乐陵老家赶赴保定坐镇指挥，一面密电第二十六路军孙连仲由平汉线方向调两个师，第四十军庞炳勋一个师另一个旅，万福麟第五十三军以及商震部队，向石家庄、保定方向开进。同时，令第十师、十七师、二十一师、二十五师、八十三师以及第三军集结待命。6个师的中央军停驻于河南边境，向日方展示中国“不避

①②③④　转引自李学通《和乎？战乎？——卢沟桥事件中蒋介石的决策过程》，《军事历史研究》2017年第3期。

战事”的决心，甚至已经“决定在永定河与沧保线持久战”。

接获电报的宋哲元复电蒋介石，表示：“华北部队守土有责，自当努力应付当前现况，职决遵守‘不丧权，不失土’之旨意，誓与周旋。”虽然宋哲元的表态不可说不明朗，但蒋介石依然放心不下。10日，他又连续给宋哲元发去两则电报，令宋“从速构筑预定之国防线工事，星夜赶筑，如限完成为要”，并强调“守土应具决死决战之决心与积极准备之精神应付。至谈判，尤须防其奸狡之惯伎，务期不丧丝毫主权为原则”。[①]就在10日这一天，国民政府还决定设立石家庄行营，任徐永昌为主任，督导冀察军事行动。

从以上这些举措可以看出，蒋介石及时做出了派部队增援二十九军的应急部署，但是，他对日军此次行动的目的和事件未来发展是充满疑问的：“一、彼将乘我准备未完之时，使我屈服乎？二、与宋哲元为难乎？使华北独立化乎？三、决心应战，此其时乎？”依据对形势的了解和判断，他的结论是：“此时倭无与我开战之利。”[②]言外之意，此时日本不会与中国全面开战。他之所以动员其他军队北上增援，真实的想法是：“如我不有积极准备，以示决心，则不能和平解决也。”由此可见，蒋介石在获悉卢沟桥事变以后，虽然积极部署，但最初的想法还是希望和平解决。这也同蒋介石一贯所坚持的要避战必先迎战的理念一致。

11日，蒋介石得到军统的两个重要情报：

（1）9日晨，驻华北的日军军官在天津召开紧急会议，一方面决定在“不损帝国军威信之条件下，可和平解决”，另一方面与关东军“取得紧密联络，以应非常事变”，并请关东军增防北宁路，以保护日本侨民；

（2）10日晚，日本驻屯军参谋长桥本在北平开会，决定请求增兵1个师团，并向中方要求撤换冯治安、二十九军撤退至平津

①② 《蒋介石日记》（1937年7月8日）抄本，中国社会科学院近代史所藏。

以外等。[①]

据此，蒋介石对事件的基本判断是：日军尚没有对华全面开战的计划，其目前在平津的种种表现，“皆为内虚中干之表示也”[②]。他对前线的指示也依然是：“我军非有积极决战之充分准备，与示以必死之决心，则必不能和平了结。”也就是说，如果中方有积极准备并对敌示以必死之决心，则事件就可以或可能和平了结。

总之，蒋介石在最初几天判断和处理卢沟桥事件的基本原则不外乎以积极的军事准备和不畏战的态度吓阻日本。他甚至还一度产生“乘此次冲突之机，对倭可否进一步要求其撤退丰台之倭兵，或取消冀东伪组织”的幻想。[③]在他心中，这是中日之间又一次的局部军事冲突，远没有预料到会因此爆发全面战争，甚至也没有设想过九一八事变那样的后果。

在蒋介石看来，中国没有求战的理由：1937年中日关系的现实是，虽然双方从军事实力到综合国力都相差悬殊，但与九一八事变乃至与一系列华北事变时相比，中国国内形势已经发生了较大变化。首先，中国在政治上趋于统一，即两广事变解决、西安事变和平解决、国共第二次合作成效初显。其次，军队整编、国防工事修筑乃至武器装备，都有了长足进步并展现出良好趋向。当时中国在与德国易货贸易中获得大量贷款，正在逐步以进口的德国先进武器，装备和训练部队。最后，经济建设方面，法币改革成功，铁路、公路建设成绩显著。在资源委员会主持下，江西、湖南等地的国防重工业基地建设顺利进行，等等。因此，就中日两国的未来而言，时间在中国一边，和平于中国有利。“战”固不应惧，但如果能用软的手段折冲谈判，安抚日本的狂躁；同时于后方调兵遣将展现硬的一手，吓阻日本战争扩大化企图，消弭其野心，在不进一步丧失主权的前提下达成暂时的“和”，以争取时间，充分备战。显然，这只是蒋介石的主观臆想，是脱离客观实际的一厢情愿。

在当时，抱有这种想法的并不止蒋介石一人。据《徐永昌日记》载，

---

① 秦孝仪主编:《中华民国重要史料初编——对日作战时期》(第2编),《作战经过》(二)，台北中国国民党中央委员会党史委员会1981年版，第41页。

②③ 《蒋介石日记》(1937年7月8日)抄本，中国社会科学院近代史所藏。

当时军方“此间亦似盼望和平，尤盼能和平至六个月后（此为最小限度，因彼时各要塞新炮大部可以装成）”[①]。参谋总长程潜和训练总监唐生智等均认为：当前我方“准备未周，开战难操胜算”，目前应“忍耐渡过”，“若日方确不欲事态扩大，则我似应抓住其意向，表示可以妥协”。连美国国务院远东司司长亨贝克（S. K. Hornbeck）在与当时正在华盛顿访问的行政院副院长孔祥熙谈话中也认为，中国近年来的建设已取得相当成就，“继续这一进程，把注意力和精力都集中在重建的努力上，而不是与外国政府冲突，不是很明智吗”？[②]

然而，事与愿违，事态没有向蒋介石所期望的方向发展。在得到中央军准备北上的消息后，日本首相近卫发表了措辞严厉的派兵声明，逼迫中国方面表示道歉，并提出了“为今后不发生这样的行为取得适当的保证”的要求。[③]近卫随即还召集各界代表开会，说明内阁的决心，请求各界拥护和支持。日方的态度和行为，进一步激化了矛盾。

12日，蒋介石对形势的认知和判断有了新的变化。他认为，日军此次在华北的挑衅，目的是“威胁冀察当局屈服，完成其永定河以东为不驻兵区域，以及其防共协定”，并且争取“最大限度为其占领永定河以东地区，成立伪组织，然而平津责任则应由倭寇担负”的结果。于是，他立即电话通知秦德纯：“倭寇内定15日起总攻击，此报极确，望勿再为其缓兵之计所欺。”因担心秦德纯不能明了蒋在电话中说明的意思与表明的态度，侍从室主任钱大钧当天又密电秦德纯：“彼必待其关东部队到后积极进攻，决无疑义，望从速切实加紧备战，切勿受欺。”[④]13日，蒋还电示宋哲元：“卢案必不能和平解决……此次胜败，全在兄与中央共同一致，无论战和，万勿单独进行……”[⑤]

① 徐永昌：《徐永昌日记》（第四册），台北中央研究院近代史研究所1991年版，第75页。

② 转引自王建朗《卢沟桥事变后国民政府的战和抉择》，《近代史研究》1998年第5期。

③ 日本防卫厅防卫研究所战史室著，田琪之译：《中国事变陆军作战史》（第1卷第1分册），中华书局1979年版，第147页。

④ 秦孝仪：《钱大钧致秦德纯电》，《革命文献》第106辑《卢沟桥事变史料》（上）。

⑤ 转引自荣维木等著《中国抗日战争史》（第二卷），社会科学文献出版社2019年版，第18页。

但即使如此，蒋介石依然没有完全失去对和平解决卢沟桥事变的期待：他一方面希望英美等国出于各自的利益出面干涉；另一方面也希望通过中日外交途径制约日方行为。

国民政府外交部同样也在8日上午得到事变爆发的消息。这一天下午，外交次长陈介就约见日本大使馆副武官大城户三治，向日方提出口头抗议，劝告日方停止军事行动。11日，国民政府外交部发言人举行记者招待会，揭露事件真相，斥责日本人的侵略行为。但是，对于中国外交部接二连三的抗议，日方不仅置若罔闻，反而倒打一耙，指称中国方面"非法炮击及排日侮日"，要求中国政府道歉和"迅速反省"。同日，日本驻南京领事馆奉命向中国政府提出，卢沟桥事变系"地方事件"，日方直接与华北地方当局交涉，即所谓的"现地交涉"，不希望南京政府过问。从这里可以看出，日本一开始就用"现地交涉"的说辞，企图排斥南京政府对事变的处置权，日本要把华北从中国分裂出去的意图又一次纤毫毕见。

针对日方"现地交涉"阴谋，南京政府有足够的警惕，外交部立即发表声明："此次议定或将来成立之任何谅解或协定，须经中国政府核准方为有效。"及时地给日本侵略者越来越膨胀的野心加上套索限定。外交部还迅速派遣杨开甲、孙丹林为特派员，专程前往北平，协助冀察当局与日交涉。

然而，如前所述，日军一是为了突出华北的"独立性"，二是为了渲染"不扩大"空气，有意减少与南京中央政府的直接交涉，坚持与宋哲元的冀察政务委员会搞"现地交涉"，这使蒋介石和南京政府十分被动。

在接下来的所谓"现地交涉"中，南京政府显然被晾在一边，日方与冀察当局多次达成协议，内容一次比一次具体，条件一次比一次苛刻。而以宋哲元为首的冀察当局，显然对日本挑起事变的险恶用心估计不足，心存侥幸，一厢情愿地认为只要和以往一样，对其做一些妥协让步，事态就可以平息下来。

11日下午，日本谈判代表今井在明知日本国内已经下决心增兵中国的情况下，依然释放"和平"烟幕，和冀察当局代表交涉。蒙在鼓里的冀察当局以为只要满足日军提出的条件，就可以达成双方撤兵的目的。于是，双方在11日晚达成了"卢沟桥事件现地协定"。这让南京政府与全国民众都深感不满，一时间，包括中国共产党在内，谴责宋哲元及冀察当局的呼声不绝于耳。

然而，纸终究包不住火，日本增兵的事实真相很快大白于天下，日本扩大战争的意图已经是板上钉钉的事实。但此时宋哲元受日方诱惑，犹如坠入和平迷雾，他反对南京外交部参与交涉，并坚持缓和华北局势。外交部特派员孙丹林、杨开甲在北平提出“外交严重，应由中央办理”，得到的回应却是“军事时期非外交所能了事”。

15日，何应钦急电宋哲元称：

> 丰台之日军现正集中包围南苑一带，首先消灭南苑一万二千之我军，将为日军机动之第一目标。……现下之混沌沉闷状态，实在诡谲欺诈性质……日军当局，现仅等待增援完竣，然后发动，以驱廿九军于河北境外耳……日人效“一·二八”故事，现行缓兵，俟援兵到达，即不顾信义，希图将我廿九军一网打尽，形势显然，最为可虑，往即切实注意，计划应付……[①]

16日，南京电宋哲元询问冀察与日军“现地交涉”谈判内容，宋哲元不肯回答。无奈之下，蒋介石当日致电宋哲元、秦德纯称：

> 盛传兄等已与日军签订协议……综观现在情势，日本决以全力威胁地方签订此约为第一目的。但推其真意，签订协议为第一，俟大军调集后再谈政治条件……今事决非如此易了，只要吾兄等能坚持到底，则成败利钝，中正（蒋介石）愿独负责也。[②]

17日，南京政府获悉日军向华北大量增兵，已有数千人正在平津公路

① 中共中央党校党史资料室：《何应钦致宋哲元等密电》（1937年7月15日），《卢沟桥事变和平津抗战》（资料选编），中共中央党校科研办公室1986年印行，第158页。

② 中共中央党校党史资料室：《蒋介石致宋哲元、秦德纯电》（1937年7月16日），《卢沟桥事变和平津抗战》（资料选编），中共中央党校科研办公室1986年印行，第158页。

途中，卢沟桥正面敌人开始构筑工事及飞机场。何应钦向宋哲元、张自忠等人又发一电：

窥其用意，显系对北平及南苑取包围形势。而近日则派小参谋数人与我方谈判和平，希图缓兵，以牵制我方，使不作军事准备，一俟到达平郊部队较我廿九军占优势时，即开始攻占北平，先消灭我第廿九军。此项诡计，最为可虑。……兄等近日似均陷于政治谈判之圈套，而对军事准备频现疏懈，……弟恐谈判未成，大兵入关，迩时在强力压迫下，和战皆陷于绝境，不得不作城下之盟，则将噬脐无及。望兄等一面不放弃和平，一面应暗作军事准备，尤其防止敌军奇袭北平及南苑，更须妥定计划。……[1]

以上电文其情也真，其心也切，劝谏宋哲元严防日军，早做准备。然而，宋哲元依然我行我素，非但没有遵蒋介石之令转赴保定，反而回到北平，并主动缓和局势。有记者观察到："（宋）抵平后人心安定，各冲要街衢前门、西单、西四牌楼等处堆集沙袋今撤除，和平、宣武、崇文等门完全开放，外城各门仍随时开启半扇，戒严时间亦延长至晚11时。"张自忠和桥本签订被称为《停战协定第三项誓文》的秘密条款，内容依然对蒋介石保密。蒋介石寄希望于和平解决事变，不过，日方拒绝第三国参与调停，宋哲元则迟迟不上报交涉详情，并拒绝外交部参与对日交涉。如此局面让蒋介石和南京政府左右碰壁，处境非常艰难。

也就在17日这一天，蒋介石发表了著名的庐山讲话：

……

万一真到了无可避免的最后关头，我们当然只有牺牲，只有抗战！但我们的态度只是应战，而不是求战；应战，是应付最后

① 中共中央党校党史资料室：《何应钦致宋哲元等电》（1937年7月17日），《卢沟桥事变和平津抗战》（资料选编），中共中央党校科研办公室1986年印行，第160页。

关头，逼不得已的办法。我们全国国民必能信任政府已在整个的准备中，因为我们是弱国，又因为拥护和平是我们的国策，所以不可求战；我们固然是一个弱国，但不能不保持我们民族的生命，不能不负起祖宗先民所遗留给我们历史上的责任，所以到了逼不得已时，我们不能不应战。

……

蒋介石的讲话中声明中方立场的四项原则：

（1）任何解决，不得侵害中国主权与领土之完整；

（2）冀察行政组织，不容任何不合法之改变；

（3）中央政府所派地方官吏，如冀察政务委员会委员长宋哲元等，不能任人要求撤换；

（4）二十九军现在所驻地区，不能受任何的约束。

庐山谈话于19日公开发表，在国内舆论方面得到空前良好的反响，评价之崇高、回应之热烈都是空前的。尤其是“如果战端一开，那就是地无分南北，年无分老幼，无论何人，皆有守土抗战之责任，皆应抱定牺牲一切之决心”一言，更是成为当时妇孺皆知的抗战口号。陕北中共方面，毛泽东对蒋介石庐山谈话的评价是：“确定了准备抗战的方针，为国民党多年以来在对外问题上的第一次正确的宣言。”中共中央也认为，“南京政府与蒋介石氏对于此次事变表示了前所未有的强硬”。连日本军方都认定，蒋的谈话是“中国决心要对日作战”的表态，20日，日军参谋本部正式确定了以武力解决的方针。内阁在陆军省的要求下，也通过了从日本本土向中国增派3个师团的决议。

事实上，关于发表这篇公开谈话的真实目的，蒋介石本人在他7月16日的日记中讲得很清楚：“倭寇既备大战，则其权在倭王，若我宣言能感动彼倭，或可转危为安，是较平时之权在下级与前哨者当易为力乎。其次，卢案已经发动十日，而彼倭徘徊威胁，未敢正式开战，是其无意激战，志在不战而屈之一点，此其外强中干之暴露也。若果不能避免战争，则余之宣言发亦无害，故发表为有利也。”①

如此说来，这篇被以极高荣誉载入史册的庐山谈话，表面上看似乎是蒋介石对全国进行战争动员，然而其真实意图依然是通过向世人特别是向日本表明中国最后立场和抵抗的决心，以“戢日人之野心”，使日本知难而退，以达到对日威慑吓阻的效果。它与其说是讲给国人听，不如说是讲给日本人听的，是蒋介石对日本的喊话，其根本目的和动机仍然是“和”而非“战”。

就在蒋介石发表庐山谈话之际，日本方面拒绝第三国参与调停，其驻华大使馆参事日高信六郎向外交部递送备忘录，要求中方停止挑战的言行，不得妨碍其与华北地方当局实施解决办法。18日，日军飞机扫射平汉铁路上的运兵车，殃及客车，致使官兵、平民六七十人伤亡。次日，日本驻华大使馆武官喜多诚一谒见何应钦，指责中央军北上违背《何梅协定》，并称如中方坚持日军撤退后才撤回进入河北的中央军，或继续动员空军，则战事不可避免。

面对气焰嚣张的日军，南京政府内部反应不一。外交部及何应钦再三以战争为虑，倾向退让；但行政院方面均谓战争恐非如此退让所可避免，且政府立场如不明白坚定，对内亦殊可虑。蒋介石以“最后关头”为题公开发表庐山谈话，内心却十分矛盾，既有背水一战的感慨：“应战宣言既发，再不作倭寇回旋之想，一意应战矣”；又有峰回路转的期许：“我以为转危为安，独在此举”②，寄希望以一篇讲话达到吓退敌兵的目的。

直到27日，闻“北平城外四郊皆发生战争”，蒋介石才真正意识到：“倭寇既已攻北平，则大战再不能免。”③南京政府应战而不求战的策略和被动立场至此不得不改变。

---

①②③《蒋介石日记》(1937年7月8日) 抄本，中国社会科学院近代史所藏。

## 三、“现地交涉”的恶果

卢沟桥战斗打响后，素有“北国长城”之称的二十九军，面对日军的猖狂进攻，迸发出强烈的爱国之情，前线官兵顽强抵抗，发出“人在城在”的誓言，其行动表现，令全国民众瞩目。然而，事变之初，作为二十九军首领、冀察政务委员会之长的宋哲元，却对日本侵略者产生了不切实际的和平幻想，放弃战前制订的“以攻为守”的作战方案而沉迷于与日军的“现地交涉”，在再三的对日妥协中贻误战机，对全国抗战产生了一定的消极影响。

以冯治安、秦德纯为首的主战派，义无反顾地在抗日前线浴血奋战，然而身在乐陵[①]的宋哲元虽然即刻向二十九军发出“扑灭当前之敌”的电文，但依然心存侥幸，同时授意部属“镇定处之，相机应付，以免危局”。此时的他并没有认识到事变的性质，认为日军挑起卢沟桥事件，只不过是丰台事件的故伎重演。他对前来乐陵促其速返的邓哲熙[②]说：“目前日本还不至于对中国发动全面战争，只要我们表示一下让步，局部解决仍有可能。”[③]

7月8日，宋哲元就接到蒋介石令二十九军“固守勿退”的电报；9日，蒋又命宋“速回保定指挥”。但此时宋哲元已获悉北平的秦德纯等正在与日军“协商停战”，所以电告蒋介石：“此间战事，业已于今晨停息，所有日军均已撤退，丰台似可告一段落。”同时他又表示：“华北部队守土有责，自当努力应付当前现况，职决遵照钧座‘不丧权，不失土’之意旨，誓与（敌）周旋。”10日，秦德纯又致电蒋介石侍从室，要求中央军停止北上，他说：“此间形势已趋和缓，倘中央大战准备尚未完成，或恐影响，反致扩大，可

① 1937年5月11日，为躲避日本方面的纠缠，宋哲元以回乐陵老家为先父修墓为由，请假离开了北平。

② 1936年调任冀察政务委员会委员兼河北省高等法院院长。

③ 何基沣：《七七事变纪实》，《七七事变——原国民党将领抗日战争亲历记》，中国文史出版社2015年版，第50—51页。

否转请暂令北上各部，在原防集结待命……”上述电报表明，宋哲元等人对卢沟桥事变的严重性估计不足，在日军加紧调兵遣将准备战争之时，他们依然对和平解决事变寄予很大希望。究其原因，一方面固然是被日本在此期间施放的“不扩大”烟幕迷惑，误坠其奸；另一方面，是他们对蒋介石及其南京政府是否真心为全面抗战做准备心存疑虑。蒋介石一贯推行的“攘外必先安内”的基本国策以及二十九军长城抗战的教训，令宋哲元不得不有保存自己实力和地盘的“私心”。二十九军能在华北落脚，宋哲元能够拥有冀察平津大权，都与其实力和华北这一地盘有直接关系。一言以蔽之，在蒋介石及其南京政府没有下定抗战决心，没有发动全民族抗战之前，宋哲元就不会孤注一掷为抗日拼掉自己的全部“家当”。

在这样的心态支配下，宋哲元既未听从蒋介石的命令前往保定，也没有立即回到北平部署二十九军的抗战事宜，而是偕同邓哲熙由乐陵前往天津，直接向华北驻屯军司令部探求和平解决事变的途径。正如何基沣、邓哲熙等人在以后的回忆录中所说：“他去天津的目的，不是抗战，而是求和。”①

在宋哲元到达天津前，冀察政务委员会和华北驻屯军双方就卢沟桥事件的“现地交涉”一直没有停止。起初，冀察政务委员会派出天津市市长兼第三十八师师长张自忠为负责人与日方代表松井交涉。10日夜，当松井冒雨来到张自忠寓所，提出要惩处“肇事”负责人，撤退卢沟桥附近的中国驻军等条件时，张自忠态度坚决，一口予以拒绝。碰了一鼻子灰的松井转而又要求和秦德纯及其他冀察政务委员会要员谈判。秦将日方条件电告宋哲元，宋表示除了要求中国军队撤出卢沟桥这一条外，其他条件可以让步。这样，11日下午，松井和冀察政务委员会代表齐燮元、张允荣交涉时，答应日军可以从卢沟桥撤兵。至此，冀察当局与日方基本上达成了一个初步的停战协定。

然而，就在这天下午2时，华北驻屯军接到日本内阁会议的决定：“为

① 何基沣：《七七事变纪实》，《七七事变——原国民党将领抗日战争亲历记》，中国文史出版社2015年版，第51页。

了解决中国问题多年来的悬案，现在正是大好机会。所以，当地交涉已经没有进行的必要，如果已达成协定，也予以撕毁。”[1]华北驻屯军当即召开参谋会议，决定暂停过去的和平谈判，要以卢沟桥事变为转折，从根本上解决华北问题。会后，华北驻屯军向日本陆军军部报告：“我军为使今后的行动较为容易，应改变态势示以坚强的决心促进谈判，其结果将不得不发动武力。”[2]可见，从这时起，华北驻屯军已经下定用武力解决华北问题的决心。

日本侵略者出尔反尔在暗中完成的这一系列操作，对11日晚刚刚抵达天津的宋哲元来说是全然不知的，而此时为了拖延时间，保证兵力调配，日军在表面上还放出“不扩大”口风，诱惑冀察当局与其继续进行“现地交涉”的游戏。宋哲元抱着大事化小，小事化了的心态，几乎是毫无防备地掉进这个陷阱。他一厢情愿地认为只要和以往一样，对日军做一些妥协让步，就能达到让华北驻屯军撤兵的目的，冀察当局就可以继续在日本与南京政府之间谋取生存空间。

由于对日军的真实意图估计不准，宋哲元自信地表示不接受日方提出的任何要求，就可以促成事件的和平解决。同时，他还通告声明三件事：

> 1. 二十九军绝对遵奉中央命令，枪口不对内；
> 2. 冀察领土主权不能任人侵犯；
> 3. 对日交涉将本和平原则进行。[3]

然而，实际情况是，宋哲元到天津后，只字不提组织抵抗日军一事，而是让冀察当局代表秦德纯、张允荣等，与松井正式签订《卢沟桥事件现地协定》(以下简称《协定》)。《协定》的内容是：

---

① ［日］今井武夫著，天津市政协编译委员会译:《今井武夫回忆录》，中国文史出版社1987年版，第39页。

② 日本防卫厅防卫研究所战史室著，田琪之译:《中国事变陆军作战史》(第1卷第1分册)，中华书局1979年版，第153页。

③ 转引自陈世松《宋哲元传》，吉林文史出版社1992年版，第310页。

一、第二九军代表声明向日军表示道歉，并对责任者给以处分，负责防止今后不再惹起类似事件。

二、中国军队和丰台驻屯的日军过于接近，容易惹起事件。因此，卢沟桥城周围及龙王庙驻军，改由保安队维护治安。

三、鉴于本次事件孕育于蓝衣社、共产党及其他抗日团体的指导，今后要采取措施并彻底取缔。①

一目了然，这个《协定》完全是冀察当局委曲求全的结果。明明是日军蓄意挑起事端，协定却让奋起自卫的中国军人道歉；明明是日军得寸进尺强占地盘，却让中国驻军撤出，换成毫无抵御能力的保安队，事实上就是又一次将中国驻防的区域拱手相让。更荒唐的是，《协定》将战争责任推到共产党及其他抗日团体身上。稍有中共党史常识的人都会知道，在1936年以后，中共的抗日统战工作遍及包括地方实力派在内的全国政治军事集团，中共中央乃至毛泽东本人都与宋哲元建立了联系，按照中共中央对北方局的指示，中共北平党组织的主要任务，是通过学生的公开宣传和中共秘密党员在二十九军内部的工作，推动冀察当局与二十九军实行积极抗日的政策，而绝不会使用“向中日两军开枪”以挑起事端那样的有悖中共政策的低级手段。日军编造谎言只不过在掩盖自己的罪行。

然而，即便是这样无原则的《协定》，也不能换来日军的“和平诚意”，因为日本侵略者已经确立了武力解决华北问题的方针。之所以还要煞有介事地谈判签约，目的只有一个——掩盖其扩大战争的真实意图。当天就任华北驻屯军司令的香月清司在后来的回忆中交代：“我认为我自己是在扩大的考虑之中。作为军队，即使进行交涉，也必须考虑作战，作战制胜是第一位的。”香月清司曾因研究“步兵战术”在日本军部颇有名气。1928年济南惨案中，香月提议驻东北的一部分日军急速调往山东，对北伐军横加阻挡，开启了以武力对华进行干涉的恶例。1931年九一八事变前，他曾任日

① 日本防卫厅防卫研究所战史室著，田琪之译:《中国事变陆军作战史》(第1卷第1分册)，中华书局1979年版，第153—154页。

本关东军旅团长，率部侵驻铁岭。因在侵华战争中有“功”，不断得到提拔，此时接替病危的原华北驻屯军司令田代皖一郎。

完全被蒙在鼓里的冀察当局却在协议签订后，以为和平解决事变已成定局，为表示自己的“友好”和“诚意”，竟然在当天晚上把几天来俘虏的200多名日本兵送回丰台。

不出意料，12日，秦德纯得到了不幸的消息：

> 1.日本兵车10列，分载各种部队，附战车、汽车、弹药等项，由山海关陆续西开，迄本日午后8时止，已有5列到达天津附近。
>
> 2.日军300余名，附战车8辆、炮车7辆、载重汽车20余辆，于本日午后得由通县经广渠门外观音坛往平市南郊运动。
>
> 3.由通县二次运朝阳门奚苗家地之日军，约有300余人，又日军骑兵200余人，正由通县向北平行进中。
>
> 4.卢沟桥附近之日军，截至现在止，大部仍未撤退。[①]

同日，何应钦也以特急电的方式，告知宋哲元：“卢事日趋严重，津市遍布日军，兄在津万分危险，务祈即刻秘密赴保（定），坐镇主持。”[②]

日本派兵声明与增兵事实大白天下，事态紧急，不但南京政府警示宋哲元赶快行动，二十九军内部的张克侠也向宋哲元提出：“现在已到民族存亡关头，不战将成千古的民族罪人；战而不胜虽败犹荣。按现在敌我形势，我占优势，可以在敌人增援前抓住战机击败敌人。”[③]但是，宋哲元此时却仍然不愿做开战准备，他的内心深处，与其说依然抱有和平幻想，不如说竭力避战，他不愿因率先对日作战而损耗自己的兵力，进而失去自己在华北的控制能力。

---

① 中共中央党校党史资料室：《秦德纯致钱大钧密电》（1937年7月12日），《卢沟桥事变和平津抗战》（资料选编），中共中央党校科研办公室1986年印行，第151页。

② 中共中央党校党史资料室：《何应钦致宋哲元密电稿》（1937年7月12日），《卢沟桥事变和平津抗战》（资料选编），中共中央党校科研办公室1986年印行，第151页。

③ 张克侠：《七七事变后实况》，《卢沟桥纪事（读·党史第27辑）》，中共党史出版社2017年版，第60页。

就在同一天，宋哲元对迫在眉睫的战争危机视而不见，竟然公开向日军发出祈求和平的谈话，声称：

此次卢沟桥发生事变，实为东亚之不幸，局部之冲突，能随时解决，尚为不幸中之大幸。东亚两大民族，即是中日两国，应事事从顺序上着想，不应自找苦恼。人类生于世界，皆应认清自己的责任。余向主和平，爱护人群，决不愿以人类作无益社会之牺牲。合法合理，社会即可平安，能平即能和，不平则不能和。希望负责者以东亚大局为重。若只知个人利益，则国家有兴有亡，兴亡之数，殊非尽为吾人所能意料。①

日军已经磨刀霍霍，而身为冀察当局之首、二十九军之长的宋哲元，居然还在奢望“中日两国，应事事从顺序上着想，不应自找苦恼”，大谈“向主和平，爱护人群，决不愿以人类作无益社会之牺牲”。宋的这番公开言论不说装聋作哑，也称得上故作天真。国内舆论一片哗然，全国民众大失所望。蒋介石立即于次日向宋发电，告其“卢案必不能和平解决”，表明“中央决定宣战”，劝其“与中央共同一致，无论和战，万勿单独进行”，并要其“处处固守，时时严防，毫无退让余地”。

但是，宋哲元对于蒋介石的劝告置若罔闻，也回绝了南京政府要求其“速回保定，坐镇指挥抗日”的命令。相反，他一厢情愿，继续抱着他的和平幻想设法与日军交涉。

日本新任华北驻屯军司令香月清司是12日到达天津的。为了探得香月清司对华北问题的意向，宋哲元急忙派出张自忠偕邓哲熙前往会见。13日，宋哲元向日方表示退让：

（一）14日早开始（北宁路）第一列班车以后，列车运行正常化；

① 何基沣等：《七七事变纪实》，《文史资料选辑（合订本）》（第1卷第1—4辑），中国文史出版社2000年版，第17页。

（二）解除北平戒严；

（三）释放逮捕的日本人；

（四）严禁与日军摩擦。[①]

然而，日方对宋哲元递过来的橄榄枝无动于衷，依然咄咄逼人提出多项无理要求。14日，宋哲元再次向日军妥协，同意由他本人为事件道歉，处分二十九军中的“责任者”，罢免、取缔排日要人及组织，以及保证未来不发生类似事件等。18日，宋哲元做出道歉姿态，亲自赴原驻屯军司令官田代皖一郎的葬礼，并面见新上任的驻屯军司令官香月清司。

19日，是日军要求二十九军做出答复的最后期限。当晚10时，香月清司发出威胁“从20日午夜以后，驻屯军将采取自由行动”，以逼迫二十九军做出决断。1小时后，张自忠、张允荣代表冀察当局和二十九军，与驻屯军参谋长桥本群秘密签署了如下协定：

一、彻底弹压共产党的策动；

二、对双方合作不适宜的职员，由冀察方面主动予以罢免；

三、在冀察范围内，由其他各方面设置的机关中有排日色彩的职员，予以取缔；

四、撤去在冀察的蓝衣社、CC团等排日团体；

五、取缔排日言论及排日的宣传机关，以及学生、群众的排日运动；

六、取缔冀察所属各部队、各学校的排日教育及排日运动；

又、撤去在北平城内的第三七师，由冀察主动实行之。[②]

虽然宋哲元否认上述与日军的秘密协定，并拒绝向南京政府汇报与日军“现地交涉”的具体内容，但他回北平之后的一系列行动，却让这一秘

①② 日本防卫厅防卫研究所战史室著，田琪之译：《中国事变陆军作战史》（第1卷第1分册），中华书局1979年版，第173页、第184页。

密协定不言自明。

20日清晨，终于回到北平的宋哲元下令第三十七师撤出北平城到西苑集结；接见日本特务机关长松井、华北驻屯军参谋等，向其保证阻止中央军北上部队前进；向北平市民发出安民布告，声称“深望中日两国民族推诚相见，共达和平之目的。……此系国家大事，不可听信谣言，妄加疑虑……”通电谢绝全国人民支援二十九军的捐款及慰问品……

然而，宋哲元委曲求全所换来的“和平”，很快被日军的炮火击碎了。19日下午，日军大量兵力已经集结平津附近，日本对此的解释竟是：“无法认为中国方面对实行协定有诚意。”①

缓兵之计达成，日军扩大华北战事所需兵力已经部署完毕。20日下午，日军即以巨炮轰击宛平城和长辛店。宋哲元做出重大妥协签下的所有现地协议，已经被日军弃之如敝屣。

## 四、放弃和平的幻想

宋哲元与冀察当局谋求“和平”的种种举措，不仅给平津抗战带来极大危害，而且对全国抗战造成了消极的影响。宋哲元在津与日军做“和平”交涉期间，包括共产党在内的全国各阶层民众、各政治团体，都发出了强烈的抗议和反对，舆论海啸般排山倒海。

中国共产党首先表明立场。7月21日，中共中央书记处发出《中央关于目前形势的指示》(以下简称《指示》)，一针见血地批评宋哲元：“二十九军将士对于日寇的进攻，到处进行了英勇的抵抗。其最高将领宋哲元、张自忠等则在动摇中。他们企图以对日让步来保持他们在平津及冀察的地位，但是他们的这种倾向将遭受二十九军及华北与全国人民的反对。”《指示》同时肯定了南京政府的应战措施：“南京政府与蒋介石对此次

① 日本防卫厅防卫研究所战史室著，田琪之译：《中国事变陆军作战史》(第1卷第1分册)，中华书局1979年版，第188页。

事变表示了前所未有的强硬态度，在军事上亦已调动军队向河北、晋、绥边境集中增援并下令全国准备应战。”《指示》指出事变发展的两种前途：“或者是事变发展为积极的抗战，以至发展到全国性的抗战，这是全国人民的要求，也是挽救平津与华北与全国免于沦亡的唯一出路；或者是由于冀察当局的让步，由于南京对于发动全国性抗战的迟疑及英法的态度而暂时求得妥协。但这种妥协对于中国完全不利，它只能把平津华北葬送给日寇作为以后继续侵略的有利阵地。”《指示》最后提出中国共产党及其领导的工农红军当前的任务和口号：“我们的总任务，是在争取第一个前途的实现，反对一切丧失任何中国领土主权的妥协。我们的口号是：武装保卫平津，武装保卫华北，不让日本帝国主义占领中国寸土，驱逐日本帝国主义出中国。”①

25日，中共中央又向全国各界发出《为日本帝国主义进攻华北第二次宣言》，指出：

> 冀察当局宋哲元已接受日方提出下列3个条件，……这些丧权辱国的条件同全中国人民与中国共产党保卫平津，保卫华北，不让日本帝国主义占领中国寸土的要求完全相反，与蒋介石先生7月17日对于卢沟桥事件之最低限度的4点立场……亦完全相反。我们的政府与人民万万不能接受这种投降屈辱而得条件！我们坚决反对冀察当局宋哲元接受这类亡国灭种的条约！我们要求为保卫平津，保卫冀察的每一寸土地而血战到底……平津冀察的存亡千钧一发。我们应该向全世界宣言，我们对于日本帝国主义的侵掠，再不能有任何的让步与妥协了……因此，我们必须坚决反对冀察当局宋哲元对于日寇的让步与妥协……我们决不能对于宋哲元的投降屈辱的“已成事实”与中日间的所谓“地方解决”，表示默认

① 中央档案馆：《中央关于目前形势的指示》（1937年7月21日），《中共中央文件选集》（第十册），中共中央党校出版社1989年版，第290—291页。

与软化……①

其他各界有识之士也纷纷拍案而起，向宋哲元剀切陈词，要其放弃幻想，准备抗战。北平教育界派出代表专程赴津谒宋陈述利害；北京大学全体教授发表宣言揭露日军暴行，大声疾呼："我民族纵爱好和平，但不能放弃卫国的职责……现在和平的希望，已到了绝续的关头了。"②全国各界救国联合会、全国学生救国联合会致信宋哲元，呼吁："务望继续抗战，勿蹈丰台复辙，以保持贵军之光荣，维领土主权之完整，全国人民，决督促中央，共为后盾。"③7月18日，宋哲元吊唁田代会见香月当天，上海新闻记者公会致电宋哲元及二十九军将士，指出："吾人求和平不可得，舍应战无他途。国家存亡，系于一发，华北安危，全赖公等，祈速摒弃和议，继续抗战。"④同日，上海工农学商各界15团体致电宋哲元，表示："贵军将士忠勇爱国，夙所钦佩，务祈秉承中央指示，发挥抗敌力量，拒绝屈辱条件，保存光荣历史。"⑤

19日，天津《大公报》发表题为《时局到最后关头》的社论，向宋哲元发出忠告："我们盼望冀察军队最高指挥官宋哲元先生，尤其要注意。须知中华民族，是荣辱生死与共，只有共同奋斗是活路，并且必定成功。全国对宋先生是信任其爱国的。当此时机，需要宋先生格外努力。"⑥

言辞更为激烈的张佛泉教授，在《我们没有第二条路》一文中严正指出："宋哲元将军是想占历史一页的（这自然是指流芳而言），喜峰口一战，他已占了半页，现在是他填另外半页的时候了！我们希望他把握得稳，往

① 中央档案馆：《中共中央文件选集》（第十册），中共中央党校出版社1989年版，第293—296页。

② 中共中央党校党史资料室：《北京大学全体教授为卢沟桥事件宣言》，《卢沟桥事变和平津抗战》（资料选编），中共中央党校科研办公室1986年印行，第362页。

③ 中共中央党校党史资料室：《全国各界救国会全国学联电勉二十九军将士》，《卢沟桥事变和平津抗战》（资料选编），中共中央党校科研办公室1986年印行，第393页。

④ 《上海新闻记者会致宋哲元暨二十九军将士请继续抗战电》，上海《大公报》1937年7月20日。

⑤ 《上海市商会等15团体致宋哲元电》，上海《大公报》1937年7月20日。

⑥ 天津《大公报》1937年7月19日。

远大处着眼，以祖先和子孙的尊荣幸福当作目标，准备作一次悲壮的大决斗！”[①]

以上言行可见民意所向，亟盼宋哲元改弦更张，悬崖勒马立即回归抗日立场。不单单社会舆论如此，就是二十九军内部，多数官兵也不愿意向日军妥协，将士们一腔热血，盼望在战场上与日寇决一死战，捍卫国家主权和领土完整。

宋哲元在谋求“和平”期间，命令部队只准死守，不准出击，致使日军来犯时，前线部队陷于被动，既无统一行动部署，又无弹药接济，运输、通信、救护等战斗必备条件均十分缺乏。但是，前线官兵在当地民众的支持下，依然英勇战斗，多次打退来犯之敌，用生命与鲜血验证“与城桥共存亡”的誓言。如20日下午，团长吉星文率部顽强抗敌，身先士卒，身负重伤。事实上，官兵们对“不准出击”十分抵触，有些部队并未完全遵守“不准出击”的命令，他们或“相机处理”，或“以攻为守”，多次袭击敌人，打了不少胜仗。

最终，宋哲元对和平解决卢沟桥事变的孜孜以求，并没有获得日本的一丝回报；相反，因丧失了准备抗日的良好时机，让日军掌握了更多的主动，使其更加嚣张跋扈。狡诈的日军一面与宋哲元周旋，一面抓紧时间做扩大战争的准备，从秦德纯与松井签订《卢沟桥事件现地协定》的第二天起，日军援兵就源源不断地向华北开来。同时，现地日军对中国驻军的挑衅不仅丝毫没有收敛，反而变本加厉：

18日，日军飞机3次轰炸中国列车；

19日，日军劫夺塘沽码头设备；

同日，日本朝鲜军第二十师团在师团长川岸文三郎率领下，由朝鲜龙山开抵华北，集结于唐山和山海关；

20日，关东军独立混成第十一旅团主力到达高丽营；

同日，6000名日军到达天津；

① 《独立评论》1937年7月25日。

> 同日，卢沟桥地区日军狂轰宛平城、长辛店；
>
> 21日，大批日军抵达丰台，日机结队在北平上空飞行；
>
> 22日，日机50架飞抵天津，另有机械化部队开到华北；
>
> 23日，日军在卢沟桥、宛平城、大井村一带赶筑工事，另有天津日军以40辆载重汽车向丰台运送军火；
>
> 25日，集结于平津地区的日军已达6万以上。[①]

当日军完成了最后的兵力部署，图穷匕见的时刻到了。张自忠在天津欲访香月清司询问日军是否按约撤兵，香月称病不见；今井武夫更是彻底翻脸，公然否认日本答应中日双方同时撤兵的条件。

日军的背信弃约彻底打破了冀察当局的和平幻想，宋哲元此时终于醒悟与日谈判无异于与虎谋皮。一面是日本侵略者欲壑难填的无耻贪婪，一面是中国共产党及全国民众汹涌澎湃的抗日呼声，以及蒋介石和南京政府的压力，何去何从，留给二十九军和冀察当局的只有守土抗日一条道。

7月25日，宋哲元停止与日军的所有交涉谈判，开始部署抗敌：冯治安的第三十七师停止南调，在北平城外集结待命；石友三保安队速赴西苑布防；第一三二师所属之独立第二十七旅进驻北平，该师主力在永定河以南集结，师长赵登禹在南苑任指挥官；在北平的察哈尔省主席、第一四三师师长刘汝明即速回察，准备作战。

宋哲元态度的转变以及四处遣将调兵的举动，自然引起了日军的关注，他们自然不会置若罔闻，听之任之。25日下午，松井与今井急吼吼跑来质问宋哲元，要求二十九军马上撤军。然而这一次，决心已定的宋哲元不再对他们妥协退让，以礼相待。他们碰了钉子，无功而返。26日，不甘心的松井再次向宋哲元提出华北驻屯军的最后通牒，要求第三十七师撤出西苑驻地，并耀武扬威地威胁说："条件接受当做，不接受也当如此做。"宋哲元大为光火，立即命令秦德纯提出口头抗议，秦最后干脆地回答松井："吾人可在枪炮上见面。"

① 天津《益世报》1937年7月26日。

事已至此，双方和谈无以为继。宋哲元在26日召见外交部特派员孙丹林，告知“战事恐不能免，外交大计仍应由中央主持”，这与3天之前他认为“卢案和平解决已有七成希望”大相径庭，表明宋哲元终于放下和平幻想，将和南京政府团结一致，共同抵抗日本侵略军。

宋哲元最终的选择让二十九军上下官兵一扫往日压在心头的苦闷，摆脱了只守不攻、被动挨打的局面。25日，何基沣率领第一一〇旅，猛烈反击日军的进攻，全体官兵一鼓作气，收复了丰台大部。虽然由于日军后援到来，丰台最后失守，但这一场战斗依然证明了二十九军坚韧与顽强的英雄本色。

# 第四章 平津抗战

"现地交涉"陷于绝境，表明以宋哲元为代表的冀察当局和平幻想的破灭。其实，利用宋哲元的心存侥幸和一厢情愿，日军已经争取到了运兵部署的时间，因此，无论宋哲元最终采取何种态度，日军都会实施进攻二十九军、夺取平津的作战计划。中日两军在平津地区的大规模对抗在劫难逃。

## 一、廊坊阻击战

日军扩大华北战事的首选目标就是华北的中心城市——北平。为此，日军早有周密的军事计划，编织了一张合围北平的大网。尤其在香月上任之后，短短几天内，通过日本军部将平津地区的总兵力增加到近10万人。当时，平津地区中日兵力分布情况如下：

日本方面：步兵计有华北驻屯军旅团；由朝鲜开来的第二十师团（下辖第三十九、第四十旅团共4个步兵联队，另有骑兵、野炮、工兵各1联队）；由公主岭开来的关东军独立混成第一机械化旅团（下辖2个步兵联队，骑兵、野炮、山炮各1联队，另有工兵、辎重各1中队）；自古北口开来的关东军独立混成第十一旅团（下辖步兵1个联队，轻战车2个中队，轻装甲车1个中队，野炮兵1个大队，工兵1个中队）。上述兵力总计近6万。空军部队有：由关东军抽调航空兵编成的集成飞行团；由日本国内抽调编成的航空兵团，总计24个中队，拥有222架飞机。另外，日本内阁于7月27日决定，将原本在日本国内的第五、第六、第十师团派往中国华北，29日集结出发。

中国方面：由于中央政府军已经被迫撤出华北，华北地区只留下二十九军孤军奋战。卢沟桥事变后，南京政府虽然计划派兵北上，但由于日军使用明和谈、暗备战的伎俩，致使宋哲元首鼠两端，南京政府进退两难，北上援军滞留不前。因此，中日全面军事对抗开始后，北平及附近地区只有冯治安的第三十七师和赵登禹的第一三二师，另有兵力分驻北平、天津各地的张自忠的第三十八师，此外，还有刘汝明的第一四三师驻守察哈尔省。二十九军的总兵力约10万。

即将在北平周边地区开始的这场大战，敌我力量的差距是显见的。虽然二十九军在兵力总数上略占优势，但由于驻地分散，尤其是刘汝明部远在察哈尔，远水救不了近火，不如兵力集中、准备充分的6万日军，进攻矛头直指北平。更何况二十九军的武器装备与日军相去甚远，不在同一层级。日军的重炮、坦克、战车，无论是数量还是质量，都是二十九军无法企及的，且日军还有200多架飞机参战，构成火力猛烈的立体进攻，这使得二十九军的劣势雪上加霜。

卢沟桥事变爆发后，由于兵力有限，老谋深算的日军没有在卢沟桥以外地区扩大战场，也暂时没有利用铁路运兵。那时日军向北平增兵并不利用铁路运输，而是从天津徒步行军或乘汽车至北平，因而，日军并没有将廊坊作为占领目标，这给冀察当局造成“卢沟桥事变是地方事件”的错觉，未能引起应有的警觉。再加上宋哲元等二十九军的领导层有保住平津地盘和实力的私心，多种因素造成冀察当局始终对日本侵略者抱有和平幻想，把更多的精力花费在寻求通过谈判来解决冲突，所以廊坊一带暂时比较平静。直到7月25日，随着大批援军的到来，占领北平的战斗已经蓄势待发，日本侵略者这才将占领廊坊这个具有重要战略地位的平津要冲，提上日程。华北驻屯军一面压迫宋哲元接受种种苛刻条件，一面暗度陈仓加紧谋划部署。

廊坊位于天津和北平两市之间，北宁铁路从小镇中间穿过。廊坊火车站是天津和北平之间的一个大站，控制着北宁铁路交通。对二十九军而言，固守廊坊能钳制日军增援部队由天津方向北上，如果失去廊坊，北平与天津之间的交通即被切断，日军就可以分兵包围北平和天津，使两地因不能相互支援而被各个击破。对日军而言，攻下廊坊，就打通了华北两座大城市之间的线路，进而可一举拿下整个平津地区。可以说，攻打廊坊是日军侵占平津进而占据华北“计划表”中的关键步骤。

廊坊镇里没有大的建筑，除两栋西式小楼，全是平顶房；镇外地势平坦开阔，无险可据。当时守卫廊坊的是二十九军第三十八师一一三旅旅部所属的二二六团，旅部、团部及特务连均驻扎在铁路以南；一营驻扎在火车站票房的对面；二营驻扎在廊坊以东的武清县；三营驻扎在铁路北侧新建的三排营房里；迫击炮连驻扎在铁路北三角地北侧一个货栈内；机枪连驻扎在车站北侧的大官庄村。

二二六团的团长崔振伦是山东淄博人，1916年参加护国军，从此跻身行伍。他深明大义，有着强烈的民族意识和爱国思想，主张积极备战抵抗日本侵略。早在卢沟桥事变爆发前，他就以全团官兵名义向三十八师师部上书请命，要求开到前方杀敌，但是师长张自忠忙着往来于平津与日军和谈，自然没有同意他的要求。不久，冀察当局与日军签订妥协协定，二二六团更是被严令不得出击日军。眼看着日军通过廊坊的杨村公路整装齐发，源源不断向北开去，到卢沟桥攻打自己的兄弟部队，而自己多次请求出战却被阻止，二二六团的官兵们心中极为苦闷，对日本侵略者的憎恶无以复加。崔振伦在自己的回忆录中写道：

> 每逢国耻日，馒头上印上“勿忘国耻”4个字，或者让官兵都躺在铺上凝视天棚，不吃饭，想一想，以示不忘国耻。有伙食节余的团营就买几头活猪，拉到操场用黄纸糊在猪身上，写上“日本帝国主义”，让各连队向猪做冲锋动作。哪个连队刺死了猪，哪个连队就抬走吃了。吃饭时唱《吃饭歌》：“这些饮食，人民供给；我们应该，为民努力。帝国主义，国民之敌；为国为民，我辈天职。”①

① 崔振伦：《廊坊抗战始末》，《七七事变——原国民党将领抗日战争亲历记》，中国文史出版社2015年版，第126页。

崔振伦对日军有比较清醒的估计，卢沟桥事变后，虽然廊坊暂时比较平静，但他在二二六团已开始做如下准备：将随军眷属限期送走；团部由路南居民区移到路北，并构筑了防御工事；将车站的街市隔离开，用旧枕木和麻包封堵了各街口，在房顶上垒起各类掩体；迫击炮连和机枪连对假设目标测定好距离；车站两端布置了便衣队，携带扒路工具，准备在必要时迅速拆除铁轨。

从7月11日开始，日军就不断到廊坊挑衅、侦察，为攻占廊坊找借口、做准备。他们的侦察兵偷偷地窜进廊坊火车站，搜集军事情报，爬上电线杆窥视我军的军事部署情况，并把所获得的军事情报用信鸽传回他们的指挥所。

到7月20日，日军第一批增援部队第二十师已抵达天津、唐山、山海关一线；独立混成第一旅和第十一旅，分别集结于怀柔和高丽营地区。日军进攻平津的条件已经成熟，只待时机动手了。

7月23日晚，廊坊火车站接天津站紧急情报，一辆载有日军的专列已从天津驶出开往北平，二二六团按理应该阻止日军北进。但此时，二二六团却进退维谷：打吧，上级不准；阻止吧，又没办法。廊坊车站站长李益三急中生智，和团长崔振伦商定，命令杨村、落垡两站的所有人员带上所有铁路专用工具，即刻撤往廊坊站，一跑了之。没有铁路沿线人员的配合，日军的列车就无法开进廊坊站，从而有效地起到阻止日军兵车北进的行动的作用。正是根据这个情况，具有长期作战经验的崔振伦，意识到廊坊危在旦夕。

7月25日，宋哲元在北平与日军谈判彻底破裂。当天下午，二二六团接到师部报告，有日军兵车由天津向廊坊开来。4时30分，日军兵车进入廊坊站。车上日军为第二十师团七十七联队十一中队，有200余人，中队长叫五之井淀之助，军衔中尉。崔振伦派二二六团中校团副杨遇春等随安次县驻廊坊公安分局局长一道前去交涉，要求日军尽快离开。但是，该列车的日军到达后，却声称需要修理铁路沿途通信线路，而这一段线路正巧通过中国守备区。平时，日军修理电话线仅派几人即可，但这次竟然派来一个中队，中方自然不同意。双方争执时，日军居然强行下车并反客为主，在车站布置警戒，禁止行人进出车站，全然不顾这是中国守军的驻地。日军的蛮横行为自然引起二二六团官兵的愤慨。团长紧急将日军此行报告北平冀察政务委员会。北平来电命令二二六团严密监视日军，第三十八师师部也在同一时间指示第一一三旅旅长刘振三："让敌人的列车进站或通过，不让敌兵出站进街。"[①]崔振伦奉命与日军交涉，向日军说明他们只能在站内活动。但日军声称不出火车站无法修理电话线，因此必须出站。不仅如此，日军还进一步提出要在廊坊宿营，其占据廊坊的用心已昭然若揭。中方一口回绝，说明此地为中国军队驻地，绝对不允许日军在此驻扎。日方不做理会，执意停留。双方反复交涉，仍然争执不下。最后日军竟趁中方交涉人员离开时，分成几个组列，每组30人至50人，全副武装，强行出站。出站的日军并没有去修理什么通信设备，而是选择有利地形公然在廊坊镇内构筑工事。中方立即前往阻止，日军竟然蛮横提出要中国驻军让出营房供他们使用。

日军的无赖之举让二二六团官兵忍无可忍，虽然当时中国守军被上级要求"备战避战不先敌开火"，但任何负有守土之责的军队都不可能让敌军在自己的眼皮底下修筑工事而无动于衷！以三营营长邢炳南、九连连长宋再先为代表的官兵集体向团长崔振伦请战，欲求先发制人，以取得主动。就在崔振伦向旅长刘振三请求开战的时候，屋外突然响起了机枪和手榴弹爆炸声。刘振三立即打电话向师部报告："日军已向我军发起进攻！我们不能等着挨打！"[②]此时，三营九连一个叫王春山的战士，在连长宋再先的示意下，集中了5挺轻机枪一齐向日军扫射，敌军纷纷应声倒下；十连排长在一家饭馆房顶上（当时二二六团在廊坊商民的平房顶上都设有隐蔽哨所，日军还没发现），向敌群投下一捆捆集束手榴弹，炸得敌人血肉横飞。之后，交战双方源源不断地增加兵力展开激战，日军增派援军1000余人，战斗一直持续到第二天天明。此次战斗共歼灭日军100余人。

崔振伦在《廊坊抗战始末》中回忆：

①② 崔振伦：《廊坊抗战始末》，《七七事变——原国民党将领抗日战争亲历记》，中国文史出版社2015年版，第132页。

廊坊的抗日战争就是这样开始的。这次因为敌人没重武器，只有重机枪、小口径炮，特别是立足未稳又加上他们轻敌，所以伤亡很大。当时已进入黑夜，只听见敌人的伤兵鬼哭狼嚎。敌人曾数次使用猛烈火力作掩护，抢运伤兵，均被击退，又伤亡不少。我军是以主待客，早筑有一定强固程度的工事；又违背了上级命令，先敌开火，争取了主动，因之伤亡不多，损失不大。[①]

日军原以为没有上级的开战命令，廊坊守军不敢大胆出击，他们只要稍作威吓，就能轻易占领廊坊，因此十分轻敌。然而实际情况却出乎他们的意料，二二六团的官兵上下一心，先下手为强，果断地向来犯之敌发起猛烈攻击，打得首次发起进攻的日军丢盔弃甲，吃了大亏。在天津的华北驻屯军总部得到消息，气急败坏，连夜集合部队。半夜12时，派出鲤登大佐率第七十七联队主力急往廊坊增援。26日凌晨3时30分，第二十师团又将驻扎在天津、山海关之间的部队向平津方向移动。同时，驻屯军还命令广部广少佐率第二联队第二大队，乘火车到北平，受冈村中佐指挥，如廊坊附近战斗情况需要时，参加战斗。

《东京日日新闻》特派员冈部于26日从廊坊发出的报道里，记录了中日军队在廊坊最初交战的情形。不过，在冈部的报道中，中日军队在廊坊交战的原因竟然是：

25日晚上11时30分，驻屯廊坊的张自忠麾下的第三十八师的士兵约一千人，向我军廊坊监视队伍之井部队非法开火。26日凌晨1点5分中国军队的迫击炮开始进行炮击。

这个被断章取义、颠倒的“事实”成为日军侵占廊坊的蹩脚借口。

26日拂晓，敌人援兵乘两列火车开到廊坊。8时起，日军开始向中国军

① 崔振伦：《廊坊抗战始末》，《七七事变——原国民党将领抗日战争亲历记》，中国文史出版社2015年版，第133页。

队发起疯狂进攻。27架飞机分成9个组，在廊坊上空轮番扫射、轰炸；数十门大炮、数辆装甲车在廊坊镇里横冲直撞、盲目射击。炮火之下，300余间房屋被炸毁，现场一片火海，居民伤亡100多人。轰炸之后，日军步兵在装甲车的掩护下，向二二六团营区凶猛地扑过来。在敌人猛烈的攻击下，营区阵地工事被毁，营房成为废墟。团部和第三营的行李全部丢光，只抢救出部分文件。但官兵们没有退缩，他们顽强地抵抗敌人的进攻，将仅有的4门八二迫击炮集中起来，以活动阵地的方法向敌人射击，每打五六炮就迅速转移阵地；失去工事掩体的步兵则利用高粱、芦苇作掩护，向敌人射击或投掷手榴弹。就这样，双方你来我往相互射击，到中午12时，二二六团已经有四五十名战士伤亡，并与北平、天津都失去了联系，无法了解卢沟桥方面的情况，也得不到军部和师部的指挥，事实上形成了在廊坊孤军奋战、盲目作战的局面。

时任二二六团第三营营长的邢炳南在《激战廊坊车站》一文中详细地记载了26日的廊坊争夺战：

> 此时驻廊坊车站营房内的部队，仅有二二六团第三营，其第九连还驻在站台附近的民房内。廊坊车站之敌得到增援后，便于26日凌晨二时开始向我炮击，三营当即以迫击炮还击。从此时起和天津的电话便中断了。三营的主力进入营房围墙的既设工事，并将原驻民房的第九连也撤到围墙的工事中，全力抗击当面之敌。日军以步炮联合向我发动的攻击，都被三营击退。26日拂晓，忽然听到嗡嗡的声音由远而近，原来是日军飞机一队（九架）由天津方向飞来，到廊坊上空稍事盘旋侦察，即向我毫无防空设备的营房进行低空轰炸扫射。敌军同时向我发起进攻。此后，敌机即以九架为编队，不间断轮番轰炸我营房。上午十时，营房已被敌炮火和飞机炸成一片废墟。但是三营全体官兵，凭借着营房围墙的既设工事，依然沉着应战，不仅击退了敌人的疯狂进攻，而且伤亡也很少。有些士兵被炸起的土埋了，他们从土里爬出来，换个地点，继续抗击来犯之敌。

《中央日报》也对这一天的战斗进行了详细的报道：

> 日军60余名，乘载重大汽车3辆，由津过武清开抵廊坊增援。26日晨5时，廊坊上空忽有由东北飞来日侦察机一架。5时15分，有日军轰炸机4架，飞抵廊坊上空，向我军营房投炸弹达50余枚，我方损失极重。同时，据守车站内日军300余人向我军猛烈攻击。因电话已不通，我前方部队只得沉着应战，坚守原防。5时20分，复有日军兵车一列，上载日兵300余名，铁甲车7辆，上载大炮10门，抵达廊坊。5时25分，有由津新站开来日兵车一辆，上载日军1400余名。日方轰炸机于5时35分飞去，6时10分，日轰炸机4架又飞来，掷弹数十枚。日军大批增员军到达，共达2000余名。我军因日军轰炸及猛攻，伤亡甚重，乃退出营房，在廊坊北宁铁路南北高梁地内布防。10时20分，日侦察机、轰炸机混合队17架飞抵廊坊我军防地及廊坊附近掷弹，同时日军仍向我猛攻，我军民伤亡达千人。截至下午1时许，我军渐向廊坊西北方向集中。

透过历史的烟尘，今天的人们仿佛依然能看到当年那一场战斗的激烈。从日本《大阪朝日新闻》的影印件中可以看到这期报纸以两个版面的篇幅刊登了此次战斗的图片和文字：

> 大概快到上午8时的时候，中国军队猛烈射击的机关枪又发出可怕的声音，枪弹穿过车站“扑哧扑哧”地打在一所房子的墙壁上，之后又反弹回来，太可怕了……大街上残留的血迹、正在燃烧着的没有爆炸的炮弹、街角处的大坑以及被摧毁的房屋（仿佛）都在惊恐地讲述着刚刚经历的噩梦……

由于团部和营房已经被炸毁，廊坊对中国守军而言已经没有死守的必要。下午1时左右，二二六团的几个指挥官商量，决定先主动撤出廊坊，到安次县城暂作休整。为了防止敌人追击或拦截，他们把两个营的大部分轻机关枪和团的迫击炮交给第三营，由第三营掩护其他部队撤退。三营一名叫张永贤的连长在掩护大部队撤退时，发现一列从天津开往廊坊的日军运兵车正缓慢地驶过落垡站，他灵机一动，立即命令战士在铁路上快速埋设了许多手榴弹，等敌军列车驶过手榴弹炸响后，集合本连所有的9挺轻机关枪同时向日军扫射。如同天降神兵，日军被这出其不意的攻击惊得晕头转向，伤亡惨重。就这样，第三营与日军交战至夜幕降临，才完成掩护任务，与大部队在安次会合。

25日、26日两天连续交战，中日两军虽各有胜负，但廊坊丧失对整个卢沟桥战事影响极大，二二六团全体官兵极不甘心。在安次稍作休整后，决定在27日偷袭日军，夺回廊坊。团长崔振伦与部下商议做出如下部署：

第一营附迫击炮连（缺两门炮）以及轻机枪四挺，由营长左景春带领为主攻，以夺回廊坊全歼守敌为目的。

第五连附两门迫击炮及两挺轻机枪，由赵营附带领占领落垡站，破坏铁道，堵截由天津增援之敌，确保主攻方面的安全。

第六连附轻机枪连（缺6挺）为预备队，随团长行动，并将由安次县城关到北史家务村的电话线路修整完毕。

27日下午，二二六团由安次县出发，在黄昏前到达离廊坊10公里左右的北史家务村，医务所、伤兵收容站以及其他一切非战斗人员均在此安营扎寨，一切准备就绪后，各路人马按部署分头行动。

团长崔振伦亲自带预备队进至廊坊车站西1华里的蔡庄，向廊坊站发起进攻。此时，二二六团投入的兵力是日军的两倍之多，官兵们对廊坊的地形、市街又相当熟悉，因此打起来相当顺手。他们主要攻击目标是来往于廊坊站列车上的伤兵，其次才是廊坊的守军。敌人没有料到二二六团会来这一招“回马枪”，因此措手不及，十分慌乱；而这边中国官兵个个士气高涨，面对夺走廊坊驻地的日军，那就是仇人相见，杀红了眼。仅仅经过一个小时的战斗，敌人伤亡重大，廊坊站的守备之敌除死伤外，大部分都仓皇逃走，剩下的少数躲在建筑物内做绝望的抵抗。可以说这次偷袭廊坊打了一个大胜仗。

但是，随着日军增兵到来，二二六团依然处于寡不敌众的境况，尤其缺乏空中的火力支援，面对武器先进的日军，无法重新占据廊坊。只能见好就收，在重创廊坊的敌军后，再次回到安次县休整。

安次县的民众热烈欢迎打了胜仗的二二六团官兵，当天的广播和天津各报都在宣传二二六团收复廊坊、歼敌若干……虽然有些夸张，但打了个主动胜仗确是事实。28日，二二六团接到命令去支援天津的作战。

廊坊虽然失守，但是在这为期3天的战斗中，中国守军表现出旺盛的斗志，给了日军沉重的打击。尤其是二二六团的出击，最初是在未经上级部门命令的情况下进行的，当时无论是团长崔振伦，还是营长、连长，都对未经命令即向日军开枪有些忐忑不安，害怕受到上级的处分。但是，由于此时宋哲元等二十九军上级军官在与日本的谈判中已经打定了抵抗的决心，因此，最后他们不仅没有受处分，反而受到了嘉奖。

廊坊战斗发生后，宋哲元的抗日态度更加坚决，他一面向崔振伦等发出“和谈绝望，遇敌就打”的命令，一面命令独立第二十五旅六七九团刘汝珍部增援廊坊（中途又改令刘部进驻北平，担任北平城防）。事已至此，宋哲元也不再阻止南京政府派兵北上，他电告中央：日军向廊坊发动进攻，“我军四面受敌，现已撤出阵地。平津交通已被切断，战事恐不可免”，“拟请速饬庞军集结沧州，以作总援”。①

## 二、激战广安门

日军占领廊坊后，又相继夺占了天津与廊坊之间的北仓、落垡等站，将北宁路交通切断。此时，华北驻屯军大大缩小了对北平的包围圈，占领北平的欲望表现得愈加强烈和急切。

① 《宋哲元致何应钦密电》（1937年7月26日），中国第二历史档案馆：《抗日战争正面战场专题档案资料》，江苏古籍出版社2005年版，第196页。

日军借口保护侨民企图强行进入北平，在广安门与中国守军发生冲突

为了获得更大的兵力调度权，为入侵北平城做准备，26日上午11时，华北驻屯军总部以廊坊事件为借口，向日本参谋本部提出，“恳乞批准随时行使兵力”，同时要求将航空兵团派属驻屯军。远在东京的参谋本部接到报告后，心领神会，立即答复：“中国驻屯军司令官在不得已时，行使武力”，对中国军队“坚决予以讨伐”。[①]

当日，日本参谋本部向临时航空兵团下达命令：

一、临时航空兵团编入中国驻屯军司令官属下。

二、临时航空兵团自现在起受中国驻屯军司令官领导。

三、中国驻屯军司令官可将临时航空兵团置于满洲。

四、关东军司令官除担任临时航空兵力在满洲的兵站业务外，还应援助在华北的此等勤务；

五、第三野战航空厂在通过满洲华国境后，编入临时航空兵团。[②]

①② 日本防卫厅防卫研究所战史室著，田琪之译：《中国事变陆军作战史》(第1卷第1分册)，中华书局1979年版，第194页。

华北驻屯军的阴谋再次得逞。自卢沟桥开战后，华北驻屯军与中国守军谈谈打打、打打停停，冲突不断，其目的有二：一是向日本国内提供要求增兵的理由，并拖延时间等待援兵的到来；二是利用宋哲元的冀察当局想在日本和南京中央政府的夹缝中求生的欲望，软硬兼施，逼迫宋等就范，达到小战即胜甚至不战而胜的目的。

因此，廊坊事件发生后，日军心急火燎地谋划迅速进入北平城的途径。他们向二十九军提出了更为严苛的要求，包括三十七师撤出北平和西苑等，摆出兵临城下的架势。

北平是华北的中心，一旦失守，则危及整个华北。面对虎视眈眈的日本侵略者，冀察当局曾苦心求和以保现状，无奈日军得陇望蜀，贪得无厌。不得已之下，二十九军的高层对北京城内外的布防也下了一番苦心。

北平城外的防御部署：

刘汝明的一四三师和骑兵第一十三旅驻察哈尔省和河北省内的平绥铁路沿线，卫戍北平北部；赵登禹的第一三二师在北平西面的永定河以南集结，卫戍北平西部、南部和河北邯郸市大名县及沧州市河间县一带；冯治安的三十七师师部设在保定，其何基沣一一〇旅驻西苑、八宝山、卢沟桥和长辛店一带。陈春荣一〇九旅和张凌云独立二十五旅驻保定和任丘。骑兵第九师驻南苑和河北保定市易县、廊坊市的固安县。张自忠的第三十八师师部设在北平南苑（驻有三十八师特务团大部），卫戍南苑、团河（三十八师特务营）、北苑、昌平、小汤山、廊坊、天津周边并继续留驻天津监视驻屯军司令部。若战事一开，三十八师进攻驻屯军司令部，一四三师出南口进攻昌平、密云和高丽营，占领之后阻止关东军通过古北口越过长城增援。

北平城内的防御部署：

第三十七师刘自珍一一一旅留守北平城内；一三二师所部石

振刚的独立第二十七旅进入北平与第三十七师共同承担北平城防。刘自珍一一一旅的二二一和二二二团防守北平的德胜门、西直门和阜成门的西北方向。石振刚旅的六八一团防守从朝阳门、东直门到安定门的东北方向。六七九团防守广渠门、东便门、左安门、永定门、右安门、西便门到广安门一线的外城。三十八师阮玄武的独立第三十九旅驻北苑，冀北保安司令部驻北平北面的黄寺，特务旅及骑兵第九师部分驻南苑。

布满华北的日本大小军事间谍可谓无孔不入，这让日军对二十九军对北平城内外的布防十分清楚。但为了达到以少胜多甚至不战而胜的目的，他们依然用其惯用的欺骗伎俩。

26日下午2时左右，从廊坊撤出的日军步兵第二联队第二大队到达丰台车站，换乘26辆卡车，向北平城开来。

大约下午4时，车队到达广安门外。看到城门紧闭，日军便通过二十九军的日本顾问中岛、樱井德太郎和书记佐藤茂按照事先编好的谎言，与驻防广安门的二十九军一三二师第二十七独立旅第六七九团洽谈，声称是日本使馆的卫队七八十人从野外演习回来，要求通过广安门进入北平城内。这时，团长刘汝珍恰好巡查防务到广安门，经协商，双方约定7时左右，让这队“日本公使馆的卫队”（广部大队）从广安门回城。

大概在傍晚7时，佐藤茂果然领兵前来，原说是七八十人，结果一下子来了500余名日军。他们分乘26辆汽车、3辆坦克，全副武装，耀武扬威，来到广安门下。按照约定，中国守军开启城门放行。但是，日军前3辆汽车刚刚进城，双方就发生了枪战。前面部队打起来了，后面的日军气急败坏，急忙往前冲，但由于广安门是内外双层城墙的布局，除了广部大队的12辆汽车不顾一切强行闯入广安门的瓮城外，其余的车辆均被中国守军快速关闭的城门拦在箭楼之外，这样，日军被分隔成城内、城外两部分。日军车队首尾不能相顾，不得不下车仓促应战，一时处于混乱状态。

虽然日本一个大队相当于一个营，而驻守广安门的中国守军只有一个连，兵力悬殊，但中国守军处于居高临下的有利位置。城墙上弹如雨下，手榴弹也纷纷在车旁炸响，日军哭爹喊娘，像一群无头苍蝇，四处逃散。当时广安门还是偏远的地方，城门内外比较荒芜，城内的一些空地上都种着庄稼。闯入广安门城内的日军遭到中国军民的追杀，不少躲进庄稼地里。混乱中佐藤茂受伤，被守军抓获后斩首。樱井德太郎在逃跑中失足跌入粪坑，后被翻译救走。中岛自顾逃命，不见踪影。

战斗持续到晚上9时30分，驻丰台的日军河边正三旅团得知广安门的消息，派出救援部队。经日方寺平忠辅辅佐官与中方冀察政务委员会交涉，中国守军才停止射击。城外日军返回丰台，已经入城的日军分乘13辆汽车，于27日凌晨2时左右进入东交民巷的日本兵营。

据六七九团团长刘汝珍回忆，这一场战斗中国守军打死日军30余人，打伤80余人，击毁日军汽车2辆、坦克2辆，缴获汽车8辆，缴获子弹10余箱、掷弹筒10余个，还有望远镜、照相机以及文件等若干。然而在日方的记录中，广安门事件伤亡19人，其中被击毙2人，伤17人，伤者中包括3名记者。另外陪同樱井顾问上城墙谈判的特务机关翻译川村质郎也被打死，樱井德太郎负伤。

广安门之战可以说是中国守军大获全胜，被全国各大报刊广为传颂，以鼓舞中国军民的抗战信心，如《大时代》杂志在1938年1月刊登署名“老向先生”的抗日通俗唱本——《刘汝珍大战广安门》，唱词中写道：

> 日寇进城刚一半，一声炮响撩城门。城上我军齐呐喊，血海深仇今日伸。一半向内一半向外，单向城下倭寇群。居高临下得地势，炮弹枪弹如雨林……一通捷书报全国，喜煞中华众将军。忙对三军去训话，个个要学刘汝珍。

随着歌曲被传唱，六七九团团长刘汝珍成为家喻户晓的大英雄。刘汝珍是河北献县人，襁褓时丧父，自幼孤苦，但是他有一个亲哥叫刘汝明，是西北军的主要将领，也是冯玉祥的亲信。刘汝珍自小投奔哥哥，年幼的他在兵营中练得一身好功夫，被冯玉祥看中，送往苏联深造，最后从苏联基辅步兵学校毕业。有了这样的经历，刘汝珍在大多是行伍出身的西北军中出类拔萃，成为难得的军事人才。

然而，类似于《刘汝珍大战广安门》这样的传唱也给人一种感觉，似乎广安门一战是中国守军主动出击，结合团长刘汝珍与日军顾问樱井、中岛等人在26日下午日军进城前的协商，无疑会产生中国守军出尔反尔、设计诱歼日军的印象，而日方更是将此次事件发生的责任全部归于中方守军。日方在战史中对广安门事件的记载如下：

> 26日，奉命进入北平市内的广部大队（中国驻屯军步兵第二联队第二大队），14时到达丰台车站，换成二十六辆汽车开往广安门。事前经与冀察当局交涉，约定16时开门。然而，中国方面也许是因为廊坊事件或最后通牒问题而态度强硬起来，城门紧闭准备打仗。经中岛、樱井军事顾问的交涉，19时才开门。当广部大队入城时，先头三辆汽车刚刚通过，城墙上的中国军队便以广部大队为目标猛烈射击。大队以最快速度通过十二辆，后续部队因被射击所阻，使大队分为城内、城外两段。军事顾问尽力镇抚中国军队没有效果，20时广部大队终于应战。中国军队陆续增强兵力将大队包围。丰台的河边旅团长知道这一紧急情况后，21时半派出救援部队。经交涉结果，日军在中国军队隔离下集结，入城的日军部队到公使馆区域，城外部队返回丰台，如此了结。22时过战斗停止。27日2时，广部大队进入公使馆兵营。[①]

但事实并非如此！

广安门城楼连城台通高26米，箭楼连城台通高16.6米，城楼、箭楼和瓮城连为一体，如果真是诱歼日军，恰如瓮中捉鳖，进入城门的日军断无生还可能，不会仅仅丧命几十人。[②]广部大队谎称北平日本公使馆卫队，他们的目的是尽快进入东交民巷的日军警备队兵营，呼应日后更大的事变，

① 日本防卫厅防卫研究所战史室著，田琪之译:《中国事变陆军作战史》(第1卷第1分册)，中华书局1979年版，第195—196页。

② 引自刘岳《广安门事件的诱因与影响》,《北京党史》2015年第3期。

所以，他们做贼心虚，意欲快速通过广安门。

中日军队为什么会在广安门产生武装冲突？二十九军三十七师一一一旅旅长刘自珍——当时所率部队为北平城防守备之一——的回忆似乎可以用来解开这个疑惑。刘自珍在《记北平七七事变前后的两件事》一文中说：

> 一九三七年七月二十六日晨张自忠打电话给我，日军五百人由丰台乘车三十五辆，回城内东交民巷日本兵营，由广安门进城，叫我通知守门卫兵放行。我问他你与宋委员长谈了吗？他说委员长晓得。我感到此事不对头，当即到宋哲元处请示。宋说没我的话不准进城。

由此可见，日军要进城，确实提前向张自忠打了招呼，张自忠也表示同意。但宋哲元不知道此事，下令不许开门。于是就出现了日军到城门下，中国守军却无所适从的一幕。待交涉了大半天得以放行，日军原本就傲慢无礼，加上进城心切，自然不服从中方管理，双方产生摩擦。刘自珍的回忆是：

> 到晚上七时秦德纯拿着宋哲元放行命令到来，二十九军的日本顾问樱井德太郎同来，我遂命守门部队开门放行。日军疯狂成性，在城外露立一天，气愤至极，一进城门在汽车上即开枪向我军射击，顾问樱井也制止不住，腿部受伤。我守军部队复把城门关闭，仅十车日军进城，其余仍留城外。已进城的日军，因见街头巷口均驻有巷战工事，到处挨打，寸步难行，真如热锅蚂蚁，走投无路，复由日本使馆出来交涉……

根据刘的回忆，可以比较合理地解释广安门事件的来因去果，解释为什么中方守军在出现放行前面3辆兵车后又关闭城门的情况。

当晚，宋哲元给国民政府军政部部长何应钦的《冀察绥靖主任宋哲元呈何应钦部长告日军由广安门强行入城与我驻军冲突电》也证实了这一点：

今日下午七时，敌用载重车三十余辆，载兵约五百名之谱，由广安门强行入城，经我守兵阻挡，不服制止，以致相互冲突，刻正在对峙中。似此情形，敌有预定计划，大战势所不免。[①]

27日的北平《立言报》一早就刊登了广安门之战的报道。文中说："丰台日军强行入城，广安门昨被炮击。城内一部日军正在交涉撤退，地方情形平静大局仍甚危急。"《世界日报》关于广安门战斗的报道更加详细，内容为"日军突炮击广安门，平津形势极度紧张。昨晚进城日兵已开入日兵营，日机多架昨向廊坊我军轰炸……"

广安门事件虽小，却是日军夺取北平进而占领华北前夜的一次严重受挫，对战局起了催化作用。恼羞成怒的驻屯军司令官香月清司，决定提前对二十九军动手，扩大侵略战争。26日晚上10时20分，日本驻屯军司令部下达作战命令：

（1）7月27日正午开始攻击；

（2）在廊坊及天津的第二十师团主力在团河村附近集结（北平南约15公里处），与位于马驹桥（北平东南约15公里处）的一部部队协同攻击南苑；

（3）中国驻屯步兵旅团从丰台向南苑兵营西北端方向攻击，在通县的步兵第二联队向南苑东北端方向攻击，至11时进入北平—马驹桥一线，听从旅团长指挥；

（4）北平警备队保护北平侨民；

（5）独立混成第十一旅（在高丽营）从卫窑（北平北约16公里处）附近攻击西苑，然后进入永定河一线；

（6）独立混成第一旅团（在顺义）从沙河镇方向向永定河线攻击；

① 《七七事变后国民党高级军政人员的往来电报》，中国人民抗日战争纪念馆编：《七七事变的前前后后》，天津人民出版社1997年版，第282页。

（7）军预备队（第二十师团的三个步兵大队）位于天津；

（8）集大成飞行团主力于拂晓攻击西苑兵营；

（9）临时航空兵团一部在承德，主力跃进于天津，协助地面各兵团的扫荡战，并随时准备与中国空军决战。[①]

攻击命令下达后，26日深夜，香月清司借广安门事件，命令北平特务机关长松井太久郎谒见冀察政务委员会主任、冀察绥靖主任、二十九军军长宋哲元，递交以香月名义签发的最后通牒，要求二十九军必须在27日正午以前将驻扎在卢沟桥、八宝山一带的三十七师撤出城外；在28日正午之前，将驻扎在西苑的三十七师驻军撤到保定一带。这就是要求二十九军将北平拱手相让。

27日，日军参谋本部下令国内第二次动员，增调第三、第五、第六、第十、第十一师团共20万兵力到中国。

黑云压城城欲摧。

## 三、血战南苑

广安门冲突之后，日军迅速从四面包围北平南大门——南苑。

南苑位于北平天安门正南郊外10公里处，是七七事变前二十九军的军部所在地。南苑以北一条大道直通永定门，由此可直入北平城。摊开当时的北平防务图，如果做一个形象的比喻，那么宛平城是北平南门的钥匙，卢沟桥是进入北平的锁，而南苑就是门枢。二十九军已经丢了宛平和卢沟桥，但只要南苑没有失手，就相当于门枢还在，北平仍有可能守住；一旦南苑沦陷，则意味着整个北平门户洞开。此时由于日军已经在东、西、北三面包围了北平，一旦占领南苑，就能将各方部队连成一片。如此重要的最

① 中共北京市委党史研究室编：《北京地区抗日运动史料汇编》（第三辑），中国文史出版社1996年版，第180—181页。

日军对南苑发动攻击。图为日军飞机轰炸南苑

后一步闭环岂能久等？日军对南苑虎视眈眈，志在必得。

早在7月15日，香月在拟制的进攻平津的作战方案中，就已经将重点作战目标从卢沟桥转移至南苑地区。日方认定，进攻南苑具有极强的威慑作用，能将二十九军置于死地。因此，香月将第二十师团全部主力外加一个步兵联队，全部压在进攻南苑的战线上。他的判断是，南苑驻军无论在兵力、装备方面与日军相比都处于绝对劣势，更何况平津交通被切断，二十九军处于日军的重重包围之中，如果抵抗可能全军覆没。在这种情况下，根据宋哲元先前的表现，必然会不战而退。这样，日军兵临城下，仅凭借威慑力，就能轻松拿下北平。

然而，这一次香月的“上上策”落空了！宋哲元并没有被日军的架势吓倒；相反，在26日收到香月清司的“最后通牒”前后，即26日的下午和晚间，宋哲元向国民政府军政部部长何应钦及军事委员会委员长蒋介石分别发出了两份函电，表示“日人欺我太甚，不可再忍”，表达了抵抗的决心。

蒋介石于26日晚上9时回复宋哲元：

甲、北平城防立即准备开战，切勿疏失。

乙、宛平城防立即恢复戒备。此地点重要，应死守勿失。

丙、兄本人尽快到保定指挥，切勿再在北平停留片刻。

丁、决心大战，照中（正）昨电对沧保与沧石各线从速部署。[1]

27日，蒋介石再次致电宋哲元：

请兄静镇谨守，稳打三日，则倭氛受挫，我军乃易为力。务望严令各部，加深壕沟，固守勿退。中央必星夜兼程，全力增援也。[2]

宋哲元在得到中央的支持后，27日深夜，宣布拒绝日方通牒，向全国发出自卫守土的通电：

自哲元奉命负冀察军政之责，两年来以爱护和平为宗旨，在国土主权不受损失之原则下，本中央意旨处理一切，以谋华北地方之安宁，此国人所共谅，亦中日两民族所深切认识者也。不幸于本月七日夜日军突向我卢沟桥驻军袭击，我军守土有责，不得不正当防御。十一日协议双方撤兵，恢复和平。不料于二十一日炮击我宛平县城及长辛店驻军，于二十五日夜突向我廊坊驻军猛烈攻击，继以飞机大炮肆行轰炸，于二十六日晚又袭击我广安门驻军，二十七日早三时又围攻我通县驻军，进逼北平，南、北苑已均在激战中。似此日日增兵，处处挑衅，我军为自卫守土计，除尽力防卫听候中央解决外，谨将经过事实掬诚奉闻，国家存亡，千钧一发，伏乞赐教，是所企祷。二十九军军长宋哲元叩。感。印。[3]

宋哲元此时决心抗日并非只是一时之愤。虽然出于旧式军人的狭隘和短见，他没能识破日本侵略军的真实意图，一度企图在日军和南京政府之间谋划自己的生存空间，图谋和平解决事变以求苟安。但是，日军的得寸

①② 秦孝仪：《中华民国重要史料初编》（第二编“作战经过”），中国国民党中央委员会党史委员会1981年版，第32页。

③ 《卢沟桥事变史料全编》（第一册），中华书局2021年版，第251页。

进尺最终打破了他的幻想，使其站到爱国立场。同时，宋的决心也与中国共产党的帮助，及全国尤其是华北民众的推动有关，在全民族抗战激情一浪高过一浪的情势下，宋哲元必然选择顺应民心而无法逆势而为。

在宋哲元发表自卫通电宣言几小时后，日本华北特务机关长松井还在电话中宣称鉴于二十九军对履行协定毫无诚意，不断挑衅，日军已经不能忍受，决定要采取单方面行动，并傲慢地威胁二十九军全部撤出整个北平市区，以避免北平城内的战火。然而宋哲元对他的威吓置之不理。

值得一提的是，早在卢沟桥事变爆发的第二天，实际负责二十九军军事指挥的副军长佟麟阁与军参谋长张樾亭、副参谋长张克侠等根据卢沟桥战事以及对未来的推测，开始在南苑认真做了一些布防。

当时，驻南苑部队除佟麟阁副军长直接率领的军部人员和军官教导团外，还有以冯治安为首的第三十七师炮兵团、特务旅孙玉田部的两个团、骑兵第九师一个团等，守军总共有7000余人。此外，还有一个由平津大中学生组成的学生军训团约1700名学员。军官教导团及特务旅担任正面防务，阻止由黄村向北进攻的日军及冀东伪保安队；第三十七师、骑兵第九师一个团，布防于欧亚飞机场一带，阻止企图由丰台、长辛店包围南苑的日军；军事训练团在南苑东南小寨外挖掘堑壕，配置兵力，防止通州方向来犯之敌。但是，除军官教导团、骑兵九师外，其他人员武器装备都十分简陋，其中一部分人发的是老式的汉阳造枪，一部分人甚至还在用毛瑟枪。每位士兵配备了一把长一米的大刀，二十九军的大刀队曾在长城喜峰口等战役中杀得日军闻风丧胆，但是，无论是枪炮还是器械，二十九军的装备终究无法与日军匹敌。

二十九军副军长佟麟阁

7月27日，局势十分危急，日军已经开始在北平城外对二十九军发起局部进攻。大战在即，宋哲元急忙对北平防务又进行了一次全面部署。他将二十九军军部由南苑移驻北平城内，一同行动的还有第三十八师董升堂的一一四旅，以作策应；另调派驻河北省中部大名、河间的第一三二师赵登禹部迅速北上，协同原驻防南苑的军官教育团、军部卫队孙玉田部的两个团、骑九师郑大章部的一个骑兵团以及军事训练团的学生兵，镇守南苑军营。

二十九军第一三二师师长赵登禹

赵登禹接到命令后迅速赶往北平，但他匆忙中只带了一三二师一个团的兵力，他的另外两个团刚行军至团河，直接撞入了日军的埋伏圈，激战之后，全部壮烈牺牲，只有团长只身到达南苑向赵登禹报告。后来知晓，原来是汉奸潘毓桂在27日夜参加完二十九军的军事会议之后，即刻将军事计划出卖给日军，南苑增援兵力和路线的消息悉数被日军掌握，日军提前在赵登禹属下两个团的必经之路上设下埋伏，导致一三二师的两个团全军覆没。

与南苑守军的仓促应战不同，日军对全线进攻早有谋划和准备。早在27日晨，日军板垣征四郎的第五师团、谷寿夫的第六师团、矶谷廉介的第十师团等部队就已经攻占团河、黄村等地，进而向南苑集结，到当天晚间，逼近南苑。

28日拂晓，日军先派出两架侦察机在南苑上空盘旋，进行侦察。上午8时，在5架轰炸机和40余门重炮的掩护下，集结于团河的日本第二十师团主力与集结于马驹桥附近的驻屯军旅团一部共万余人，从东南、西南及西北3个方向向南苑扑来。炸弹、炮弹像冰雹一般从上空狂泻下来，南苑阵地顿时成为一片火海。由于南苑地处空旷，无任何天然遮蔽物可作掩护，守军手中又无相应的高射机枪等武器，防空能力几乎为零。一时间，密集的人员、马匹无法疏散，一片片倒在血泊中。

在一阵狂轰滥炸之后，日军开始以坦克掩护步兵向中国守军阵地发起冲锋，空降兵也降落在南苑机场，占据营房等建筑物顶部，居高临下向中国官兵扫射。这一战术被日军称为“腹中开花”。据相关日军空投伞兵的史料记载：“腹中开花”之计来源于汉奸潘毓桂的建议。他不但出卖二十九军的军事情报，还为日军攻打二十九军出谋划策。他让日军最先出动伞兵，准确无误地占领二十九军在南苑的制高点，在敌人的立体攻击下，中国守军明显处于被动挨打的弱势，尤其是日军猛烈的轰炸，切断了中国守军各部队之间的联络，被分割作战的中国官兵无法统一指挥，更无法形成相互有效支援，只能在各自的阵地上与凶恶的敌人做殊死的抗争。

佟麟阁带领教导团的官兵在南苑苦苦死守到10时，直到遇到军部派来的传令兵，才获悉军部已经下令南苑各部队撤回城内。由于电话线被炸断，他无法与其他部队联络，各队人马只能在没有统一指挥、没有掩护，秩序混乱的状态下纷纷向北平城后撤。混乱之中，佟麟阁当即决定在南苑通往北平城内的要道——大红门附近去掩护、收容被打散的队伍。

大红门位于南苑与永定门之间，原是南苑这个皇家苑囿的正门，是南苑经永定门到北平城内的必经之处。从南苑到永定门有一条与铁路并行的公路，以大红门为中心，大红门向南到南苑的一段被称为大红门南路，大红门向北到永定门的一段被称为大红门北路。佟麟阁带着从南苑撤出的人马沿大红门南路匆匆赶往大红门，为避免被敌机跟踪轰炸，刻意避开公路，在公路两侧庄稼地的青纱帐中向北疾行，但一路依然多次遭遇敌机的扫射和日军步兵旅团的拦截和阻击，佟麟阁带领队伍且战且退，伤亡惨重。

到达大红门后，佟麟阁整顿撤退部队的秩序，下令部队临时组编，由军官组成一支临时战斗队伍，掩护大部队由大红门至红庙之间的一条便道上撤退。大红门东边有一块高地，是大红门一带的制高点，当地人称为“土山子”，正式地名叫九龙山。为了使部队能顺利撤到城内，佟麟阁在九龙山设置瞭望所，亲自登山观察撤退情况。从南苑陆续撤出的部队渐渐聚集起来，直到午后1时，才将各部队收容完毕。佟麟阁在确信后面再也没有自己的部队后，才放心地和身边的几个随从一起撤离大红门。但没走出多远，一股日军尾随而至，就在大红门附近，敌我双方短兵相接，激烈开战。战斗中，佟麟阁不幸腿部中弹，部下劝其退后裹伤，但他却毅然决然地说，“情况紧急，抗战事大，个人安危事小”，拒绝部下的请求，带着伤继续指挥战斗。就在这时，日军的飞机像闻到血腥的鹰隼，麇集于上空，突然俯冲下来疯狂扫射，佟麟阁被弹片击中头部、胸部，左臂也被炸断，壮烈牺牲，时年45岁。

佟麟阁以他的鲜血和生命，践行他“保卫国土，义不容辞；慷慨赴义，理所当然”[①]的豪迈誓言。佟麟阁战死抗日疆场，绝非偶然，他短暂一生留下的所有足迹，都在展示一个忠烈之士的人生追求。

佟麟阁原名凌阁，是河北高阳人，1892年出生于一个普通农民家庭。年少时，佟麟阁跟随舅父读书，1911年响应辛亥革命投身军旅，在冯玉祥手下当排长。历经反张勋复辟、两次直奉战争，以及国民革命、中原大战等，战功累累，深受冯玉祥倚重，与孙良诚、孙连仲、刘汝明等人一起被列为“十三太保”[②]。佟麟阁善于练兵，常以“真爱民，不扰民”的道理，勉励官兵，严守军纪，提高军队战斗力。九一八事变后，佟麟阁秉持民族大义，参加抗日同盟军，被任命为抗日同盟军第一军军长及代理察哈尔省主席。1933年5月，日本关东军进攻察哈尔省，佟麟阁与吉鸿昌、方振武等密切配合，收复张北、宝昌、多伦等多处失地，声名大振。冯玉祥退出西北军后，宋哲元再度敦请佟麟阁出山，担任二十九军副军长，将主要精力用于军官教导团与学生军训团的抗日教育和军事训练上面，为抗日培育人才。1937年2月，宋哲元因故离开北平佟麟阁受命代理军长职务，直接担负二十九军的指挥重任。卢沟桥事变爆发后，他力主坚决抗击日军，决不妥协。大战前夕二十九军军部由南苑撤往北平城内时，他拒绝离开前线。他在南苑召开的军事会议上慷慨陈词：“中日战争是不可避免的。日寇进犯，我军首当其冲。战死者光荣，偷生者耻辱；荣辱系于一人者轻，系于国家民族者重。国家多难，军人应当马革裹尸，以死报国。”他还以军部名义向全军官兵发布命令：“凡有日军进犯，坚决抵抗，誓与北平共存亡，不得后退一步。”南苑血战前一天，正值佟麟阁夫人彭静智生日，夫人在电话中请他赶回北平家中，他决绝地回答：“国家多难，军务紧急，大丈夫应效马援，用马革裹尸还乡，家中事拜托你了，要孝敬好父母，教育好子女。”此情此

① 《佟麟阁生平事迹》(未刊稿)，卢沟桥文管所藏。转引自武星月、林治波《卢沟桥事变风云篇》，中国人民大学出版社1987年版，第302页。

② 西北军中最受冯玉祥信任的13位年轻将领，时人称其为“十三太保”。

景表明，佟麟阁已经抱定了血洒疆场，为国捐躯的必死决心。

与佟麟阁将军同时在南苑血战中拼杀的，还有一三二师师长赵登禹。南苑之战打响后，赵登禹率部在南苑靶场一带阵地迎敌。虽然他在7月27日临危受命担任南苑指挥官，但由于时间仓促，再加敌人分割导致各部队联络不畅，赵登禹无法对各部队实施统一指挥。但是，他临危不惧，亲自率领有限的部队与日军进行激烈的厮杀，给日军进攻造成极大的困难。1939年日本出版的《大陆战史》一书中，细致地记述了这一场战斗：

> 我军在空军的掩护下，进攻南苑和西苑。南苑是敌军的重要据点，在北平的南方8公里，是旧城的外缘，现在是中国军队的兵营和飞行场，在这里守卫的是支那名将赵登禹……战斗是在雷雨之中爆发的，尽管我军进攻猛烈，但是敌将赵登禹的防守非常坚固，几经阻战无法容易地将它拿下。我军的编队轰炸和炮击不断地进攻，但是敌军仍以必死之决心，以猛烈的火力朝我军射击，火力始终没有减……此战惨烈之极，白刃战到处发生，我方死伤数量不断增加，地面上到处都是战死的尸体，这就是一场白日下的噩梦。①

战至中午12时40分左右，赵登禹接到上级命令，要求他指挥部队后撤到大红门一带。由于汉奸出卖，日军获悉赵登禹部准备向大红门撤退的意图，命令一支从通县赶来的日军，抢先一步，在大红门天罗庄一带的公路两侧设下埋伏。已经精疲力竭的中国军队在毫无防备中进入日军的包围圈，遭到日军轻、重机枪与迫击炮的猛烈扫射。赵登禹乘坐的黑色轿车目标明显，首先遭到日军火力的集中扫射。赵登禹身受重伤，警卫劝其立即撤退到安全地方，赵登禹坚决不从，稍作包扎后，仍然坚持指挥作战。这时，一枚炸弹飞来，炸断了他的双腿使其昏迷过去。醒来后，他含泪向传令兵

① 转引自王建伟《南苑之战：北京抗战历史上的悲壮一幕》，《北京观察》2018年第11期。

说："不要管我，你回去告诉北平城里我的老母，她的儿子为国死了，也算对得起祖宗……"说完就停止了呼吸。这是素有打虎将军之称的赵登禹在阵亡前说的最后一句话。当时，赵登禹年仅39岁，长子赵学武只有4岁，长女赵学芬才2岁，次女赵学芳尚在母腹未出生。

赵登禹出生于山东菏泽赵楼村的一户贫困农家，自小习武，1914年，刚满16岁的赵登禹加入冯玉祥的部队，跟随冯玉祥参加北伐战争。此后历任排、连、营、团、旅长，屡建战功。1933年初，日军将战火烧到长城一线，国民党当局被迫应战。赵登禹奉命领兵从蓟县出发，把守喜峰口阵地。面对穷凶极恶的日军，赵登禹率领战士多次与之展开肉搏战，击退了日军的攻击，坚守长城阵地。3月10日，负伤的赵登禹得知日军正在休整，马上召集团、营长们开会，决定乘日军不备偷袭日军营地，并激励战士们说："抗日救国，乃军人天职，养兵千日报国一时，只有不怕牺牲，才能为国争光。"随后，赵登禹率敢死队3000人，冒着大雪夜袭敌营，队员们挥舞大刀斩杀500名日军，成功缴获了大批武器、弹药。长城抗战让赵登禹获得了"打虎将军"的美名，当年音乐家麦新被大刀队的英勇壮举所感动，谱写了著名的抗日歌曲《大刀进行曲》，从此"大刀向鬼子们的头上砍去"唱遍全国。长城抗战结束后，二十九军将一〇九旅扩编为一三二师，赵登禹任师长。1935年8月，随二十九军被调到北平地区驻防，赵登禹兼任河北省政府委员。卢沟桥事变爆发后，赵登禹率一三二师驻防于河北大名一带。7月27日，奉命增援北平，并被任命为南苑临时总指挥。

佟麟阁、赵登禹是全国抗战开始后最早为国捐躯的高级将领，在当时北平已成危城的情况下，他们毅然担负起坚守北平的重任，明知不可为而为之，凭借一腔热血，以身殉国，向世人展示了中国军人的血性和保卫国土的钢铁意志。当年，他们的牺牲在全国引起了轰动，各大报刊纷纷刊载他们血洒疆场的英勇事迹，各地民众自发举行各种悼念活动。中国共产党褒扬佟麟阁、赵登禹两将军及一切抗战阵亡将士，"不只是我国历史上之民族烈士，而且是我国每个人都必须奋起救亡的模范。我们对于一切殉国的民族烈士，表示无限的痛悼！我全国同胞，必须大家奋起，踏着先烈的血迹前进，以全民族的力量，一致杀敌，坚持抗战，为死难烈士复仇，把中华民族从血泊中解放出来”[①]。1946年，北平各界举行公祭佟麟阁、赵登禹仪式，并以他们的名字命名街道。中华人民共和国成立后，中华人民共和国政府给佟麟阁、赵登禹两将军的家属颁发了由毛泽东签署的烈士证书，并为两将军修墓立碑，以使中国人民永远铭记这两位民族英雄。

在南苑血战中，二十九军全体官兵个个凭着一副铁血肝胆，奋勇杀敌。尤其是军事训练团的教官和团员，这一群学生兵几个月之前还是平津各大、中学的学生，一些人曾参加过一二·九运动。宋哲元将他们组团训练，原本计划将他们培养成二十九军未来的骨干，但是，仅仅完成新兵训练，“很多人连枪响要卧倒都不知道”，战斗就开始了。这些青年学生不惜青春，满怀爱国激情向佟麟阁将军请愿，要求共赴国难！佟麟阁被学子们的拳拳爱国之心打动，给他们分发了枪支，并把他们安排到了南苑的西南角。当时佟估计这是日军最不可能发起进攻的方向，但由于汉奸的指使，日军偏偏就从这里首先发难，训练团军官和学生兵首当其冲。在敌军猛烈的炮火下，训练团官兵没有一人退却，他们一边作战，一边抢修工事，一直坚守阵地。战至中午，又一支日军在飞机的掩护下从南苑西北角发起猛攻，致使训练团腹背受敌。据史料记载，学生团伤亡“十倍于日军”，即以十条命换一条命的代价与日军血拼，拖住了日军几个小时。直到接到撤出阵地的命令后，他们才分路突围。

幸存者李鸿斌在多年后依然记得当年厮杀疆场的情景，他回忆：

> 大多数学生兵不仅是第一次拿枪，也是第一次上战场，埋伏在战壕里时还相当恐惧，但第一声枪响之后，就念着一定要守住阵地，已经顾不得那么多了。
>
> 从清晨到中午，日军发动了三到四次冲锋，但都被我军击退，战斗进行得异常惨烈。
>
> 众多同学被日本兵刺中，鲜血淋漓，却仍奋力抱着敌人厮

① 《赵登禹佟麟阁冯洪国等烈士英勇殉国》，中共中央党校党史资料室：《卢沟桥事变和平津抗战》（资料选编），中共中央党校科研办公室1986年印行，第203页。

打。……同班有个同学叫赵世荣，嘴唇四周已经血肉模糊，但还是抱着枪拼命射击。

学生训练团1500余人，到最后突围出去的只有600多人。冯玉祥儿子冯洪国是共青团员，从莫斯科大学归国后担任教导团教官，在这次悲壮的南苑之战中英勇杀敌，因在突围时失去联系而被传作“阵亡”（身体重伤，后被发现救治）。《救国时报》对此曾予以报道，并介绍了冯洪国的生平事迹。消息传来，冯玉祥忍着悲痛作诗纪念：

儿在河北，
父在江南，
抗日救国，
责任一般；
收复失地，
保我主权，
谁先战死，
谁先心安；
牺牲小我，
求民族之大全，
奋勇杀敌，
方是中国儿男；
天职所在，
不可让人占先，
父要慈，
子要孝，
都须为国把身捐。

南苑之战是卢沟桥事变中，中日两军最激烈的一次战斗。驻守南苑的7000名守军中，5000多名官兵阵亡，仅1000多名幸存。虽然在南苑枪炮声响起之时，第三十七师一部趁丰台日军进攻南苑而致守卫空虚，成功袭击了丰台，收复了丰台大部，但是，这样局部的反攻由于没有后续的增援，最后也功亏一篑。

南苑之战也是平津抗战的转折点，经此一役，南苑失守，防御工事几近全毁，兵营被日军所占。在北平北方的日军独立混成第十一旅团也乘机攻占了沙河、清河等地。二十九军被迫开始撤离北平向保定方向转移。7月29日，北平陷落，古城从此开始了8年的沦陷岁月。

值得一提的是，为延阻日军的行动，掩护二十九军大部撤退，同时也为了确保北京古都的完整，张自忠忍辱负重，留守北平，继续在已成空壳的冀察政务委员会和北京市政府任职，与日军及日本特务周旋。到8月5日，张自忠致函冀察政务委员会，声明“辞去所有代理职务”。8月8日，日军正式进驻北平城，张自忠化装成学者，几经周折，终于在9月上旬安全离开北平。张自忠到达南京后，被国民政府任命为第五十九军军长。1940年5月，在枣庄战役中，不幸被日军包围，最后力战而死。国民政府为他举行了隆重国葬，并追认为陆军上将。

## 四、伪冀东保安队反正

就在南苑被日军攻陷的当晚，驻防在通县的伪冀东保安队突然宣布起义，向日军发起了进攻，打响了北平在卢沟桥事变后的最后一战。

冀东保安队是日本入侵华北搅乱平津的产物。1933年初，贪如虎狼的日本军国主义法西斯在东北三省站稳脚跟后，又开始进犯华北。由于日军武器精良、筹备充分，更由于蒋介石“攘外必先安内”的不抵抗政策，导致中国军队在长城抗战的后期明显不敌对手，最终以签订屈辱的《塘沽协定》而告终。该协定致使冀东的22个县被划为“非军事区”，即中日两国军队都不能进入的区域。在赶走中国的军队后，日本一直在想方设法攫取该地的实际控制权。

为阻止日军对冀东地区的侵占，蒋介石密令主持冀东地区行政事务的

发动反日起义的
伪冀东保安队总队长张庆余

于学忠以河北省政府的名义，从其所辖的第五十一军中抽调部分军官，招募组建了2万余人的冀东特种警察部队，进驻冀东。冀东特种警察部队共5个总队，其中第一、第二总队实力较强，每队下辖两个区队，配有骑警中队、迫击炮中队和通信中队，兵力5000余人，是冀东特种警察部队的主力。第一总队驻扎在武清县，总队长张庆余；第二总队驻扎在沧县，总队长张砚田。他俩都曾是五十一军团长，是于学忠的亲信。而第三、第四、第五总队则成分复杂，相较于第一、第二总队，几乎没有战斗力。

1935年，日本进一步着手实施全面分离华北的计划。在经过一系列的华北事件之后，又一次逼迫中国政府与其签订《何梅协定》，原驻河北的国民党中央军和东北军被迫撤出，国民政府设在河北的党政机关人选则由日方参与选定。6月，于学忠被罢免了河北省主席一职，第五十一军也被迫调往甘肃。于学忠在临行前，秘召张庆余、张砚田等人，嘱其“好好训练军队，以待后命”[①]。7月，河北特种警察部队被改名为河北保安队。

11月25日，日军以《何梅协定》为凭据，扶持汉奸殷汝耕成立伪冀东防共自治委员会，宣布冀东22个县实行自治，让河北保安队更名为冀东保安队。不久，冀东伪自治政府出笼，冀东保安队就被移花接木，成了殷汝耕控制下的伪军。

殷汝耕的卖国投敌行径，遭到全国民众强烈谴责和唾弃，南京政府还下达通缉令捉拿殷汝耕，无奈有日军的庇护，中央政府对殷汝耕的伪政权奈何不得。同样，伪冀东保安队变成汉奸政权的统治工具，也引发了讨伐声浪，保安队官兵被亲友乡党视为十恶不赦之徒。张庆余的大儿子得知其

① 张庆余：《冀东保安队通县反正始末记》，《七七事变——原国民党将领抗日战争亲历记》，中国文史出版社2015年版，第69页。

父留在伪政权供职，斥责他有辱先人，愤然登报声明与其脱离父子关系；其妻于德三也劝其反正，免遭乡友不齿。作为队长的张庆余、张砚田情何以堪！当即派副官孟润生赴保定与继于学忠主持河北省政务的商震联络，请示如何应付。迫于当时的形势，商震要求张庆余、张砚田不要轻举妄动，“目前不宜与殷汝耕决裂，可暂时虚与委蛇”[①]。得到这个答复，张庆余与张砚田只得暂且忍辱负重，等待时机。

1935年底，宋哲元出任冀察政务委员会委员长。张庆余、张砚田认为这是一个好机会，迫不及待与宋哲元取得联系，表明决不投敌卖国，坚决支持抗日的心迹。宋哲元大为赞赏，从此与二人保持秘密交往。

卢沟桥事变爆发后，日军吞并华北侵略全中国的野心彻底暴露，“身在曹营心在汉”，张庆余、张砚田等人愈加无法忍受自己的处境，因此急切派出心腹刘春台秘密到北平与冯治安商讨起兵事宜（因宋哲元当时不在北平），愿意在冀东举事以支持北平的战斗。然而，冯治安依然劝其等待时机，冯认为当前中日是战是和尚无定论，所以张部暂勿轻动，等到中日正式开战时，请张部出其不意，一面在通县起义，一面分兵侧击丰台，以收到夹击日军的效果。冯还通过刘春台转告张庆余：“可派心腹人员与二十九军参谋长张樾亭经常保持联系。”刘春台面见张樾亭后，张樾亭即将张庆余、张砚田所部冀东保安队第一、第二总队编入战斗序列。[②]同时，冀察当局派李仲平赴南京汇报军情时，也曾就张庆余、张砚田反正后的职衔问题向南京请示。[③]两人得到指示后，开始在通县秘密做起义准备。

通县是北平的东南门户，位于北平城东南10公里处，与天津接壤。日本从国内往北平运兵，大多从天津登陆，通县是必经之道，因此，日军对通县表现出极大的“关切”。华北驻屯军在通县驻扎了守备队，并设置特务机关。1935年11月，华北驻屯军扶植殷汝耕在通县成立伪冀东防共自治政府。1936年日军向华北增兵后，多次在通县进行军事演习，其“司马昭之心路人皆

①② 张庆余：《冀东保安队通县反正始末记》，《七七事变——原国民党将领抗日战争亲历记》，中国文史出版社2015年版，第70页、第71页。

③ 李仲平：《卢沟桥与七七事变之回忆》，转引自荣维木《炮火下的觉醒》，广西师范大学出版社1996年版，第302页。

知”。尤其在卢沟桥事变爆发后，日军将通县视作北平东南的战略要地，加紧对通县的“经营”。7月17日，日军由天津调来千余人的增援部队，携带20余门大炮，除小部分布防在通县城南外，大部分都进入通县城里[①]。同日，又在通县增兵4000余名[②]。至此，通县俨然成了日本人的后花园，眼看着中日两军在北平不断“擦枪走火”，散居北平城内的不少日侨还搬来通县居住。

当时驻扎通县的是二十九军傅鸿恩率领的一个营。为了尽早赶走中国驻军独占通县，日军驻通县的特务机关长中佐细木繁召集张庆余、张砚田开军事会议。会上，细木繁还出示五千分之一的军用地图，要两张根据地图做出防守计划。张庆余佯装忠心，起立发言：“我俩都是行伍出身，没有学问，不懂得军用地图。但我俩确具信心，保证能守住通县，并可配合皇军打垮二十九军。”[③]看到张庆余如此信誓旦旦，细木繁大喜过望，认定张庆余、张砚田忠实可靠。张庆余乘机提出，由于他和张砚田分别驻扎在武清和沧县两处，兵力分散，难以形成战斗力，对防守通县不利，不如将分散在各处的保安队集中到通县待命，这样就能做到攻守自如。细木繁一听，觉得很有道理，表示同意，还当即批准发给保安队若干挺三八式机枪和大量弹药、服装和现款。

有了日本人的命令，张庆余、张砚田便以“配合皇军”为名，马上调动所属部队全部集中通州待命。一万余人的保安队得以集结，为下一步的起义创造了条件。他俩还分别召见部队中下层军官，秘密动员，鼓励军官以民族利益为重，准备起义。其实，伪政府中大部分供职的职员也不愿意为日本人卖命，他们在暗中为张庆余、张砚田提供帮助。冀东保安处处长刘宗纪曾悄悄对张庆余说：“我也是中国人，岂肯甘作异族鹰犬。望你小心布置，大胆发动，我当随左右，尽力协助，以襄义举。”正道不孤，有了这样的承诺，张庆余信心倍增。

7月27日，日军在向北平发动全面进攻的前一天，在通县的日军向傅鸿

①②　中共中央党校党史资料室：《张樾亭致何应钦电》（1937年7月17日），《卢沟桥事变和平津抗战》（资料选编），中共中央党校科研办公室1986年印行，第161页、第162页。

③　张庆余：《冀东保安队通县反正始末记》，《七七事变——原国民党将领抗日战争亲历记》，中国文史出版社2015年版，第71页。

恩部发起攻击。由于势单力薄，自然不是日军的对手，傅鸿恩的一营人马只能撤离。日军轻而易举拿下了通县。

28日，日军大举进犯南苑，北平的不少民众不明战况，怀着良好的愿望盛传二十九军成功反攻丰台。张庆余、张砚田听到消息，认为时机已经成熟。于是，在半夜12时，联名通电全国，宣告起义。通告中说：

日寇暴虐，天祸中华，庆余、砚田于长城战后，敌人迫我签立《塘沽协定》后，受命于危难之际，成立战区特警保安第一、二两总队，为统一指挥，便利于剿匪计，暂归蓟密区行政督察专员殷汝耕指挥调遣，原期协力同心，奠安地方，抚绥民众。不意殷逆利欲熏心，甘作傀儡，供敌驱策……在当时原不难擒获彼巨憝，献俘中枢，徒以国家多故，策在睦邻，重以未奉命令，顾虑地方，不得已始虚与委蛇，含垢待机。近者敌焰愈炽，国难愈深，卢沟桥事变时，不过并吞整个华北之发轫，而殷汝耕等丧心病狂，搜刮地方，竭泽而渔，特设供给委员会，为敌人筹划给养，维持后方。28日敌以一联队之众，益以飞机大炮，轰击我二十九军通县部队，敌炮一鸣，全军泪下，斯何时也，殷逆竟率贴身群小，登城作壁上观，引以为乐。庆余、砚田以为敌人谋我，具有决心，非群策群力……不足以救国御侮之效，藩篱岂任久居，报国以愧后人。爰于29日拂晓，挥泪誓师，一鼓粉碎伪组织各机关，暨暴日驻通守备队特务机关警察署，巨憝汉奸，一体俘获。当时竟日均与日机血肉相拼中，除已派敝部总务处总长刘鸿廉驰赴保定，面谒上峰，请示机宜外，此后一切行动，均唯蒋、宋两委员长命令是从，所望国内先进，各处国军，时赐南针，多予协助，不胜企祷……①

通电全文有理有据、情真意切，报国之士的拳拳之心、慷慨之情跃然纸上。张庆余当初不得已屈居伪职，被子女、妻子不屑时，曾对妻子说：

① 《中国全面抗战大事记》，上海美商华美公司1938年版，第55—56页。

“我的意思现在虽不便明言，但将来总有分晓。你可转告玉珩儿，叫他耐心等待，且看乃父以后的行动吧！”[①]如今，他以自己的实际行动，践行了对亲人许下的诺言。

这一夜，通县城内突然枪声大作，火光冲天，冀东保安队一万多人倾巢出动，高呼杀声。他们关闭通县城门，断绝城内交通，占领电信局及无线电台。一部分起义军包围冀东伪政府，活捉了大汉奸殷汝耕；另一部分起义官兵则雄赳赳奔赴日本特务机关所在地西仓，准备捉拿特务机关长细木繁。细木繁听到四处的枪声，知道大事不妙，慌忙聚齐数十名特务做最后的挣扎。他本人手持枪械，对正在向他聚拢的保安队队员威胁道：“他们速回本队，勿随奸人捣乱，否则皇军一到，你们休想活命！……”然而，此时不能活命的是细木繁自己。还没等他把话说完，保安队队员已经举枪击毙了这个侵略军小头目。其余的日本特务见势不妙，还想着逃命，他们急忙反身窜回特务机关内，闭门死守，但很快被保安队攻入，悉数消灭。整个特务机关被保安队拿下。

然而，虽然28日日本驻通县的主力已经调去进攻北平，但通县城内依然驻扎日本部队300人，连同宪兵、特警以及日侨，共有六七百人。他们知道无法与保安队抗衡，就集中于西仓日本兵营内负隅顽抗，以待外援。张庆余命令营长沙子云率众攻打西仓，但由于日军火力猛烈、工事牢固，激战6个小时都无法拿下，而在日军的炮火之下，保安队队员已经牺牲了200多人。这时天已大亮，日本兵营久攻不下，张庆余急火攻心，他心里明白，事不宜迟，倘若不能尽快攻下西仓，日军开来大部队援兵，对保安队形成内外夹击，不仅前功尽弃，而且有全军覆没的危险。紧急之下，张庆余决定采用火攻。他在全军中下令：“有能从汽油库（在兵营附近）搬汽油一桶到日兵营四周的，即赏现洋二十元！”士兵们激于爱国义愤，再加重赏之下必有勇夫，因而不顾生命危险，个个踊跃争先，抢运汽油桶，不一会儿就堆满日军兵营四周。张庆余一声令下，投下火种，刹那间，黑烟弥漫，火

---

① 张庆余：《冀东保安队通县反正始末记》，《七七事变——原国民党将领抗日战争亲历记》，中国文史出版社2015年版，第70页。

光冲天，连远处的北平城内都可以望见这一片升腾的烟火。在大火的掩护下，保安队又发起猛烈进攻，士兵们从四面冲入敌营，远的枪击，近的刀砍，喊杀声震耳欲聋。日兵慌不择路，纷纷倒毙。激战进行到29日的上午9时，西仓兵营里的日寇除小部分逃亡外，近300个顽抗者被歼灭。

与通县的战斗相配合，28日晚，保安队第一总队第二区队队长苏连章也在顺义发动对日驻军的袭击，炸毁日军的军需仓库，消灭敌人200余人。29日，苏连章率部胜利开到通县与大部队会合。

惊闻通县有变，日军回过神来，派出24架飞机对通县城关进行狂轰滥炸，进行反攻。从中午12时到傍晚，连续7个小时轰炸不停。保安队官兵防空无备，伤亡颇众。眼见日军攻势强大，一些队员脱去军服，弃械逃亡，连张砚田、苏连章等军官也离开了战场。保安队兵力越来越少，而日寇的援军越来越多，这样下去实在难以坚持。局势急转直下，张庆余决定在日军尚未合围通县之前，带领剩下的保安队队员突围，借夜幕的掩护投奔北平的二十九军。

入夜，冀东保安队兵分两路向北平撤退，但是，等到开到北平城下，却获悉二十九军已经撤向保定。张庆余不得不率军向门头沟、长辛店方向转移，准备追踪二十九军到保定。然而，当队伍行进到北平安定门外，不幸与铃木旅团的日军遭遇。张庆余在回忆这一场战斗时写道：

> 敌复从城内开出装甲车二十多辆，集中火力向我起义军猛烈轰击。我教导总队队长沈维干和区队长张含明因在火线上督队奋战，致中敌弹相继阵亡。我英勇的官兵，因冲锋肉搏，伤亡亦众。①

孤军奋战的起义军在这场遭遇战中损失不小，不仅牺牲了不少官兵，而且还让抓获的大汉奸殷汝耕逃脱。当时“日军从城内杀出，押解殷汝耕的汽车刚好开到安定门与德胜门之间，日军将押解囚车的士兵冲散，将殷

① 张庆余：《冀东保安队通县反正始末记》，《七七事变——原国民党将领抗日战争亲历记》，中国文史出版社2015年版，第73页。

汝耕劫走”[①]。在通州抓获殷汝耕后，张庆余原本想即刻将其枭首示众，以平民愤。但是，有人劝阻他说，殷是何应钦和黄郛的亲信，派他到冀东担任蓟密专员，一定有中央密旨，似乎不宜擅杀，最好押送到北平让宋哲元转解到中央法办比较妥当。因此，张庆余刀下留人，犹豫不决中只能先派兵将殷羁押，不敢擅自法办。不承想在北平城下竟然让其在乱枪中逃脱。据说当时殷汝耕趁乱逃到永定门外某车站站长家中躲避，第二天给日本特务头子今井武夫打电话求救才被接走，但在日本宪兵营被羁留了3个多月。他后来又投靠了汪伪政权而被起用。抗战胜利后，殷汝耕最终以汉奸罪被处死，结束了可耻的一生。

北平城外一战让保安队元气大伤。张庆余见前有阻截，后有追兵，战事危急，保安队众人如若一起前行，等到天亮目标太大，敌机赶来轰炸，必将束手待毙，因此不如将队伍化整为零，分散突围。于是，他将剩余人马分成120个小组，每队五六十人不等，趁着夜色各自向保定行进。最后到保定时，原1万多名起义官兵仅剩下4000余人。

冀东保安队深怀民族大义，不惧强敌，起义反正，几千官兵为国捐躯，用生命和鲜血，续写了卢沟桥事变后北平保卫战的最后一幕，向世人昭示了中华儿女不甘屈辱、勇于捍卫民族尊严的英雄气概，极大地激发了全国民众同仇敌忾，与日本帝国主义侵略者做殊死斗争的决心。

宋哲元对冀东保安队的壮举深表敬佩，他握着张庆余的手，感慨地说："你这次起义，不负前约，惜我军仓促撤离，未能配合作战，深觉愧对。"[②]言语中也流露出对自己未能指挥好北平保卫战的追悔。

因通县起义有功，张庆余当时被任命为军政部开封第六补充兵训练处中将处长。1938年，又擢升为第九十一军副军长，担任国民党军委会参议等职。但是，张庆余看到国民党内部派系倾轧，腐败成风，十分失望。心灰意冷的他在1946年退役，居住在天津，直至1963年病逝。

①② 张庆余：《冀东保安队通县反正始末记》，《七七事变——原国民党将领抗日战争亲历记》，中国文史出版社2015年版，第73页。

## 五、天津保卫战

与冀东保安队起义遥相呼应，驻守天津的二十九军和天津保安队，向日本侵略军发起了进攻，打响了天津保卫战。这是全国抗战开启后中国军队对日主动出击的第一战。

天津是日本华北驻屯军司令部所在地，卢沟桥事变前，这里就驻有日本驻屯旅团步兵第二联队、炮兵联队以及战车、骑兵、工兵、化学各一中队。另外，驻屯军空军也大部驻留天津。卢沟桥事变爆发后，天津是日军增转兵力的交通枢纽。当时驻守天津的是张自忠第三十八师的大部分官兵，第一一二旅驻防天津外围小站，独立第二十六旅驻防马厂。天津市内仅有师部直属手枪团1000余人，另加天津保安队3个中队1500余人。

天津与北平唇齿相依，卢沟桥的炮声惊动了天津的广大民众，天津各大报刊纷纷跟踪刊登日军动向，各个救亡团体积极行动，声援和支持中国军队的守土抗战。中国共产党的抗日宣传在天津深得人心，在中国共产党的组织下，天津青年抗日文艺团体"海风社"发出抗战宣言，号召全体民众"毫不犹豫地站在时代前头，肩负起民族兴亡的责任"，"一致奋起，共图生存"！[①]南开大学学生会致电当时正在山东乐陵的宋哲元，称赞"我二十九军英勇抗战，为国牺牲，实堪钦佩"，并希望宋哲元"命驾回平，指挥抗战"[②]，同时向全市印发《为卢沟桥事件告各界民众书》，提出"拥护二十九军抗日""军民联合保护冀察"等号召。天津民众高昂的抗日情绪，极大地影响了三十八师官兵和保安队，"帮助了将士们对于救亡的转向"，促进将士们在民族危亡之际感受到自身的责任，从而奋起抗战。

从7月中旬开始，随着日军对北平的步步紧逼，天津的形势也进一步

① 《海风社为七七卢沟桥事件宣言》，原件藏天津历史博物馆。

② 《益世报》1937年1月12日。

日军炮轰过后的天津守军军营

恶化。日军的企图是首先攻占北平，扼住平汉、平绥铁路，然后再以北平、山海关和唐山的兵力，夹击驻守天津的三十八师。

7月19日，日军夺取了塘沽港口，控制了从日本向华北运兵的海路入口；之后，又先后占领了天津总站和东站，控制了铁路交通；

22日，关东军50架飞机抵达天津；

25日后，日军开始在天津市内演习巷战；

26日，日军开始在东站到东局子兵营之间10余公里路段修筑轻便铁路，用以运兵[1]；

27日，日租界实行戒严，日军在各个街口架设电网、堆置沙袋；

28日，日军临时航空兵百余架飞机由日本国内飞抵天津日军兵营东局子[2]。

①② 《晨报》1937年7月29日。

敌军磨刀擦枪，天津危在旦夕。

在此危急时刻，师长张自忠已经赴京任北京市市长一职，副师长李文田负责天津防卫。因25日廊坊开战后平津交通被日军切断，三十八师与宋哲元和张自忠均失去联系，成为一支孤军。28日，李文田获悉日军在北平大规模进攻，他和战友们预感天津必有一战，而且迫在眉睫。与其被动等待敌人进攻，不如先下手为强，争取主动，于是就在28日夜召集紧急军事会议，讨论作战计划，约定在29日凌晨1时各部同时向驻守在天津的日军展开全面进攻。

当时中方在天津的兵力有：第三十八师手枪团1000余人，装备较好一些；天津保安队共3个中队，加上武装警察约1500人；独立第二十六旅两个团3000人，共约5000人。而日军在天津的驻军情况是：在市中心海光寺驻有一个联队，有十几门大炮，而且工事坚固；东局子日本机场停有30多架飞机，并有一中队步兵；天津总站和东站各有一小队日军。此外，大沽口外有日本军舰和海军陆战队，山海关和廊坊也驻有日军。

会议认为，必须尽快消灭天津市内日军，否则敌人援军一到，中国军队就会被包围，遭到内外夹击，有全军覆没之虞。会议最后决定的兵力配置是：

> 保安队一中队攻取东车站，由保安队长宁殿武负责指挥；手枪团全部，配独立团第二十六旅一个营及保安队第三中队，攻占海光寺日本兵营，由手枪团团长祈光远负责指挥；独立第二十六旅，配保安第二中队，攻占天津总站及东局子日本飞机场，消灭守敌，烧毁飞机，由二十六旅旅长李致远指挥。武装警察负责各战场交通和向导。总指挥由副师长李文田担任。

会议结束时已经是28日深夜10时，离发起战斗时间只有3个小时。

兵贵神速，在这短短的3个小时内，指挥官各就各位，集合队伍做战前的各项准备工作。29日凌晨1时，天津保卫战准时打响。

此时日军正忙于攻打北平，天津之战的到来出乎意料，因此，战斗刚开始的几个小时，三十八师进攻顺利。

在东站战场，宁殿武率领的保安一中队包围了驻扎在这里的日军守备队和航空兵团共400余人。经过两个小时的激战，日军无法抵挡，退出东站龟缩在一个仓库顽抗。保安一中队占领东站后，除了分出一小队留守阵地外，余部转战海光寺，支援祁光远的手枪团作战。

在天津总站战场，团长朱春芳率领的独立第二十六旅第二营及保安队一个中队，趁夜色打得敌人措手不及。官兵们先悄悄在北宁公园架设大炮轰击总站，然后步兵发起冲锋，将敌人压迫到仓库的楼上，顺利占领总站。

攻占东局子敌机场的队伍，因相距较远，部队只能跑步前进。第一营营长选了两个排长，3人一同跑在队伍的最前面，最先到达机场。此时大部队还在后面没有赶到，他们3人就隐蔽在机场门口，用大刀将两个站岗的日本兵砍死。这时，由机场内开出一辆小汽车，3人又拔枪将小车击毁。此时刚好大部队赶到，顿时，喊杀声惊天动地，一齐冲进机场。日军的飞机驾驶员都睡在飞机下，听见枪声，知道大事不妙，慌忙上飞机并启动发动机准备起飞，但还是晚了一步。士兵们将事先被通知携带的汽油泼到飞机上，点燃了飞机，霎时火光腾起，机场烟火冲天。那些没有着火的飞机还想起飞，勇敢的战士们奋不顾身冲上去，抓住飞机不放，有的飞机强行起飞，中国官兵因此掉下，跌伤几人。更多的飞机则无法起飞，大家一拥而上围住飞机，用大刀砍，用刺刀刺，用枪打，用手榴弹炸，这些平时耀武扬威、不可一世的钢铁家伙如今像泄了气的皮球，任人斩割。那几架好不容易起飞了的飞机，因为黑夜看不到地面和四周，只能像无头苍蝇，绕着机场上空乱飞。

攻击东站的队伍也是用偷袭的办法，在两小时内就消灭了敌人，占领了目标。然后留下一小部分士兵打扫战场，其余由宁殿武带领支援海光寺，归祁光远指挥。

虽然有几支部队的援助，但由于海光寺是日军在天津的指挥部所在地，外有坚固的工事，内有10余门大炮，使得三十八军的几次进攻都难以奏效。直到天快亮时，才攻至日军阵地外围，但天亮后不久，日军就出动9架飞机前来助阵，躲避在堡垒内的日军也开始反扑。敌我双方互有进退，战斗呈胶着状态，伤亡重大。

中国军队的行动早已惊动了入夜已经休息的天津民众，他们无比振奋，冲出家门，自动组织起来支援自己的部队抗敌。部队的转移作战完全由市内的公私卡车和公共汽车接送，有的司机还主动帮助部队的炮兵将高射机枪和小炮，安装到自己的卡车上，运送到前线。中国军队所经之处，市民们夹道鼓掌，送茶、送饭、送西瓜，还有人送手巾鞋袜等。人民群众如此高昂的抗敌热情，感动得官兵受伤也不愿下火线。

天亮后，形势对中国军队不利，几架起飞的敌机开始向进攻机场的部队低空扫射，造成大量伤亡。更有从东北飞来的敌机，在天津市上空盘旋，轰炸扫射。然而，更多的市民不惧危险，不怕牺牲，加入到支援前线作战的队伍中。他们运送弹药、抢救伤员、修筑工事，穿梭在战斗最激烈的地方。海光寺的战斗最为凶险，在敌人密集的扫射和猛烈的炮火中，中国军民相互鼓励，表现出大无畏的精神。为修筑工事，海光寺附近有些商店的店主干脆将自己的铁门都卸下来，运到前沿阵地以充当防御工事。大家抬着铁门冒着敌人的炮火前进，前面的人被敌人击中，后面的人立即跑上来接住，继续抬着铁门唱着号向前……天津之战，见证了军民合作抗战的动人景象，谱写了军民同仇敌忾、并肩作战抵抗强敌的雄壮之曲。

29日，第三十八师副师长李文田发表通电，向全国及世界宣告：

> 自卢案发生后，我宋委员长、张市长始终为爱护东亚和平，维持人类福祉，一再容忍。乃日人日日运兵，处处挑衅……我方为国家民族图生存，当即分别应战，誓与津市共存亡。喋血抗战，义无反顾，敬祈各长官、各父老，迅与援助，共歼彼虏。①

但是，天津战斗开始时，天津市外的黄维纲旅在大沽口与日军交战，无法抽身按计划前来驰援天津市内的战斗，而宋哲元已经决定放弃北平，

① 《李文田等抗日杀敌通电》（1937年7月29日），《中日外交史料丛编》（四），台湾中华民国外交问题研究会1960年编印，第208页。

第三十七师等部已经奉命向保定转移。27日，宋哲元曾致电蒋介石要求调兵到静海、独流一带，以策应天津，被蒋介石托词拒绝。29日，宋哲元获悉天津主动出手抗战，即电告南京政府军政部部长何应钦战斗详情，再次恳求增援：

我驻天津卅八师部队，自本日早二时起，与日军发生激战，情形如下：1.三时，东局子机厂（场）被我攻下，并烧毁敌机六十架。2.海河大铁桥与金钢桥，均已炸毁，市内交通断绝。3.所有天津东西两车站、特别四区之日军均被击退。4.敌以飞机、坦克轰炸冲击，河北一带遂入混战状态。海光寺日兵营上空，敌以飞机五十余架，盘旋掩护，迄未攻下，现仍在激战中。5.查我驻津部队仅有一旅，其他部队，亦均在与敌接触，现正激烈挠战，恐难久持，拟请中央速派大队增援。[①]

然而，宋哲元的求救犹如石沉大海，南京政府杳无回音，中央北上部队也未作任何反应。

与此相反，日军方面却增援不断。除塘沽方面有增兵陆续登岸，第二十师团等部也因北平战事基本结束而随时回援天津。关东军得知天津战事，即将正从承德调赴热河的兵力转调天津。此外，还有第一师团编成了混成第二旅团，紧急派往华北。

孤立无援的三十八师在四周被围、增援无望的绝境中难以持续，战至29日中午，局势就已经明显地对中国军队不利。

独立第二十六旅旅长李致远回忆当时的情景：

战事进行到下午一时，情况就十分不利了。我所掌握的预备队只剩下一个营，黄旅（指正在大沽口与日作战的黄维纲所率

① 中共中央党校党史资料室：《宋哲元致何应钦密电》（1937年7月29日），《卢沟桥事变和平津抗战》（资料选编），中共中央党校科研办公室1986年印行，第183页。

> 三十八师一一二旅）又无到来的信息，敌机轰炸得很凶，市政府被炸起火，在南开大学的预备队一个营被炸死一百多人，市民百姓死伤不少。前线要求援军的电话、报告纷纷到来。总指挥部被敌人发觉，十几架飞机轮番轰炸，敌特汉奸大肆活动。和前线的通讯断了联络，副师长李文田为了躲炸弹，已经离开指挥所到一里许外之住户处。指挥所只剩下我和几个传令兵。在一点半钟左右，我派出两个连支援东局子机场。东局子机场、海光寺总站几个方向的枪炮声很激烈，此时，我心内暗想，只有两连预备队，不到万不得已，是不能拿出去的。①

从下午2时起，日军临时航空兵出动数十架飞机，轮番轰炸中国军队的各处阵地，几乎没有喘息的机会。北宁路总站一带的保安队总部、北宁公园、天津市政府、金汤桥西侧的警察总部、日租界北端的电话局、东站和万国桥（今解放桥）之间的邮务总局、南开大学等地，都成了日机轰炸的目标。在敌人的狂轰滥炸下，天津市顿时成了人间地狱。市区硝烟弥漫，火光冲天，民房、商店大片坍塌，居民死伤众多，到处是残垣断壁，瓦砾成山。损伤最为严重的是南开大学，从29日到30日，南开大学多次遭受日机轰炸。这所风景秀丽、建筑古朴儒雅的高等学府，当时能容纳3000名学子求学。院内木斋园图书馆更是中外瞩目，拥有大量珍贵典籍。然而，在日寇罪恶的炮弹之下，教育圣殿和文化宝库毁于一旦。

天津之战虽然只坚持了一天，但由于主动发起进攻而给予日军沉重打击。中国军队在战斗中消灭了大量日军，给日军在天津的物资和交通运输造成巨大损失。中国军队还在进攻日军指挥部时缴获了大量日军的重要文件，如攻入德川好敏中将的航空兵团司令部时，在缴获的机要文件中，就有日本陆军现用电报密码本。事后，日军参谋本部追查这一重要文件失密一事，航空兵团参谋长今泽舍次郎大佐和岩下新太郎大佐均被撤职查办。

---

① 李致远：《天津抗敌记》，《七七事变——原国民党将领抗日战争亲历记》，中国文史出版社2015年版，第147—148页。

日军攻陷天津后，仍有部分中国军队不愿撤离，继续坚持战斗。在主力部队转移后，保安队按原计划攻打天津北站外的公大第七厂。这家并吞华商新华纱厂后改名的日本纺织厂，在卢沟桥事变后成为日军的军事基地，在天津市民心目中，它是罪恶的渊薮。8月2日晚上10时，保安队对公大第七厂发起突然袭击，队员们从工厂西墙缺口进入工厂后，兵分三路：第一路抢占全厂制高点——发电机房和水塔；第二路攻占办公室；第三路堵住厂门，阻击增援日军。最初的战斗十分顺利，毙伤日军数十人。但很快日军增兵到来，保安队寡不敌众，只得从原路撤退，然而归途中遭到潜伏在西大墙附近日军机枪的猛烈扫射，伤亡很大。还有4位在水塔上的战士坚持不肯撤退，当时他们以为会有援兵到来，不愿放弃水塔这个制高点。坚持到中午，四周已被日军团团包围，不得不做殊死抵抗，与冲上来的日军进行肉搏，当场刺死日兵6名，但终因独虎难敌群狼，3人牺牲，1人被俘。被俘壮士坚贞不屈，在审讯中痛斥日寇侵略罪行，骄傲地宣称："中国人是有骨气的，你们是强盗，难道一个中国军人怕强盗吗？要杀就杀，随你们的便！"最后被敌人残忍杀害。保安队在这次战斗中共打死敌人34名，打伤5名。战斗结束后，厂里的中国工人含泪收殓了68具烈士忠骨。①

天津沦陷，标志着卢沟桥事变后中国抗战的第一次战役——平津抗战失败了。中国的抗日战争从此踏上漫长而艰辛的历程。

① 宋玉升：《第二十九军勇士攻打天津公大第七厂见闻》，《七七事变——原国民党将领抗日亲历记》，中国文史出版社2015年版，第158页。

# 第五章　全民族抗战局面形成

千城起烽火，万里映刀光。平津沦陷后，日本侵略者狂妄叫嚣“三个月灭亡中国”，按既定计划，继续扩大侵略。神州大地生灵涂炭、山河破碎，只有万众一心，团结抗日，才能捍卫中华民族的尊严，才能守住五万万中国人的家园。忍无可忍，退无可退，全民族抗战局面形成了。

## 一、淞沪抗战

日本侵略中国的战略计划是“速战速决”，准备在3个月内逼迫中国政府投降。因此，7月底平津彻底沦陷后，一向倡导从南方侵略中国的日本海军就积极图谋在上海开辟战场，目的在于：一是牵制华东的国民党军队，以利日军在华北战场取胜；二是破坏中国的政治、经济中心，迫使国民政府屈服，承认日军侵占华北这一事实。

上海的战略地位十分重要。从地理位置上看，上海位于长江下游三角洲，是中华民国政府所在地南京的屏障，也是进入江浙沿海地区的海上门户，又是溯长江进入中国内地的水路咽喉。从经济方面而言，上海是中国最大的工商业城市和金融中心、贸易港口，上海海关的关税收入约占全国关税收入的一半，是南京国民政府的“钱袋子”。从外交上而言，上海租界林立，英、美、法等国在此均设有重要经济、政治、文化机构。从军事上说，上海当时是世界第五、中国第一大军港，即便在枯水期，吃水3米的船舰均可以通达汉口。

然而，上海却是一座不设防的城市。由于1932年一·二八事变后签订的《淞沪停战协定》的限制，上海被划为非军事区，中国军队不能在上海市区及周边地区驻扎，市内仅有上海市警察总队及江苏保安部队的两个团担任守备任务。与此相反，日本却利用《淞沪停战协定》在上海虹口、杨树浦一带部署重兵，还专设了日军驻沪海军陆战队司令部，共3000余人，在日租界等处构筑坚固的工事80余处。日海军第三舰队的军舰常年在长江、黄浦江沿岸巡弋。

1937年7月17日，日军驻上海的海军第三舰队司令长谷川清在给日本海军司令部的报告中强调："为置中国于死命，须以控制上海、南京是最要者。"在日本参谋本部给日本天皇的奏折中，也堂而皇之地表明要通过战争摧毁中国的经济中心上海，进而控制富庶繁华的江苏、浙江两省，使中国丧失抵抗力。奏折中说：进攻上海的目的，是"使其丧失经济中心的机能"，"在适当的时机果断地实行对中国沿海的封锁，以威胁中国国民及军队的生存，并切断对外经济活动"。

心生恶念的日本侵略者很快将计划付诸行动，把罪恶之手伸向上海。他们在上海再度玩起与在华北相同的伎俩，唆使在华军队、浪人到处寻衅滋事、制造冲突，为"合理"开战寻找"突破口"。

值得一提的是，当初国民革命军北伐时，曾在长江中下游遭到英美帝国主义的阻挡，日本利用这一机会开始派遣海军陆战队长期驻扎上海和汉口，日军"海军特别陆战队"由此出现在中国大地上。"海军特别陆战队"平时驻扎于上海和汉口，主要负责两地的警备任务。在上海的"海军特别陆战队"将虹口地区从黄浦江、苏州河岸到虹口新公园之间，杨树浦地区威海路以东的公共租界地区，普陀路警区北面及丰田纱厂、东亚同文书院一部分，划为警备区域。随着海军陆战队人员不断增加，其营地范围不断扩大，虹口一带的日本人俱乐部、电报局、日本人小学校、女子高中、海军集会所，以及中日基督教会、日资厂商厂房等，都被日海军占改成了营房。陆战队队员平时游走在上海的大街小巷，游手好闲、趾高气扬，是惹是生非的主角。1932年的一·二八事变，日本海军特别陆战队就直接参与其中。

7月24日，上海"海军特别陆战队"突然宣称丢失一个名叫宫崎贞雄的队员，以此为由，当夜，海军陆战队派出大批水兵，兴师动众出动坦克，在天通庵、横浜路一带设立临时步哨，并越界筑路，搜查行人。一时间，搞得上海人心惶惶、草木皆兵。但日方唯恐天下不乱的行径很快遭到挫败。27日，声称“被绑失踪”的宫崎贞雄安然无恙地回来了。宫崎贞雄在自己写的“自供文书”中承认：24日晚，他在上海四川路一家妓院里嫖宿，被另一日本兵看见，因为这家妓院没有经过日本海军陆战队批准，所以作为日本兵不能前去接受“招待”，他由此触犯了军纪。因害怕处分，所以乘船潜逃。7月27日，在镇江一艘轮船上跳海自杀。后被一中国船夫救起，查明身份后，被送往南京交给日本领事馆。“被绑失踪”纯属子虚乌有，于是，日方企图以“水兵被绑架失踪”事件作为发动战争借口的阴谋破产。

但日军是存心要制造事端的，因此，一计不成再生一计，他们接着又精心策划了另一出表演。

8月9日下午，驻上海日本海军陆战队中尉大山勇夫和一等兵斋藤要藏身着戎装，驾驶军用汽车闯入上海虹口机场，被守卫机场的中国宪兵制止。由于语言不通，交流困难，双方产生争执。两名日兵不但不理会劝阻，反而态度蛮横，最后竟拔出手枪威胁，中国宪兵见状遂对天鸣枪警告，大山勇夫等见事情不妙便仓皇驾车逃跑，在离机场大门北一二百米处被击坏车胎，汽车失控后冲进路边的菜地里，两名日本军人弃车而逃。在逃跑途中，双方互相射击，最终，两人均被击毙，中方士兵也有1人死亡。这就是轰动一时的“虹桥机场事件”。

此事件虽经调查核实，认为属突发事件，并非中日两国蓄意而为之，但尽管如此，毕竟当时中日双方在平津已开战事，在战略地位十分重要的敏感城市上海，两名日本军人擅自驾车持枪强闯机场警戒线无疑是对中国的一种严重挑衅行为。

8月11日下午，上海市政府、上海警备司令部、日本驻沪领事馆、日本海军陆战队司令部四方在市政府开会谈判。日方代表蛮横地提出包括中方撤退上海保安部队，撤除所有防御工事等无理要求，遭中方代表严词拒绝。上海市市长俞鸿钧就日方提出的撤退保安队的要求，明确表示，上海、虹桥均为中国领土，无所谓撤退一说。

其实早在8月6日，日驻沪总领事冈本与本田、冲野武官已经向上海市政府抗议中方保安队“违反协定威胁及刺激日方”，并威吓说，“如果不设法，恐两方情绪紧张，必激成事变”。[①]然而，中国方面态度强硬，不再对日方的武力要求妥协。

中方此时对日方采取强硬态度，原因在于平津失守，蒋介石南京政府意识到中国已经处于非战不可的境地。虽然日本当前的战略目标在于夺取华北，但如果让其得手，必将利用其快速部队沿平汉路直趋武汉，中国中西部大片国土都将丧失，不如当即和日军在东南国民政府兵力较为充足的区域决一死战，牵制日本侵略全中国的进程。

由于11日关于“虹桥机场事件”的谈判没有取得结果，事件愈演愈烈。日本海军有计划地组织长江沿岸各城市中的日本侨民迁移日本租界，派出空军飞机在上海虹桥机场、杭州笕桥机场低空挑衅飞行。12日，日本驻上海第三舰队司令官长谷川清随即命令日舰开进黄浦江、长江各口岸，所属舰队紧急开赴上海待战，同时增兵增舰，命令在日本佐世保待命的海军第一特别陆战队以及其他部队增援上海。据8月9日担任京沪警备司令的张治中报告，在此之前，日军在沪海军陆战队约5000人，各种轻重口径炮30余门，高射炮8门，战车及装甲车各20余辆，军舰12艘，各舰可随时登陆之水兵约3000人。

为抢得战争主动权，赶在日本援军到达之前消灭驻沪日军，中国组织淞沪作战部队张治中部第九集团军（下辖3个师和1个独立旅）准备围攻日军。13日，中国军队对上海市区之敌发动全面进攻，同时出动空军，轰炸日海军陆战队司令部、汇山码头及海面舰艇。

8月14日，国民政府发表《自卫抗战声明书》，宣告“中国决不放弃领土之任何部分，遇有侵略，惟有实行天赋之自卫权以应之”。

第二天，即8月15日，日本政府发表《帝国政府声明》，声称：“为了惩罚中国军队之暴戾，促使南京政府反省，于今不得不采取之断然措施……”[②]

① 中国第二历史档案馆编：《抗日战争正面战场》（上），江苏古籍出版社1987年版，第250页。

② 日本防卫厅战史室著，天津市政协编译委员会译：《日本军国主义侵华资料长编》（上册），四川人民出版社1987年版，第345页。

淞沪大战爆发！

从8月13日至22日，为淞沪会战第一阶段。当时，中国军队已编成第九集团军，总兵力40000人以上。日本在沪兵力总计14000人，配有坦克和大炮，以及31艘军舰和几十架飞机。中国在人数和准备方面占有优势，处于主动和有利的位置。从8月14日起，中国军队向日军发起全面攻击，逐渐缩小包围圈，但是对日海军陆战队司令部的攻击，因缺乏重武器而未能奏效。

8月22日，日本派遣队①深夜到达上海吴淞口，在飞机、舰炮的掩护下，从吴淞口到张华浜一带大举登陆，淞沪战争进入第二阶段——登陆与反登陆的激烈战斗。战斗重心由闸北、虹口移至月浦、罗店、吴淞、宝山一带，战线也从开始时的10公里延长至50公里左右。

由于日军增兵不断，又完全控制了制空权，中国军队逐渐处于下风。到9月6日，宝山落入敌手。11日，中国军队退守浏河、蕰藻浜、庙行、江湾至北站一线，战役进入第三阶段。至9月下旬，中国参战部队有35个师，总计40万人。日本总兵力超过20万人，还有300门大炮、50余艘军舰、200辆坦克和300架飞机助攻。

进入10月，中国军队面对日军的猛烈攻势，虽顽强抵抗，但已经力有不逮。然而，为了坚持到九国公约会议召开，21日中国军队进行最后一搏——全线反击，当夜小有进展。但第二天日军在海空炮火支援下反扑，双方相持到23日，中方10个团的兵力几乎全部覆没，只能退守苏州河右岸江桥至南翔一线，仅留八十八师一部在闸北四行仓库孤军奋战至30日，最后撤入公共租界。在这一阶段中，中国军队以阵地战的形式苦守40余天，牵制了6个师团日军，为其他部队的战略转移争取了时间，但主力损失过重，已难以为继。到战役第四阶段，日第十军从金山卫、全公亭登陆，直驱松江。11月7日，日第十军和上海派遣军编组为华中方面军，企图东西夹攻，聚歼中国军队，蒋介石不得不下达撤退令。到11月11日，南市失守。

① 1937年8月15日，日本下达编组上海派遣军的命令，以松井石根上将为司令官，下辖第三、第九、第十一军（欠天谷支队）等部，作战任务为“与海军协同消灭上海附近的敌人，占领上海及其北面地区的重要地带”。

至此，除租界以外的上海市区全部沦陷。上海失守，南京危在旦夕，20日，国民政府正式宣布迁都重庆。12月1日，江阴落入敌手。淞沪战役遂告结束。

八一三淞沪大会战虽然以中国丧师失地告终，但是日军“速战速决”的战略一开始便遭受挫折。战役初期，日军企图以有限的兵力消灭中国军队，认为最多3个星期即可解决沪战。但中国军民的奋勇抵抗，使得日军的攻势毫无进展，日军不得不修改战略。9月4日，日本军方认为10月可以结束淞沪战局，但中国军民的努力再一次使日军的梦想破灭。以后虽然相继在金山卫和白茆口登陆成功，但并没有完成对中国军队的包围聚歼，其“速决”战略因而再次落空。

淞沪大会战期间，日本内阁会议决定将“华北事变”改称“中国事变”，表明日本政府正式向全中国宣战。9月4日，日本第七十二届“帝国会议”开幕，宣读日本天皇诏书（按8月24日日本四相会议规定，此诏书代替宣战诏书），其内容为：

> 依靠帝国和中华民国的提携合作，确保亚洲安定，以求得共荣，乃日夜不能忘怀之事。中华民国不理解帝国之真意，肆意制造事端，以至有今日之事变。朕对此深为遗憾。今朕之军人正排除万难，发挥忠勇，只为促使中华民国醒悟，迅速确立东亚之和平，别无他意。朕切望帝国臣民配合今日之时局，忠诚奉公，同心协力，达到所期待之目的。[①]

强盗入室行凶，居然还能如此振振有词反复强调促使他人醒悟，此行径非强词夺理、厚颜无耻无法形容。这篇相当于宣战诏书的声明，表明日本帝国主义已经无意隐瞒全面侵华的企图。

经过淞沪大会战，侵华日军虽然将战火烧到中国华东，但客观上也被迫改变了进攻中国的路线。日军侵华本以华北为主线，由北向南取大包围

① 日本防卫厅防卫研究所战史室著，田琪之译：《中国事变陆军作战史》（第1卷第2分册），中华书局1979年版，第33页。

的态势，这显然对中国极为不利。淞沪战役迫使日军从海岸线向内陆推进，在沿长江西进时，势必分散兵力，减弱进攻速度，中国军队伺机组织了台儿庄战役。日军重兵用于淞沪，也减轻了华北战场的压力，客观上为八路军于敌后迅速建立各个抗日根据地创造了有利条件。周恩来曾指出：日寇侵华“中心的一环，仍在压迫我军迅速退过黄河，拿着华北好做文章。上海原是其牵制方面、次作战线，谁知沪战中的损失出乎敌人意料”。

## 二、国共合作实现

淞沪大会战对国共第二次合作起了一种微妙的推动作用，正如周恩来所说的：“要不是‘八一三’打响了，就不会允许我们建立八路军总指挥部和十八集团军总司令部的组织……但是到上海打响了，他（蒋介石）从庐山跑过来，觉得这是全面战争了，才发表了八路军的番号，紧跟着又发表了十八集团军的番号，要我们的军队打仗。”①

日本帝国主义已经全面对中国开战，在强敌入侵、民族危亡的紧要关头，中国各阶层各种力量除了团结协作、一致对外，别无他途。建立能够凝聚各方面爱国力量的全民族抗日统一战线，实现国共两党合作抗日，势在必行。

卢沟桥事变爆发前夕，国共两党已经达成了联合抗日的基本共识，但国民党尚未下最后的决心，而且在如何实现两党间的合作上双方尚存重大分歧。

当时，国民党主要有3个提议：一是成立国民革命同盟会作为国共两党合作组织，同盟会干部由国共两党推出同等数目的干部组成，但同盟会的最高决定权要由担任主席的蒋介石掌控；两党一切对外行动以及宣传，均由同盟会讨论决定；同盟会甚至可以扩大为一个由共产党和国民党共同组

① 中共中央文献研究室编：《延安时期党的重要领导人著作选编》（下），中央文献出版社2014年版，第587页。

成的“大党”，取代共产党与第三国际直接开展交往和联系。二是将红军改编成3个师12个团，人数约4.5万，由国民政府统一番号并委任师长；不设总指挥部，可在3个师以上设立政治训练处作为指挥机构，由国民党派遣联络参谋。三是关于陕甘宁边区政府的人事安排，由国民党派出正职官员，边区向国民政府推荐副职，可由林伯渠担任①；国民政府向边区派专员、副县长和副区长；请毛泽东、朱德出来“做事”或者“出洋”等。

从以上各项条件可以看出，国民党蒋介石是在借合作抗日之机，达到“溶化”共产党以及共产党武装力量的目的。针对红军最高指挥机关的设置，及要求朱德、毛泽东“出洋”等无理要求，周恩来严词拒绝，他在谈判中特别声明，当前态势下的国共合作谈判是两党商谈合作抗日，而不是共产党和红军向国民党投诚，接受国民党的收编。

中共方面提出，虽然原则上同意组织国民革命同盟会，但必须确定共同纲领以奠定两党合作的政治基础；在承认共同纲领的前提下，国共两党推举相同数量人员组成最高会议，可由蒋介石任主席，承认蒋依据共同纲领有最后决定权，但必须保证共产党的独立组织，并拥有政治宣传和讨论的自由。在红军改编方面，坚持红军改编后设立总的军事指挥部，或具有军事指挥机关的组织和权利的政治训练处，负责红军自行改编。在边区政府的人事安排方面，推荐张继、宋子文和于右任3人中任何一人为边区正职长官，但各行政部门须由我方推荐负责人，将来由边区参议会推出，请南京政府任命或自动实行民主选举。

国共双方在谈判条件上各执一端，此时蒋介石还信心满满，相当自负，在同中共的谈判中锱铢必较，尤其在抗战中的军事指挥权问题上，毫不让步。

1937年7月7日，中共中央应邀派出周恩来、博古和林伯渠经西安飞至上海，准备转往庐山与蒋介石谈判国共合作抗日问题，就在这一天，卢沟桥事变爆发，全国形势骤变。中国共产党审时度势，通电全国呼吁团结

① 《中央关于同蒋介石第二次谈判情况向共产国际的报告》（1937年6月17日），《中共中央文件选集》（第十册），中共中央党校出版社1989年版，第269—270页。

1937年8月，根据国共两党协议，红军主力改编为国民革命军第八路军（9月改称第十八集团军，习惯上仍称八路军）。图为红军改编后举行抗日誓师大会

抗战，并表明为共赴国难，愿意捐弃前嫌和国民党合作抗日的决心。这一表态受到国内各阶层民众的赞赏，被人民群众推拥到舆论的制高点。不仅如此，共产党言行一致，在7月14日，主动向南京政府表示，愿意在蒋介石指挥下努力抗战，红军主力准备随时出兵抗日。同日，中共代表周恩来、博古、林伯渠在庐山与代表南京政府的蒋介石、邵力子、张冲进行新一轮谈判。15日，周恩来向国民政府递交《中共中央为公布国共合作宣言》(以下简称《宣言》)，开诚布公，表明中共的抗日主张和与国民党合作的诚意。《宣言》声明：

> 当此国难极端严重民族生命存亡绝续之时，我们为着挽救祖国的危亡，在和平统一团结御侮的基础上，已经与中国国民党获得谅解，而共赴国难了，这对于我们伟大的中华民族前途有着怎样重大的意义啊！因为大家都知道，只有我们民族内部团结，才能战胜日本帝国主义的侵略……

《宣言》明确表示，中国共产党愿当此时机，向全国同胞提出中共奋斗的总目标，这就是：

一、争取中华民族之独立自由与解放。首先须切实的迅速的准备与发动民族革命抗战，以收复失地和恢复领土主权之完整。

二、实现民权政治，召开国民大会，以制定宪法与规定救国方针。

三、实现中国人民之幸福与愉快的生活。首先须切实救济灾荒，安定民生，发展国防经济，解除人民痛苦，与改善人民生活……

《宣言》最后向全国郑重宣告：

一、孙中山先生的三民主义为中国今日之必需，本党愿为其彻底实现而奋斗；

二、取消一切推翻国民党政权的暴动政策，及赤化运动，停止以暴力没收地主土地的政策；

三、取消现在的苏维埃政府，实行民权政治，以期全国政权之统一；

四、取消红军名义及番号，改编为国民革命军，受国民政府军事委员会之统辖，并待命出动，担任抗日前线之职责。①

《宣言》一经发出，引发全国民众热烈响应，中国共产党对合作抗日的积极态度，无疑对南京国民政府形成了极大的压力。蒋介石对中共所提的政治方面的要求基本表示同意，但在军事指挥权问题上依然不肯松口，双方胶着于红军改编后指挥权和人事权的争执上。这时，中共中央“为大局计”，同意国民政府在红军中设政治处代行军事指挥权，但要求政治处要以

① 《中共中央为公布国共合作宣言》(1937年7月15日)，《解放》周刊，第1卷第18期。

朱德担任主任，彭德怀为副主任。[①]

7月下旬，日军在平津两地疯狂挑衅，整个华北陷于危机之中，国共两党都希望尽快达成彼此谅解。7月27日，蒋介石不得不电催共产党人在10日内对红军改编完毕，以便南京政府发表3个师的番号，以及各师旅团长与政治主任的名单，并建议以康泽[②]为政治处副主任。然而此时，中共中央已经不可能同意以政治机关代行指挥权的安排，而是要求在3个师以上设总指挥部，“实行在军委领导之下全权指挥”[③]。中共中央明确表示：

（一）八月十五日则编好，二十日出动抗日；

（二）三个师以上必须设总指挥部，朱正彭副（即朱德为正指挥，彭德怀为副指挥），并设政治部，任弼时为主任，邓小平为副主任（不要康泽），以便指挥作战；

（三）三个师四万五千人，另地方一万人，设保安正副司令，高岗为正，肖劲光为副，军饷照给；

（四）主力出动后集中作战不得分割；

（五）担任绥远方面之一线。[④]

蒋介石急切盼望红军早上前线，此时失去了进一步讨价还价的资本，不再纠缠于指挥权不放。7月31日，南京政府下达3个师的番号，并同意红军照中共中央所提人数及编制改编。

8月1日，蒋鼎文[⑤]转蒋介石急电，密邀中共最高领导人毛泽东、朱德、

---

① 《洛、毛致叶转周、博、林电》1937年7月17日。

② 蒋介石亲信。黄埔军校第三期学生，曾留学苏联莫斯科大学。1932年担任南京中国日报社社长，在蒋介石示意下，发起组织国民党特务组织——复兴社。1936年12月，西安事变发生时，康泽忠于蒋介石积极参加营救，更得蒋的宠信。1937年全面抗战开始，蒋介石被迫接受中国共产党提出的团结抗日的主张，康泽被派到八路军总部担任联络工作。

③ 《毛致朱、彭、任诸同志并告剑英电》1937年7月28日。

④ 《洛、毛致周、博、林电》1937年7月28日。

⑤ 早年毕业于浙江陆军讲武堂，曾参加讨伐陈炯明、北伐战争、蒋桂战争、蒋冯阎战争、第三次及第五次“围剿”，并参与过镇压“福建事变”。被称为蒋介石的“五虎上将”之一。1936年12月初，被蒋介石召至西安委任为西北“剿匪”军前敌总指挥，在西安事变中，为蒋介石的安全奔走于西安、南京之间，“赴汤蹈火，在所不辞”，表现了对蒋介石的一片忠心。

周恩来速至南京商讨国防大计。

9日，中共应邀派出周恩来、朱德、叶剑英赴南京，以提交中共对国防问题的各项意见，同时参加蒋介石主持召开的国防会议，并与国民党继续谈判合作事项。两天后，3人出席了国民党政府军事委员会军政部召集的谈话会，这标志着国民党开始承认共产党公开化。

8月13日，淞沪抗战爆发。14日，南京国民政府发表《自卫抗战声明书》，历数日本侵略军自九一八事变以来的种种侵华罪行，宣布“中国为日本无止境之侵略所逼迫”，不得不抵抗暴力，实行自卫。同日，中国军队开始在上海地区展开全面攻击。但是，从战斗一开始，日军就顽强抵抗，中国军队损失不小，预示着淞沪会战的艰巨惨烈。

在战争艰难的局势下，蒋介石南京政府不得不向中国共产党妥协，国共第二次合作正式实行。

8月19日，国共两党达成红军改编协议。22日，国民政府军事委员会宣布红军改编为国民革命军第八路军。25日，中共中央革命军事委员会宣布将中国工农红军第一、第二、第四方面军改编为国民革命军第八路军，设立总指挥部，朱德、彭德怀分任正、副总指挥，下辖第一一五师，师长林彪、副师长聂荣臻；第一二〇师，师长贺龙、副师长萧克；第一二九师，师长刘伯承、副师长徐向前；参谋长叶剑英、副参谋长左权；政治部主任任弼时、副主任邓小平。[①]9月12日，国民政府军事委员会按照全国统一战斗序列，将八路军番号改为第十八集团军，仍下辖上述3个师。

红军改编后，成立了新的中共中央军事委员会，由毛泽东、朱德、周恩来等11人组成，毛泽东为主席，朱德、周恩来为副主席。同时成立中央军委前方军分会（后称华北军分会），由朱德、彭德怀等9人组成，朱德、彭德怀分任正、副主席。

红军主力改编为八路军的同时，中共中央指示南方红军游击队改变番号与编制以取得合法地位，同时，中央还派出代表与国民党谈判，坚持南

① 《中央革命军事委员会命令》（1937年8月25日），《毛泽东军事文选》第2卷，第34—35页。

方红军改编后为一个军的独立建制。10月12日，国民政府军事委员会宣布南方8省14个地区（不包括琼崖红军游击队）的红军和游击队，改编为国民革命军陆军新编第四军（简称新四军），全军1万人。任命叶挺为军长，项英为副军长，张云逸为参谋长，周子昆为副参谋长，袁国平为政治部主任，邓子恢为政治部副主任。同时，中共中央决定成立中央军委新四军分会，项英任主席，陈毅任副主席。

红军改编，标志着在抗日民族统一战线旗帜下，国共两党开始了军事合作。

由于淞沪战事吃紧，蒋介石调集重兵部署淞沪会战时，希望红军早日出兵，在华北牵制日军。9月之后，国民党方面一再催促共产党的军队尽快出动。其实，为了表示抗日诚意，自中共中央洛川会议后，中共已经派出两个主力师转赴华北前线，但为了逼迫蒋介石遵守在谈判桌上许下的承诺，中共保留一个师按兵不动，以观其效。在解决了军事指挥权的争议之后，蒋介石又突然出尔反尔，不仅不同意在红军部队全部出动前发表中共宣言，而且在边区政权问题上找碴儿，硬要将丁惟汾[①]塞进边区政权，担任边区正长官。虽然战事紧迫，但毛泽东依然对蒋介石保持高度警惕，他担心蒋介石居心叵测耍花招，“红军受命出动后即变为蒋之属下，彼以命令行之，彼时党的问题与边区的问题由彼解决，甚至将不许发表宣言，并取消苏区”。回顾国共双方历时半年多的谈判过程，国民党蒋介石“溶共”之心不死，毛泽东的担忧不无道理。因此，中共中央根据毛泽东的意见，在9月2日强硬表示：（一）中共宣言必须即刻签字发表；（二）边区政府请以林伯渠为长官，张国焘为副长官，即日颁命（布）；（三）八路军总部及各师高级参谋其任务仅司联络，务请受命者认识清楚；（四）八路军政治主任、副主任，请即改为任、邓二人。

可见，中共中央目的明确、态度坚决，即要求蒋介石立即发表中共宣

① 丁惟汾（1874—1954），山东省日照人。中国同盟会创始人之一，代表北方党人多年追随孙中山。国民革命期间支持国共合作，是国民党左派代表。1926年被推选为国民党中央执行委员会常委、青年部长。蒋介石利用他的元老身份作为一种摆设。七七事变后，丁任国防最高会议委员。1949年去台湾，1954年去世。

言，承认中共合法，同时坚持由林伯渠、张国焘担任边区正、副长官，任弼时、邓小平担任八路军政治部正、副主任，不要国民党的任何人来插队。甚至南京派来的高级参谋和政治部副主任，也仅仅作为联络之用，而不能有实际指挥权和掌控权。9月中旬，经过在南京的中共谈判代表博古、叶剑英与国民党代表康泽等人的进一步交涉，国民党终于认清局势，做出了新的让步，同意接受中共意见，这样一来，中共中央所争取的目标实际上基本达到。边区政府和红军指挥权都牢牢掌握在共产党自己的手里，保持了独立性。蒋介石企图通过这个机会达到“溶共”“灭共”的计划落空。

9月22日，国民党方面公开发表了中国共产党的《中共中央为公布国共合作宣言》。紧接着第二天，即9月23日，蒋介石在庐山发表《对中国共产党宣言的谈话》，他说：

> 此次中国共产党发表之宣言，即为民族意识胜过一切之例证。宣言中所举诸项，如放弃暴力政策与赤化运动，取消苏区与红军，皆为集中力量，救亡御侮之必要条件，且均与本党三中全会之宣言及决议相合……在存亡危急之秋，更不应计较过去之一切，而当使全国国民彻底更始，力谋团结。以共保国家之生命与生存……对于国内任何派别，只要诚意救国，愿意在国民革命抗敌御侮之旗帜下共同奋斗者，政府自无不开诚接纳……中国共产党既捐弃前嫌，确认国家独立与民族利益之重要，吾人唯望其真诚一致，实践其宣言所举之诸点，更望其在御侮救亡统一指挥下，人人贡献能力于国家，与全国同胞一致奋斗，以完成革命之使命……[①]

从这个“谈话”中可以看出，蒋介石依然把国共合作说成国民政府对共产党的“接纳”，但无论如何，蒋介石公开发表的谈话实际上“确定了共产党在全国的合法地位”。毛泽东说：“共产党的这个宣言和蒋介石氏的这个

① 中共中央党校党史教研室：《蒋介石对中国共产党宣言的谈话》（1937年9月23日），《中国国民党史文献选编》，中共中央党校出版社1985年版，第254—255页。

谈话，宣布了两党合作的成立，对于两党联合救国的伟大事业，建立了必要的基础。共产党的宣言，不但将成为两党团结的方针，而且将成为全国人民大团结的根本方针。”[①]

在日军全面扩大侵略战争的炮火中，国共两党历经9个月的艰苦谈判终于取得实质性成果，第二次国共合作事实上形成了。

第二次国共合作结束了国共两党十年对立的局面，体现和反映了中华民族救亡图存的强烈愿望和迫切要求，直接促成了全中国抗日民族统一战线的正式形成。它激发起各民主党派、各抗日团体、海外侨胞和广大爱国官兵、普通民众的爱国热情和必胜斗志，从而使抗日战争成为一场伟大的全民族的反侵略战争。国民党左派领袖宋庆龄对国共合作发表声明说："1937年7月7日日寇进攻卢沟桥之后，国民党和共产党为了团结抗日，奠定了正式合作的基础，以代替西安事变后获得的停战。""国难当头，应该尽弃前嫌。必须举国上下团结一致，抵抗日本，争取最后的胜利"。[②]中国国家社会党、中国青年党、中华职业教育社、乡村建设会以及各界抗日救亡团体、爱国民主人士，都纷纷发表言论，盛赞国共两党之举，并表达了团结抗日的心愿。

事实证明，国共两党无论对立有多严重，积怨有多深，在民族危亡的紧要关头，中国共产党能够以民族利益为重，抛弃前嫌，高举团结抗日的大旗。同样，国民党中的有识之士，也能服从于反对日本帝国主义侵略这个最高民族利益，与中国共产党握手言和。"兄弟阋于墙，外御其侮"，民族的利益永远是全体中国人的最高利益。此外，在国际上，第二次国共合作提升了中国在国际上的地位，中国的抗日战争因此成为世界反法西斯统一战线的重要组成部分，有利于中国人民的抗日战争获得更广泛、更有利的国际援助。

① 《毛泽东选集》(第二卷)，人民出版社1991年版，第363—364页。

② 宋庆龄:《为新中国而奋斗》，人民出版社1952年版，第109页。

## 三、八路军出师前线

1937年9月日本侵略军攫取平津后，兵分三路在华北展开全面进攻：沿津浦线南下夺取济南、青岛；沿平汉线取保定、石家庄；沿平绥线向太原逼近。国民党军队抵挡不支，纷纷溃退。中共中央军委遂决定八路军三大主力出师抗日。根据同国民政府达成的协议，八路军开赴阎锡山负责的第二战区作战。

一一五师先遣队一马当先。早在8月22日，中共中央军委不计较蒋介石仍未正式承认中共合法地位的顽固态度，决定派出一一五师三四三旅作为八路军抗日先遣队率先出征。先遣队在旅长陈光率领下，从陕西三原地区出发，31日由韩城县芝川镇东渡黄河，进入山西省万荣县。9月1日，部队抵达侯马镇，乘火车沿同蒲路至原平，经繁峙、大营，于19日到达平型关东南上寨、下关一带，集结待命。一一五师的第二梯队由三四四旅和师司令部组成。8月25日，徐海东率部冒雨从三原县桥底镇启程，在三原以东驻扎了5天，等候从咸阳来的火车，因未能成功，改由侯马上车。9月4日，部队仍走先遣队路线，从芝川镇东渡黄河，8日到达侯马，在侯马驻留3天，11日乘上火车，12日下午到达原平，然后星夜兼程，经五台、龙泉关，从阜平北面的丁家庄插到上寨镇，几经辗转，终于在23日与已经在上寨驻扎多日的先遣队会合。

一一五师出发后，一二〇师跃跃欲试。9月2日，一二〇师在陕西富平县庄里镇举行抗日誓师大会。朱德、任弼时出席会议并发表讲话，谆谆教诲广大指战员以民族和国家大义为重，打消大家身穿与国民党军队一样的服装，戴青天白日帽徽，和国民党部队一起作战的抵触情绪，激励广大指战员全力投入战斗。翌日，师长贺龙率主力部队从庄里镇出发，经过5天的急行军，8日抵达韩城县境内，在芝川镇东渡黄河，13日进抵侯马镇，然后乘火车沿着同蒲路北上，19日集结晋中榆次地区。

一二九师紧随一二〇师，于9月6日在陕西三原县城以西的石桥镇召开全师指战员誓师大会。16日，队伍开抵富平县庄里镇准备东渡黄河，沿同蒲路北上抗日。30日，刘伯承率领一二〇师的先遣队先行出动，在10月5日抵达韩城县芝川镇，6日渡过黄河，当夜抵达山西省万荣县，后经侯马镇乘火车北上抵达太原。10月1日，陈赓率领后续主力部队包括骑兵营和旅部出发，跋山涉水，终于16日到达平定以东地区。

几乎与三大主力同时开拔，八路军总部在朱德、彭德怀、任弼时、左权、邓小平等率领下，从泾阳县云阳镇出发挺进关中，经陕西省瓦窑头、陶池、澄城、合阳，在芝川镇渡过黄河。9月 12日，就在部队东渡黄河之际，国民革命军第八路军按战斗序列被改为第十八集团军番号，隶属第二战区。第八路军总指挥部改为第十八集团军总司令部，简称“集总”，总指挥、副总指挥改为总司令、副总司令，仍由朱德、彭德怀分别担任总指挥和副总指挥。21日，总部到达太原。22日，朱德到岭口会晤阎锡山，邓小平则与总部其他同志抵达五台县河边村。23日，朱德到达五台县，在晋北前线的五台县南茹村设立总指挥部，指挥八路军抗日。

中共中央根据敌情变化，时刻改变八路军进兵计划。9月17日，毛泽东致电朱德、彭德怀、林彪、贺龙、刘伯承等人，认为在敌人重点进攻恒山的情况下，八路军如果按照原计划与武器精良的日军正面交锋，必然与我军不利。他在电文中说：

> 为战略上展开于机动地位，即展开于敌之侧翼，钳制敌之进攻太原与继续南下，援助晋绥军使之不过于损失力量，为真正进行独立自主的山地游击战，为广泛发动群众，组织义勇军，创造游击根据地，支持华北游击战争，并为扩大红军本身起见，拟变更原定部署，采取如下之战略部署:（一）我二方面军应集结于太原以北之忻县待命，准备在取得阎之同意后，转至晋西北管涔山脉地区活动。（二）我四方面军在外交问题解决后，或在适当时机，进至吕梁山脉活动。（三）我一方面军则以自觉的被动态势，现时进入恒山山脉南段活动[①]。

① 毛泽东:《关于敌情判断及我之战略部署》（1937年9月17日），《毛泽东军事文集》（第二卷），军事科学出版社、中央文献出版社1993年出版，第48页。

按照中共中央的部署，八路军三大主力已经各就各位，在各自的“责任区”摆开阵势迎接来犯之敌：第一二九师在以吕梁山为依托的晋西南地区迎战；第一一五师深入恒山山脉，并逐步在太行、太岳两山脉中安营扎寨；第一二〇师雄踞晋西北，钳制进攻太原之敌。[①]

在八路军三大主力日夜奔波、风雨兼程地向华北抗日前线挺进的同时，晋西北的国民党军在日本侵略军猛烈的进攻下节节败退，以板垣征四郎为团长的日军第五师团及关东军察哈尔派遣兵团已逼近雁门关、平型关一线。情势危急，为配合正面战场的国民党军守住平型关、雁门关及长城各隘口，尽可能保住太原，争取华北局势的好转，集总下令一二〇师驰援雁门关，一一五师主力向平型关急进，打击来犯之敌。

当时，飞扬跋扈的日本侵略军为达到占领太原的目的，分左右两翼推进：右翼以一个派遣兵团和两个混成旅的兵力，在占领大同后，出阴山进犯雁门关；左翼由第五师团集结怀来、宣化，分两路西进，企图突破平型关，最后与来自大同的日军在雁门关会师。9月下旬，一一五师侦知日军第二十一旅团一部向前线开进将经过平型关后，决定在此打一场伏击战以策应友军。

平型关位于山西省东北部，是晋东北的一个咽喉要道，两侧峰峦迭起，陡峭险峻，左侧有东跑池、老爷庙等制高点，右侧是白崖台等山岭。在关前，是一条由西南向东北延伸的狭窄沟道，沟深数十丈不等，全长约13公里。一条公路蜿蜒其中，许多地方狭窄得只能容一辆汽车通过，无法错车。但两侧高地山头却比较平坦，适合隐蔽部署兵力。显然，这是一个伏击歼敌的理想战场。

9月14日，第一一五师先头部队日夜兼程奔赴晋东北，神不知鬼不觉地抵达平型关西南，并派出侦察分队查看平型关地区的地形和敌情。23日，林彪在平型关东南面的上寨召开全师连以上干部动员大会，并下达具体部署：杨成武的独立团、骑兵营负责切断敌军的交通线，阻止敌军的增援；杨得志的第六八五团和李天佑的六八六团为主攻，全部埋伏在平型关东侧山

① 参见李良志、王树荫、秦英君《全民抗战　气壮山河》，上海人民出版社1995年版，第273—274页。

平型关战斗

地，利用有利地形，居高临下截击敌先头部队，并分割歼击沿公路开进之敌；徐海东的第三四四旅的第六八七团（团长张绍东）在平型关北面截断敌军退路，不让敌军退缩；第六八八团（团长陈锦绣）为预备队，以便机动。这个部署截头断尾、中间分割，可以把来犯之敌一网打尽，滴水不漏。

24日，侦察部队传来消息，敌军将在25日早晨通过平型关。当夜12时，林彪和聂荣臻用电话向各支队伍下达了进发命令。

岁值深秋，夜寒彻骨。晋北9月下旬夜间气温已很低，八路军行进到半途，天又突然下起倾盆大雨，八路军官兵均无挡雨御寒装备，只能冒雨摸黑在崎岖的山路上艰难行进。不久，大雨未止，山洪又来，战士们把枪和子弹挂在脖子上，手拉手结成“缆索”，或拽着马尾巴从激流中蹚过去，但不幸仍有战士被山洪卷走。[①]经过大半宿的冒雨急行军，拂晓前，部队终于到达目的地，按预定计划，分头在平型关首尾及两侧埋伏起来。这时，静悄悄的平型关已经变成了一个巨大的口袋，正张开着大口，等待日军悉数进入。

① 李良志：《度尽劫波兄弟在》，广西师范大学出版社1993年版，第143页。

天亮之前，雨是停了，但经一夜的秋雨侵袭，战士们全身汗雨湿透，又冷又饿，还得伏于湿地、山岩上待命。黎明，东方初现曙光，山沟公路上由远而近传来汽车的马达声，只见板垣师团的第二十一旅团二十一联队第三大队1000余人，乘汽车百余辆，附辎重大车200余辆，沿灵丘至平型关的公路西进，黑压压的一片，充满杀气。由于当地群众的积极协助和配合，一一五师如此大规模的调兵遣将和行军埋伏等军事行动，居然没有走漏一点风声。因此，这些毫不知情的侵略军还是大摇大摆，骄情横溢，如入无人之境。

7时左右，敌第一辆汽车进入伏击圈，伏击的八路军官兵压着怒火，耐心等待这些不知死期已至的狂妄之徒走近，再走近……由于沟深路窄，加上雨后道路泥泞，敌军车辆人马拥挤堵塞，行进缓慢。等敌人的最后一辆汽车进入伏击圈，八路军的信号弹随即升空。第六八七团第五连的连长曾贤生率全连首先发起攻击，用手榴弹炸毁敌人车辆，堵截敌军的退路。顿时，迫击炮、机枪、步枪、手榴弹，全线开火，居高临下，劈头盖脸向敌军砸去。拥挤在公路上的日军一时乱了阵脚，人仰马翻、车马相撞，乱作一团。因无路可退，日军拼死抵抗，反复争夺公路两侧制高点——老爷庙和白崖台，冲杀声响彻山谷。

板垣征四郎得知二十一旅一部被围，急令在蔚县和涞源的两个联队救援，但分别遭到早有准备的一一五师独立团和骑兵团的痛击。日军还出动飞机轰炸，但由于是沟谷中的短兵相接，飞机的威力相当有限。曾经参加平型关战役并担任连长的谷怀良在60多年后回忆当时的战况：

> 日军才派出飞机支援地面部队，一天来四五次，每次七八架飞机，最多不超过10架。他们朝下面扔炸弹，并用机枪扫射。之前在战场上，没见过飞机，所以一开始，大家有些恐惧，但是，飞机一来，我们的步枪、机枪、冲锋枪，所有的枪支都集中火力射击飞机，当天，打下日军第一架飞机。山头上立即炸了锅，所有的士兵都在高呼，所有的冲锋号都吹响了，大家都十分兴奋。以后，再来飞机，大家都不怕了。整个战役共击落了日军5架飞

机。后来，日军害怕炸弹滚下山误伤自己的部队，不敢轻易轰炸而撤退。

激烈的战斗持续了整整一天，因围困在不到一公里的狭长山沟里，日军进退不能，大部被消灭，只有少部分残军突围逃脱。当然一一五师也付出较大牺牲，“伤亡四百余人，内有副团长、副营长二三名”[①]。据老红军战士、聂荣臻的卫士阮受贤回忆，一一五师约有900人伤亡。《抗战以来的八路军、新四军》一书认为：中国军队团营干部5人负伤，以下近千人伤亡。第五连百名壮士，凯旋时只剩30多人，连长曾贤生壮烈牺牲。

平型关大捷歼敌1000多人，毁敌汽车100辆，大车200辆，缴获步枪1000多支，轻重机枪20多挺，战马53匹，另有其他大量战利品。它有力地打击了日军的嚣张气焰，延阻了敌人的进攻，迫使进至浑源和保定的一部分日军兵力转移到平型关方向，因而有力支援了平汉线和津浦线友军的作战。

平型关大捷是中国抗战开始后取得的第一次大胜利，它粉碎了“皇军不可战胜”的神话，振奋了全国人心，鼓舞了全国人民的抗战热情。[②]9月26日，蒋介石致电八路军总司令朱德和彭德怀：“二十五日一战，歼寇如麻，足徵官兵用命，深堪嘉慰。尚希益励所部，继续努力，是所至盼。”[③]

在平型关吃了败仗后，日军第五师团调整部署，设计从背后进攻中国军队。在关东军察哈尔兵团的策应下，它从应县茹越口正面突破长城防线，先后攻下繁峙、代县、崞县，9月末，阎锡山部的长城防线在日军的强大火力下土崩瓦解。日军逼近忻口。忻口是保卫太原的最后一道防线。作为第二战区司令长官的阎锡山决定倾其所有，在忻口与日军决一死战，以保卫太原。

---

① 毛泽东：《平型关战役战果》(1937年10月1日)，《毛泽东军事文集》(第二卷)，军事科学出版社、中央文献出版社1993年版，第68页。

② 李良志、王树荫、秦英君：《全民抗战　气壮山河》，上海人民出版社1995年版，第269页。

③ 转引自李良志《度尽劫波兄弟在》，广西师范大学出版社1993年版，第145页。

忻口是太原以北军事要冲，位于忻县、崞县、定襄三县之交，五台山、云中山东西之间，滹沱河穿流两山，同蒲铁路贯穿南北，早在1935年，国民政府即在此修筑国防工事。

为配合第二战区正面守军的忻口会战，中共中央军委和八路军总部即令所属各部向敌侧后展开主动出动。根据第二战区会战计划和集团军总司令朱德的命令，八路军积极在晋东北及晋西北地区展开广泛的袭击战，威胁日军侧背及破坏日军后方交通线，使进攻忻口的日军因交通阻断而发生补给困难，不得不用飞机来输送弹药和给养。日军困境如10月24日卫立煌在给蒋介石的密电中所称："敌自雁门被截断，粮秣极感困难，现向地方征发杂粮中。"①为此，蒋介石致电朱德、彭德怀称："贵部林师及张旅，屡建奇功，强寇迭遭重创，深堪嘉慰。"②同期，第一二九师陈锡联团为配合忻口正面战场作战，减少敌机轰炸，夜袭阳明堡日军机场，毁坏日军飞机24架，歼灭日军近百人，极大地削弱了忻口日军的空中支援力量，有力地配合了忻口守军。卫立煌在会战结束后曾对周恩来说："没有把一二九师调去打阵地战是做对了。阳明堡烧了敌人二十四架飞机，是战争历史上从来没有过的事情。我代表在忻口正面作战的将士对于八路军表示感谢！"③

忻口会战和太原保卫战历时一个多月，广大官兵不畏强暴，奋勇杀敌，表现出中华民族不屈不挠的爱国情怀和英雄气概。在会战中，国共两党两军密切合作、相互配合，八路军各部在日军侧后的作战，牵制和消耗敌人，有力地支援了友军作战。但是，由于正面战场缺少统筹安排，过于强调阵地战而缺乏外围运动战，也由于日军的武器精良、准备充分，太原最终陷落。

日军虽然在军事上拿下了太原，但他们在山西却永无宁日。由于八路军在出兵山西后迅速形成晋察冀、晋西北和晋冀豫三个游击区域，和坚持

---

① 《卫立煌致蒋介石何应钦密电》(1937年10月24日),《抗日战争正面战场》(上)，第505页。

② 《民国档案》1985年第2期。"林师"指林彪为师长的第一一五师,"张旅"指张宗逊任旅长的第一二〇师第三五八旅。

③ 赵荣声:《回忆卫立煌先生》，文史资料出版社1985年版，第34页。

山西抗战的国民党军一起，对日军在山西的控制形成了威胁。日军占领太原后，“感到后方交通断绝，极端痛苦，于11月17日不得不将其疲惫已极的板垣师团及另一部向北撤退，以便到那里去补充整理和进攻我们的游击队”[①]。

1937年底，日军从保卫正太铁路安全出发，对直接威胁正太铁路运行的八路军晋察冀和晋冀豫游击区展开“六路围攻”。八路军和日军在游击战场上具有战略意义的真正交手开始了！八路军针对日军进攻，连续展开反“围攻”作战，对来犯之敌迎头痛击，打得日军狼狈南窜。1938年1月，阎锡山致电蒋介石报告：“连日，朱德部进袭太原南郊及正太沿线各据点之敌，颇有斩获。”[②]

中共中央以保卫华北、屏障西北为战略目标，指示八路军前线部队与阎锡山真诚合作，积极投入山西抗战，把山西建成整个北方抗日游击战争的战略支点。此后，八路军指战员在抗日游击战场上纵横驰骋、英勇杀敌，各地捷报频传，如：“蒲县西北敌千余连日被我林彪师陈旅截击，毙五百余，死骡马三百余匹，俘兵四名”；“贺龙师王旅于麻峪村侧击宁武北窜之敌五六百，毙敌百余名，夺枪二十余支”……[③]

敌后抗日根据地的创建和游击战争的普遍开展，使侵华日军感到极大不安。1938年3月，为了驱逐与消灭在晋东南的中共军队，解除其后方的威胁，侵华日军华北方面军第一军司令官香月清司决定抽调所属各师团步兵8个联队，骑、炮、工、辎重兵各1—2个联队，共计3万余人，对一二九师和太行根据地发起进攻。

八路军总部获悉日军这一企图之后，朱德和彭德怀做出反围攻的作战方针，决定以八路军一部兵力，在地方部队、游击队的配合下，会同国民党军队，钳制各路进犯日军；集中主力，寻机歼灭围攻日军中的一路，以取得歼敌一路，震慑其他各路的效果。

① 朱德：《论游击战与运动战》，《新华日报》1938年2月9日。

② 《阎锡山电蒋中正等我朱德部游击颇有进展》（1938年1月9日），《阎锡山档案》，台北“国史馆”藏。

③ 《阎锡山档案》，台北“国史馆”藏。

一二九师师长刘伯承接到总部指示后，迅速制订了作战计划：以三四四旅主力、决死一纵队及各基干支队，结合游击队、抗日自卫队，以阻击、袭扰手段，延阻各路进犯之敌；以一二九师主力及三四四旅之六八九团，隐蔽集结于涉县以北地区，寻找战机，歼灭由长治或涉县向辽县进犯之敌。

14日，分路窜入辽县、武乡县城的日军第一〇八师团的两个加强联队，遭到中共游击队和抗日自卫队的围困袭扰，陷于饥饿、疲惫、恐慌不安的困境。15日，侵占武乡的日军第一一七联队北犯榆社扑空，当日即仓皇窜回武乡。黄昏后，又放弃武乡，连夜沿浊漳河向襄垣方向逃窜。这时，一二九师主力及六八九团已由武涉大道经西井、蟠龙，进到武乡西北之东、西黄岩和东、西胡家垴一带。刘伯承根据这一情况，下令沿浊漳河两岸实行平行追击：三八六旅第七七二团、三四四旅六八九团为左纵队，沿浊漳河北岸急进，三八六旅第七七一团为右纵队，沿浊漳河南岸急进。三八六旅七六九团为后续部队，沿武乡城东的大道跟进，各部队以急袭之势，将日军一一七联队消灭在浊漳河谷。

三八六旅旅长陈赓率七七二团、七七一团向东猛追日军一一七联队，该联队辖步兵3个大队、步兵炮中队、速射炮中队、机关枪中队、卫生队、辎重队等，联队全部约3747人。16日清晨7时，三六八旅追到长乐村附近，日军正行进在狭窄的河谷里，一面是浊漳河，一面是山崖。这给七七一、七七二团左右两路部队形成了极好的夹击之势。

由于六八九团和七六九团接到通知较晚还未赶来，陈赓命令埋伏在浊漳河南北两岸高地的七七一、七七二团放过一一七联队主力，把柏崎部队的笠原大队以及辎重队约1500人作为袭击目标。当日军人马和车辆辎重沿着白草辿至长乐村大道向东行进……陈赓一声令下，子弹、炮弹、手榴弹疾风暴雨般砸向日军队伍，顿时，日军人仰马翻，死伤遍地，车辆辎重丢弃路旁。随之，七七二团犹如猛虎下山，从山头上、谷口里，甚至从数丈高的陡坎上冲向大道，跳入敌群，用刺刀、长矛和敌人展开了白刃搏斗。与此同时，七七一团在南岸的窑头、西岭村一线高地，向北展开袭击。在八路军的两面夹击之下，1500余名日军被截成数段。为了求生，日军有的钻到车下，有的利用死马作为掩体，进行拼死抵抗；还有几股日军，端着刺刀向两岸高地疯狂反扑。向北岸高地反扑的日军，在李庄被七七二团第二营迎头击溃。扑向南岸高地的日军，除少数窜入山边的几座窑洞外，也被七七一团压回河谷。日军此时已成瓮中之鳖，反攻突围无望，只有拼死挣扎。

已经通过长乐村的日军主力，为解救其被围部队，集中了千余人，向左翼七七二团在戴家垴的阵地发动猛攻。驻守戴家垴阵地的七七二团第十连接受阻击任务，与10倍于自己的日军激战了4个小时，英勇地打退了日军的多次猛烈攻击，但终因众寡悬殊，有一个排全部牺牲，阵地被日军占领。12时，六八九团赶到，立即展开了反攻。经与敌反复冲锋肉搏，终将阵地夺回。15时，日军第一〇五联队千余人，由辽县经蟠龙赶来增援，六八九团和七七二团与援敌进行了激烈战斗，至17时，辽县方向又有千余名日军赶来增援。刘伯承鉴于全歼该敌已无把握，为巩固既得胜利，遂决定以七六九团、六八九团各一部，布成游击网，阻击与迷惑日军，掩护主力立即撤出战斗，转移至云安村、合璧村地区隐蔽待机。

长乐村战斗，共毙敌1500余人，缴获轻机枪2挺、步马枪百余支和大批军用物资。八路军伤亡千余人，七七二团团长叶成焕重伤。①

长乐村战斗胜利后，各路日军被迫纷纷回窜。八路军各部和国民党友军乘胜追击，又在沁源以南及沁县、沁源间，辽县和顺间，高平以北的张店、张度岭间，给了败退敌人以有力的打击，一举攻克了晋东南18座县城。

此后不久，向平汉北段、平绥东段挺进的八路军也有捷报传来，据陈诚转报蒋介石的消息："近半月承德之滦平及古北口喜峰口、平东之蓟县等处，战事异常激烈，我方游击队多系八路军，极为活跃，尤其对平热路随时破坏，致敌防不胜防。"②

从1937年8月出师山西到1938年底，八路军经过一年奋战，连续的作战成效，赢得了各方赞誉，不仅挫伤日军的自信，而且打乱日军进犯计划，牵制日军的调度，支援了国民政府正面战场的作战。

---

① 《阎锡山档案》，台北"国史馆"藏。

② 《蒋中正总统文物》，台北"国史馆"藏。

与北方八路军东渡黄河，挺进抗战前线遥相呼应，南方各省的红军游击队也在中共中央的号召和组织下，改编成国民革命军陆军新编第四军（简称新四军），投入抗日战场。

因为南方红军游击队长期战斗在深山密林，无法及时了解变化的形势和中央的新政策。1937年7月底8月初，在赣粤边区一带领导革命军民进行游击战争的项英、陈毅等，以及在浙南领导游击战争的粟裕、刘英等，辗转与中共中央取得了联系，陆续获悉中共中央抗日民族统一战线政策，纷纷实施战略转变。在闽西南游击区，张鼎丞、邓子恢、谭震林等得知西安事变和平解决的消息后，立即决定在闽西积极活动，以推动国民党抗战，推动全国的抗日高潮。

中共中央经过反复考虑，委托奔赴上海谈判的周恩来邀请刚刚从海外归来的叶挺出面主持改编南方红军游击队。北伐革命时，叶挺也是中共党员，他指挥的独立团为国民革命军第四军赢得了“铁军”称号。叶挺还参与领导了南昌起义，但在起义军南下失利后，流亡海外10年。回国后，面对外敌入侵，他当即答应促成改编一事，并且声明完全接受中国共产党的领导。由于南方红军游击队采取了积极行动，对国民党方面实现了政策转变 。国民党迫于形势，最终同意南方红军游击队改编。

9月28日，蒋介石任命叶挺为国民革命军陆军新编第四军军长，由他负责对南方红军和游击队进行改编。根据国共两党谈判达成的协议，1937年10月12日，江西、福建、广东、湖南、湖北、河南、浙江、安徽等8省的红军和游击队整编为国民革命军陆军新编第四军。30日，张闻天、毛泽东关于南方红军游击队集中改编问题发出电报，重申了改编工作的原则，给出了具体的指导：“反对国民党派遣任何人”；“集中五分之三为一军，以叶挺为军长（待考虑），项英为副军长”，“反对国民党插入任何人”；“以四个月为清理时间，任何游击队区均须党中央派人亲去传达，然后集中”等。这一指导思想保障了改编后的新四军成为中国共产党独立领导和指挥的革命力量。12月25日，新四军军部在湖北汉口成立。1938年1月，又移到江西南昌。2月，军部命令各游击队到安徽歙县的岩寺集结整编，江北各游击队在安徽霍山县流波集结整编。这时的新四军共编为4个支队，第一支队司令员陈毅、副司令员傅秋涛；第二支队司令员张鼎丞、副司令员粟裕；第三支队司令员由张云逸兼任、副司令员谭震林；第四支队司令员高敬亭。全军共1.03万人。4月4日，军部由南昌迁到岩寺。南方红军游击队集中整编为新四军的任务终于完成。

新四军改编完成后，开赴华中敌后开展了游击战争，创建了华中多块抗日根据地，取得一个又一个辉煌的战绩，是华中抗战的一支劲旅，成为日军在华中难以逾越的钢铁长城。

## 四、抗日持久战略方针

中日战争是一场国与国之间的全局性战争，要争取抗战的最后胜利，必须在全国范围内确定统一的战略方针，以指导这一场全民族战争的顺利进行。

早在卢沟桥事变爆发之前，中国共产党就曾预见中国的抗日战争将是一场持久战。1935年12月，在中共中央政治局召开的瓦窑堡会议上，张闻天代表中央亲自起草了《中共中央关于目前政治形势与党的任务决议》(以下简称《决议》)。《决议》在分析了日本帝国主义并吞华北后的国际国内形势后指出："把这一形势同目前依然存在着的中国革命不平衡发展的形势合起来看就知道中国革命保存了一种持久性。""准备着长时间同敌人奋斗罢，为着同敌人作持久战而准备自己的艰苦工作罢。"由此表明，在确定抗日民族统一战线策略方针的同时，中共中央已经初步有了对日斗争的持久性认识。

瓦窑堡会议后不久，毛泽东在其著名的《论反对日本帝国主义的策略》的报告中更是明确指出：

> 实现中国的独立自由是一个伟大的任务。这须同外国帝国主义和本国反革命势力作战。日本帝国主义是下了凶横直进的决心的。……打倒日本帝国主义和中国反革命势力的事业，不是一天两天可以成功的，必须准备花费长久的时间；不是少少一点力量

可以成功的，必须聚积雄厚的力量。……今后革命发展的速度，也一定比过去要快得多，因为中国的和世界的局面都是临在战争和革命的新时期了。虽然如此，中国革命战争还是持久战，帝国主义的力量和革命发展的不平衡，规定了这个持久性。①

报告的字里行间，毛泽东有关抗日“持久战”思想已经初露端倪。

1936年7月，毛泽东在同美国记者斯诺的谈话中，非常显见地表达了自己对抗日战争战略方针的看法。他断言：“在这场斗争中，最后胜利必定属于中国人民。”中日战争延长多久，要看中国抗日统一战线的实力和中日两国其他许多决定的因素如何而定；中国的战略方针，应该是使我们的主力在很长的变动不定的战线上作战。②

随着西安事变和平解决及国民党五届三中全会的召开，抗日民族统一战线初步形成，根据新的形势，张闻天于1937年4月不失时机地发表了《迎接对日直接抗战伟大时期的到来》一文，再一次强调：“我们的前途是光明的，然而，这必然是一个持久的战争。”③并根据这一持久战的特点，提出抗战需要全民族的总动员，需要千百万大军的准备的重要思想。1937年5月党的苏区代表会议上，张闻天代表中央向全党发出了“积蓄雄厚的力量准备持久战，使中国革命得到最后的胜利”④的伟大号召。这充分反映出在全民族抗战爆发之前，中共方面已经具有了对抗日持久战的正确认识。

当时，在中国社会各界中也不乏与中共认识相一致的有识之士，如蒋百里⑤、李宗仁等人。基于中日两国当时的国力对比，即敌强我弱、敌小我大这样一个事实，他们在自己的著述中，已经预言即将开始的中日战争

---

① 《毛泽东选集》(第1卷)，人民出版社1991年版，第152—153页。

② 毛泽东:《和美国记者斯诺的谈话》，载中共中央文献研究室《毛泽东文集》(第一卷)，人民出版社1993年版，第400—401页。

③④ 中央党史研究室:《张闻天文集》(第二卷)，中共党史出版社1993年版，第246页、第268页。

⑤ 蒋百里（1882—1938），中华民国军事教育家。是把近代西方先进军事理论系统地介绍到中国来的第一人，他创立的国防经济学成为中国近代军事思想上的重要篇章。他还是国民政府对日作战计划的主要设计者。代表作《国防论》成为整个第二次世界大战中中国军队的战略指导依据，是中国抗战国防战略的重要基础。

会是一场旷日持久的战争，而最终的胜利属于中国。蒋百里认为，中国应根据中日两国的国情和特殊的地理形势，制定一套特殊的战略战术，因为“彼利速战，我恃之以久，使其疲弊；彼之武力中心在第一线，我侪则置之第二线，使其一时无力无用处”[①]。他科学地预见中国的抗日战争必然是持久战。

1937年7月底平津沦陷后，日军开始向华北发动大规模的战略进攻。8月2日，蒋介石通过军事委员会第六部主任秘书张冲密邀毛泽东、朱德、周恩来即飞南京，参加国防会议，共商国防问题。毛泽东决定派朱德、周恩来、叶剑英三人前往。8月4日，中共中央提出了准备交付国防会议的有关国防意见，主要内容是：

（1）第一防线张家口、涿州、静海、青岛等处，重点在张家口，应集中第一决战兵力；

（2）第二防线在大同、保定、马厂、潍县等处，应集中优势兵力相机增援第一线，并准备第二线决战；

1937年8月，国民政府军事委员会在南京召开国防会议，进行抗战部署

① 蒋百里：《国防论》，蒋复璁、薛光前主编：《蒋百里先生全集》（第二辑），中国台北传记文学出版社1971年版，第257页。

（3）太原、石家庄、沧县等处，仅能作为第三防线，决不能只顾此线而不集中兵力于第一线；

（4）目前关键是第一线；

（5）总的战略方针暂时是攻势防御，应给进攻之敌以歼灭的反攻，决不能单纯防御，将来准备转变到战略进攻，收复失地；

（6）正规战和游击战相配合，游击战以红军和其他适宜部队及人民武装担任之，在整个战略部署下，给予独立自主的指挥权；

（7）担任游击战之部队，依地形条件及战况之发展，适当使用其兵力，为适应游击战性质，原则上应分开使用，而不是集中使用；

（8）依现时情况，红军应出1/3兵力，依冀、察、晋、绥四省交界地区为中心，向着沿平绥路西进及沿平汉路南进之敌，执行侧面的游击战；另以一部向热冀察边区活动，威胁敌人后方（兵力不超过一个团），红军应给与必要补充；

（9）发动人民的武装自卫战，是保证军队作战胜利的中心一环，对此方针犹豫是必败之道。①

9日，朱德、周恩来等一行抵达南京，向国民党提交多项议案，其中之一为《确立全国抗战之战略计划及作战原则案》，该提案明确指出："我国抗战战略之基本方针是防御的、持久的战争，在长期艰苦英勇牺牲的战争中求得胜利，也必定能胜利。"该提案提出了全国抗战所应采取的战略方针和作战原则为：

（1）战略的基本方针是持久的防御战，但应抓住适当时机予以全线之反击，而根本地把日寇从中国赶出去；

（2）在战役上应以速决战为原则；

① 《毛泽东、张闻天致周恩来、朱德、叶剑英电》（1937年8月4日），载《毛泽东年谱》（中卷），中央文献出版社2013年版，第9页。

（3）作战的基本原则是运动战，应在决定的地点，适当的时机，集中绝对优势的兵力与兵器，实行决然的突击，避免持久的阵地的消耗战；

（4）在必要的战略要点或政治经济中心，设立坚强之工事，并配置足够的兵力，以钳制敌人；

（5）一切阵地的编成，避免单线的构筑，而应狭小其正面，伸长其纵深。在守备部队的作战要领，亦应采取积极的动作，一般的应反对单纯的死守的防御，只有积极的动作起来，才能完成守备的任务；

（6）……在战役的指导上，应是外线作战，以求得歼灭敌人；

（7）广大地开展游击战争。其战线应摆在敌人之前后左右，以分散敌人，迷惑敌人，疲倦敌人，肃清敌人耳目，破坏敌人之资材地带，以造成有利条件，有利时机，使主力在运动中歼灭敌人。①

"知己知彼，百战不殆"，中共中央提出的这些战略方针和作战原则，完全基于对中国、日本帝国主义以及世界局势全面而客观的了解和分析之上。该提案充分注意到了日本帝国主义的军事优势：日本陆军在东亚是最强的，常备军已经扩大到60万人以上（当时实际应为40余万人），其武器和军事训练优于中国军队，战时能动员参战者约300万人；日本海军居世界第三位，陆海军航空兵有飞机2000余架。但是，日本的劣势同样是显而易见的：日本企图灭亡中国、称霸东亚，必然危及英、法、美的利益，而遭到英、法、美的反对；日本对华战争是侵略战争，"失道寡助"，日本军国主义必然遭到国内外爱好和平人民的反对；日本国土小，人口少，难以支持长期作战，因此，日本在侵华战争中将以速战速决为原则。中共估计日军下一步的战略部署，将集中兵力以华北为主要战场，背靠东北和平津

① 军事科学院军事历史研究部:《中国人民解放军战史》(第二卷)，军事科学出版社1987年版，第24—25页。

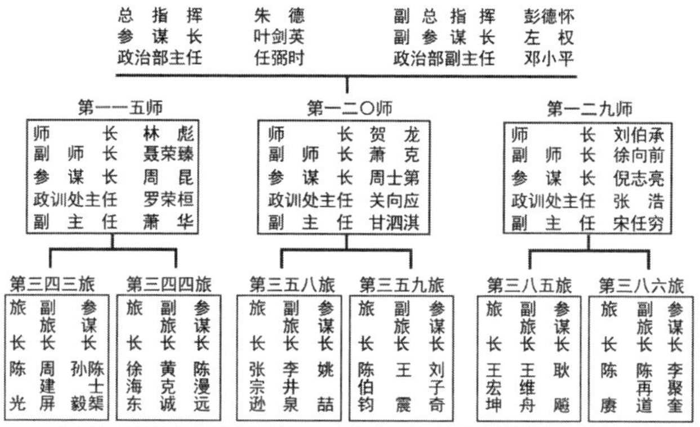


注：国民政府军事委员会于1937年9月11日发布电令，将第八路军番号改为第十八集团军，总（副总）指挥随即改为总（副总）司令。10月，根据中共中央的命令，恢复了政治委员制度，政训处仍改称政治部。

国民革命军第八路军战斗序列暨主官姓名表（1937年8月）

向南发展进攻，首先夺取华北；以一部西进绥远、宁夏以切断中苏联系；以一部封锁中国沿海，夺取东南工业城市，威胁甚至夺取南京。

另外，中共中央也客观全面地分析了中国抗战的基本情况：中国工业不发达，物资供应、军队武器装备和经常性训练均不及日本，但中国有4.5亿人口和广大的领土，有丰富的资源和兵源，而且抗战是求民族生存与解放的战争，所以能团结和发动全民族之一切人力、财力投入战争。同时，中国的抗日战争是世界反法西斯战争的一部分，所以必能获得广泛的国际支援。[①]

中日双方在战争的基本条件上各有利弊，这就决定了中日战争将会是一场旷日持久的战争，中国方面“只有在上述作战原则之下，才能保持持久战的有效方法，和消灭敌人取得抗战（胜利）的手段”[②]。

从8月7日开始，国民政府连续在南京召开国防会议。[③]参加会议的除在南京的国民党军政要员外，还有各省军政大员，如龙云、刘湘、白崇禧、

①② 军事科学院军事历史研究部：《中国人民解放军战史》（第二卷），军事科学出版社1987年版，第24页、第25页。

③ 国民党为筹划抗战事宜于1936年7月设立，蒋介石为议长。1937年3月又设国防委员会，汪精卫任主席。国防会议委员与国防委员会的委员举行联席会议，称为“国防联席会议”。

阎锡山、余汉谋、何键等。从11日起，中共代表周恩来、朱德等也出席了会议。会上，周恩来进一步阐述了中国共产党制定的战略计划和作战原则，指出：

动员全国军民方可取得最后胜利；当前主要战场在华北方面，华北第一、第二战区须培养独立持久的能力；华北正面防御不可以停顿于一线及数线之阵地，因兵力不如敌人，敌突破一线则影响第二线，宜由阵地战转为平原与山地之扩大运动战；在敌之侧翼和后方，则宜用游击战术，并派员组织后方民众。①

朱德在会上提出：

抗日战争在战略上是持久的防御战，在战术上则应采取攻势。在正面集中兵力太多，必受损失，必须到敌人的侧翼机动。敌人作战离不开交通线，我们则应离开交通线，进行运动战，在运动中杀伤敌人。敌人占领我大片领土后，我们要深入敌后作战。目前用兵方向主要是华北，但从目前情况判断，敌人必然会进攻上海，以吸引我国兵力。在抗战中应该加强政治工作，发动民众甚为重要。在战区应由下而上及由上而下地把民众组织起来。游击战是抗战中的重要因素。游击队在敌后积极活动，敌人就不得不派兵守卫其后方，这就牵制了它的大量兵力。②

中国共产党的上述意见，在国防会议上产生了积极的影响。尤其是关于采取持久战的基本方针等相当一部分重要建议，实际上为国民政府军事委员会所采纳。

抗战初期，蒋介石已经屡次提及“持久消耗战”战略的概念。1937年3

① 中共中央文献研究室：《周恩来年谱》，中央文献出版社1998年版，第383页。

② 《朱德在国民政府军事委员会谈话会上的发言记录》（1937年8月11日），中共中央文献研究室：《朱德年谱》，人民出版社1986年版，第168页。

月20日，蒋介石以大本营大元帅名义颁发《国军作战指导计划》，规定“国军部队之运用，以达成持久战为作战之基本主旨。各战区应本此主旨，酌定攻守计划，以完成其任务”[①]。

7月下旬，平津战事胶着，蒋介石认定，“倭政府无力统军，其国内多不满于少壮派之横行，而且嫌恶战争。若我能持久，则侵必不能久持也”[②]。

国民党“持久消耗战”战略的正式形成，则是在全国抗战开始之后。在中国共产党及中国各界有识之士的影响下，7月31日，蒋介石发表《告抗战全体将士书》，公开表达了对日持久战略的思想：

> 倭寇到我国内地来作战，因为到处地形生疏，而且到处人民都是我们的同胞，就是他们的仇人，几乎到处都有寸步走不得的形势。……所以只要我们誓死拼命，顽强抵抗，不怕苦，不怕难，不怕死，谨慎瞄准，爱惜我们的子弹，持久死守，来消耗他们的实力，结果一定可以打胜仗的。[③]

1937年8月14日，国民党召开第一次最高国防会议，明确宣布执行“全面抗战，采取持久消耗战略”的对日战略方针。18日，蒋介石发表《敌人战略政略的实况和我军抗战获胜的要道》讲演，指出针对日军速战速决的作战企图，国民政府将采取持久消耗的应战方针。他表示：“因为倭寇所恃的，是他的强横的兵力，我们要以逸待劳，以拙制巧，以坚毅持久的抗战，来消灭他的力量；倭寇所有的，是他侵略的骄气，我们就要以实击虚，以静制动，抵死拼战，来挫折他的士气。”他认为：“敌人的利器是飞机、大炮、战车，我们的利器是深沟、高垒、厚壁”；“敌人蛮冲突攻，我们镇静固守”。因此，他要求“切实纵深的配备，要多筑工事，层层布防，处处据

① 中国第二历史档案馆：《抗日战争正面战场》（上），江苏古籍出版社，第3页。

② 军事科学院军事历史研究部：《中国抗日战争史》（中），解放军出版社2015年版，第64页。

③ 《卢沟桥事变史料全编》（第一册），中华书局2021年版，第790页。

守”。[①]可见，蒋介石的期望是通过“镇静固守”，一天一天消耗敌军的气势和力量，同时一天一天增强我方的心志和精神。他还亲拟12条战术，前两条分别强调构筑工事和持久不退，并强调前者是“抗倭胜利之最要战术”，后者要求“每到一个阵地，一定要坚持固守”。

其后，国民党又把“持久消耗战略”归纳为“以空间换时间”“积小胜为大胜”，提出这次抗战是以广大的土地来和敌人争胜负。有了敌人一时无法全部占领的土地，就此空间条件，已足以制胜侵略的敌人。根据“以空间换时间”的原则，蒋介石后来又提出：“现在占据的关键，不在一城一池之能否据守，最要紧的是一方面选择有利地区，以击破敌人的主力；一方面在其他地区以及敌人后方，尽量消耗敌人的力量。凡我军放弃的地区，皆所以减少无益之牺牲，避开敌人的企图，同时逼迫敌人于我方自动选择之决战地域予以打击。长期抗战，此为最大要策。”[②]

八一三事变就是一个契机，国民党借势扩大上海战事牵制日军，将中日在战场上的对抗转移到国民党兵力比较集中的东南地区。淞沪会战改变了日军从华北南下的入侵方向，在战略上成功实现了以空间换取时间的目标，体现了持久战战略的要求。

但是，以后的战事表明，由于中日之间军事硬实力的显著悬殊，单纯强调严防死守、修筑工事、打阵地战，难以实现阻挡、消耗日军并最终获胜的战略目标。

不难发现，国共两党对抗战持久性的认识和持久抗战的主张有许多一致之处：第一，以敌强我弱作为制定抗日战略的基本前提；第二，把广大的土地和众多的人口作为实行持久战的重要条件；第三，把逐渐改变敌我力量对比而最后战胜敌人作为基本的战略目标。正是由于这些共识，才形成抗战初期国共军事上的密切合作和战场上的相互配合。

但是，对比国共两党的“持久战”战略，两者之间的差异也是显见的。首先，与国民党的“持久消耗”战略更多寄希望于通过国际干涉迫使日本

---

①② 张其昀:《先总统蒋公全集》(第1册)，中国台湾中国文化大学出版社1984年版，第1071—1074页、第3852页。

退让不同，中国共产党依靠、动员、组织和武装广大人民群众，强调“战争的伟力之最深厚的根源存在于民众之中”。尽管蒋介石也曾表示“如果战端一开，就是地无分南北，年无分老幼，无论何人，皆有守土抗战之责任”，但实际上，国民党的持久战，奉行的是一条单纯依靠政府、依靠军队、依靠外援的片面抗战路线。其次，国民党的持久战战略在具体作战指挥上，缺少机动灵活性。国民党军队的战术仍然主要强调固守阵地，在耗散敌力的同时，也不得不一路向内地退军。因此，国民党战役战斗的“持久消耗”战略，更多的是一种死打硬拼、节节抵抗的战术，将其定义为“消耗战”可能更符合实际情况。这种“消耗”在抗击敌军，展现出勇于牺牲、勇于坚守的反抗精神方面是值得肯定的，但与敌人死拼消耗，最终造成屡战屡败，处处被动的局面。正如白崇禧承认的那样，“我们军事上的失败，可以说是由于我们所采取的战术不能与我们的最高战略相适应”。相反，共产党的持久战更多实施灵活多样的游击战和运动战，向敌后进军，深入敌之翼侧和后方，开辟敌后战场，实行“在敌人战略进攻阶段上我方的反进攻”，包围与反包围犬牙交错，由此，最大限度地展示出主动性、灵活性和坚韧性，达到持久战的效果。

国共两党的两个战场、两种不同的持久战战略表明，中国共产党才能真正坚持持久战战略。到1938年5月，毛泽东发表《论持久战》这一集大成著作，完整、系统地提出中国抗日持久战战略，指导抗战取得最后胜利。

## 五、全民族抗战的洪流

卢沟桥的炮声也是中华民族总动员的号角。地不分东西南北，人不分男女老幼，自觉投身于抗日救国的洪流中。中华大地处处燃起抗日烽火，现代民族、国家意识在战争血与火的洗礼中升华，中华民族史上空前的全民族团结御侮、抵抗侵略的壮观局面形成了。

具有光荣革命传统的中国工农阶级以英勇无私的精神，成为中国抗日救亡运动的先锋。卢沟桥事变爆发后的第二天，北平长辛店铁路工人就组织起来，与二十九军并肩战斗。在天津保卫战中，更多的天津工人冒着侵略者的炮火，活跃在抗日前线，他们抢筑工事、运送弹药、救护伤员，甚至直接拿起武器参加战斗。在平津战事中，平汉、正太、同蒲、津浦、平绥等主要铁路线上的工人，和开滦、阳泉、井陉矿区的矿工，先后组建了抗日读书会、职工同学会、工友联谊会等救亡团体。全国抗战开启后，在整个华北有40多支工人抗日队伍，其中26支人数在200人至1000人之间。这些工人武装勇敢善战，多次建立功勋。如山西太原的工人自卫队，在太原失守后转战交城、文水、汾阳，与敌人作战达百余次，发展壮大到5000余人，扩编成山西工人自卫旅，最后编入八路军第一二〇师，成为保卫晋西北抗日根据地的一支劲旅；河北石家庄井陉煤矿和正丰煤矿工人组成的井陉游击队共1300余人，曾一度攻占日伪井陉矿务局，夺取日军军火库全部枪支弹药，并屡屡袭击正太路日军交通运输线，给敌人以极大的牵制与消耗；河北唐山开滦煤矿的5万矿工举行反日大罢工，其中有7000多人后来参加了冀东人民抗日起义，与敌军展开英勇斗争，虽牺牲巨大，但依然有500多人坚持下来，组成唐山工人特务大队，出没于唐山市内和矿区，继续巧妙地与敌人周旋，时时给侵略军以出其不意的打击。在华东，持久惨烈的淞沪会战期间，上海工人建立各行业的职工抗日救亡团体40余个，并组建了全市性的“上海工人抗日救亡协会”，派遣战地服务团，慰问士兵，救护伤员，进而拿起武器与士兵们共同作战，有不少工人在战斗中英勇献身。上海失陷后，一些工运干部分别去苏北、苏南组织抗日武装；更多的工人为保护中国工业，自愿协助政府和资本家向内地搬迁工厂，他们离妻别子，长途跋涉，肩挑背扛，护送几百个工厂共计10万余吨机器设备到后方，并在短时间内恢复生产。全国其他各地的工人群众，虽然在中日战事初起时远离战场，但他们依然心系国家命运，以各种形式加入抗日救国运动。南昌、成都、广州、武汉等地的工人们，先后建立各种抗日救亡团体，以各种形式加入抗日斗争，如汉阳兵工厂的工人为多生产消灭敌人的武器，自动将每天工作时间延长到14个小时，表现出他们不计个人得失、以民族利益为重的爱国情怀。

随着抗日战争的全面展开，全国各地的农民也纷纷组织起来成为抗战的主力军。为保卫家乡、保卫祖国，广大农村掀起了抗日当兵的热潮，八路军、新四军和其他人民抗日军队，正是由于农民的参加才能不断发展壮大；国民党军队的兵源补充，也主要依靠农民，正如毛泽东所说：“农民——这是中国军队的来源，士兵就是穿起军装的农民，他们是日本侵略者的死敌。”[①]中日战争进入相持阶段后，广大农村普遍建立了农民救国会、农民自卫队等组织，他们是抗击日本侵略者的重要武装力量，不仅担负着保卫抗日根据地的工作，而且经常配合主力军、地方军完成伏击、阻击等袭扰和消灭日伪军的任务，中国农村成为陷敌人于死地的人民战争的汪洋大海。农民还是抗日军队的衣食供给者。在后方，广大中国农民在艰苦的环境中努力生产，这是中国战时经济得以维持和根据地抗日斗争能够长期坚持的不可缺少的条件。

中国学生是抗日救亡的生力军。1937年7月9日，西北青年救国会率先向全国青年发出“在抗日救国的目标下，全国青年大联合”的号召。15日，又通电全国青年：动员起来，组织战地服务团、抗日后援会、战地看护队，

香港街头高悬爱国标语

① 《论联合政府》,《毛泽东选集》(第三卷)，人民出版社1991年版，第1078页。

援助前线抗日将士，扩大抗战宣传；号召全体青年武装起来参加抗日军队，全国各地的青年纷纷响应，奋勇投身于民族解放事业。无论在平津保卫战还是在淞沪会战中，都有大批青年学生在战场上奔波的身影，最著名的莫过于南苑血战中的学生团，几百名青年学生献出他们年轻的生命。平津沦陷后，许多大、中学生毅然投笔从戎，参加“平西游击队”。这支抗日武装被群众称作“学生军”，很快发展到2000多人，活跃在北平西山和海淀一带，打击日本侵略者。另有一些平津学生有加入北平师范大学教授杨秀峰领导的抗日游击队的，有参加山西青年抗日决死队的，还有直接参加八路军奔赴前线的。更多的学生则报考了国民政府的军事学校或训练班，进入国民党军队，他们都有一个共同的目标，那就是为了民族的独立和解放，效命抗日疆场，为抗战胜利，奉献自己的青春年华甚至年轻的生命。

中国海外留学生向全世界展现了中华儿女的赤子之心。在抗战爆发后的一年时间里，他们纷纷辍学归国，总数约8000人，规模超过了中国近代留学史上历次回国数量，即便在世界留学史上亦属罕见。抗战前中国留日学生总数为5934人，中日战端一开，留日学生首先回国，其势如潮似涌，不绝于途，不到两个月的时间，回国留日学生近4000人。到1937年10月下旬为止，留日学生几乎全部返国。抗战前夕，欧美留学生共约4000人，到1938年5月，回国者几乎占了一半。法国里昂的留学生，在卢沟桥事变后召开了全体大会，致电国民政府请求抗战到底。在归国留学生中，不仅有许多学业未竟的学生，还有不少已在国外成家立业的老留学生，他们不惜放弃自己的事业和安逸的生活，回到祖国效力。此外，一批曾受国民党当局迫害而被迫流亡海外的知识分子，也在抗战爆发后陆续重返家园，加入抗战行列。

留学生回国后，除少数继续在国内学校就读完成学业外，多数参加战时服务，主要从事宣传、教育、研究和技术工作，尤其是在抗战初期，他们创办刊物，发表言论，举办各种讲演、讲座等，异常活跃。留日学生熟稔敌情，而且日文均多娴熟，所以在抗日宣传上发挥特长，抗战时期国内出版的有关研究或介绍日本的著作和小册子不下数百本，其中相当部分为归国留日学生所撰所译。如经济学家吴裴丹留日归国后，在国民政府军事委员会政治部从事宣传工作，先后担任《申报周刊》编辑、战地记者。他利

纽约华侨举行声援祖国抗战的游行

用留日时积累的资料，撰写了许多分析日本侵华原因、战略和策略的文章，并著有《日本经济史》和《日本战时全貌》等书，在抗日宣传上颇有作为。军、工、理、医等专业的留学生在国难期间尤为各方所急需，他们的专长如军事工程、战时医药卫生和战时燃料等，为抗战做出了重大贡献。著名光学家龚祖同于1934年公费留德，1936年毕业后继续攻读博士，在博士论文即将完成尚待答辩之际，抗战爆发，龚祖同毅然回国投入战时的光学事业，为制造前线急需的光学仪器而努力工作。历经千辛万苦，终于在1938年试制成功中国第一台军用望远镜和机枪瞄准镜。抗战爆发后，在教育界服务的回国留学生更是济济一堂，极大地充实了国难期间的高校师资队伍。以西南联大数学系为例。当时该系共有教授12人，其中从国外留学归来的有陈省身、华罗庚、许宝禄3人，陈省身更是早在1937年8月就率先回国。辍学归国，虽然与留学的初衷有违，于留学生自身而言甚为可惜，但祖国挣扎在内外交加的危难之中，救亡的责任胜过一切，众多留学生甘愿放弃自己的前途，为拯救民族危难尽心尽力。中华民族的凝聚力、中华文化的向心力世所罕见。

各爱国民主党派是抗日民族统一战线的重要成员，是中华民族抗战的积极力量。爱国民主人士关心国事，不仅热心倡议抵抗日本的各种政治主张，利用自己的社会影响力，号召全体民众投身抗日，还发挥自己的优势，积极创办抗日刊物，向海内外扩大抗日宣传，凝聚抗日力量。当时，救国会创办了《抗战》三日刊、《全民周刊》、《救亡日报》和《国民公报》旬刊；第三党创办了《抗日行动》半月刊和《进步日报》；中华职业教育社创办了《国讯》等。这些刊物积极宣传抗日爱国精神，坚持民族团结的观点，在全国产生了重要影响。一些民主党派成员还有计划地深入群众中，积极开展募捐支前、慰劳抗战将士、救济灾民等有益抗战的实际工作。救国会举办青年训练班，培养青年的种种工作技能，介绍他们到前线和敌后根据地参加抗日工作。还有一些民主党派人士亲自奔赴抗日前线，如乡村建设会的成员踊跃参加八路军和山东游击队；第三党首领黄琪翔还毛遂自荐，担任了在上海作战的第八集团军副总司令，亲身参加了淞沪会战。

文化界人士聚是一团火，散是满天星，他们是活跃在抗日救亡大潮中心最亮眼的群体。1937年7月15日，抗战爆发后第一个文化界救亡团体——中国剧作者协会在上海成立。不久,《保卫卢沟桥》的话剧上演，举国轰动。7月28日，上海文化界救亡协会成立，下辖戏剧、文艺、美术等各种救亡团体73个。此后不久，中华全国文艺界抗敌协会在汉口成立，蔡元培、周恩来、罗曼·罗兰、史沫特莱等12人组成名誉主席团。这是文艺界内包括各抗日阶级、阶层的最广泛的统一战线组织。“文协”成立后，在全国设立了多处分会，竭力推动各地文化人士效力于民族解放事业。在“文协”的倡议和组织下，文化界人士各尽所能，创办文艺刊物，发表主题鲜明、笔调生动、通俗易懂的抗日文艺作品，并通过戏剧、电影、音乐、美术等多种形式进行抗日宣传，如《血战卢沟桥》《放下你的鞭子》《热血忠魂》《八百壮士》等影剧,《游击军》《到敌人后方去》《新时代的歌手》等歌曲，如雨后春笋，层出不穷。在战火纷飞的艰难岁月,“抗战文化”茁壮成长，绽放出属于中华民族的独特的绚丽光彩，展现了中华民族顽强而坚韧的生命力。

中国宗教界信仰各异的教派，以自己特殊的号召力动员和组织教徒参加抗日救亡工作，形成了中国全民族抗日的一个生动侧面。在佛教界，当时中国佛教高僧太虚法师在抗战爆发后为抗日救国奔走，呼吁全国佛教徒行动起来，投入抗日救国运动。他通电全国佛教徒，播讲《佛教与护国》的论述，动员组织“佛教青年护国团”，积极参加救护工作、宣传工作以及地下斗争工作，同时发表《电告日本佛教徒书》，要求日本佛教徒以佛教“和平止杀”“大悲兼利”的精神，联合抗议日本政府，制止日本帝国主义的侵略战争。淞沪会战期间，上海僧侣设立佛教医院，组织僧侣救护队，救护前线伤员近万名。后来中国远征军入缅作战，有数十名僧侣随军担任运输队，其中3人在战斗中牺牲。在伊斯兰教界，伊斯兰教救国同盟在抗战中应时而生，该同盟召开反侵略祈祷大会，号召全国5000万穆斯林以实际行动参加抗战。为争取国际舆论的支持，上海回教教长达浦生率领中国回教宣讲团，赴南洋和西亚，用阿拉伯文发表《告世界同胞书》，向信奉真主的各国教友，揭露日本法西斯的侵略暴行，宣传中国的正义抗战。在天主教、基督教界，爱国教徒也积极参加抗日救亡运动。基督教青年会多次与国际上各基督教学生组织联络争取援助，并通过“学生救济委员会”，救济流亡学生。天主教主教于斌赴美募集80万美元，全部用于支援抗战。基督教教徒刘湛恩的事迹更为感人。刘湛恩在1931年九一八事变后，积极参加抗日救亡运动，被推为上海各界救亡协会主席。8月13日，沪江大学被日寇抢占，刘湛恩把学校迁到圆明园路沪江城中区商学院大楼复课。南京沦陷后，刘湛恩领导组织国际友谊社，代表政府与各国驻沪外交人员联络，向友邦政府和人民宣传中国的抗日主张，以争取国际友人对中国抗战的同情和支持。震惊世界的南京大屠杀罪证照片，就是由滞留在南京城里的西方传教士冒死拍摄后辗转交给刘湛恩保存并设法公布于世的。1938年，伪中华民国新政府成立，刘湛恩拒绝出任伪政府教育部部长，遭日伪特务暗杀身亡。此外，中国道教和其他各种民间宗教团体，也以多种形式参加抗日斗争。如山东博山道教支派“天堂道”数千教徒，组建抗日自卫团抵抗侵略军。

中华民族由50多个民族共同组成，抗日战争时期也是构建与浇铸中华民族共同体意识的一个重要历史时期。面对强敌入侵的巨大民族危机，不仅中国社会各阶层迅速化解矛盾达成共识，形成同仇敌忾、一致对外的局面，而且各少数民族也在共御外侮中强化了中华民族共同体意识，从而积极参与到维护中华民族利益的共同事业中。抗战期间，有40多个少数民族直接参加了抵抗侵略的战争。聚居在东北的朝鲜族、满族、蒙古族、达斡尔族、鄂伦春族、鄂温克族、锡伯族，甚至是只有几百人口的赫哲族，最早投入战斗，他们与日军拼杀在白山黑水之间，是东北抗日联军的主要成员。卢沟桥事变后，“蒙汉抗日游击队”在察绥一带纵横驰骋，开辟了包括绥东、绥西、绥南、绥中大部分地区的大青山抗日根据地，立下了汗马功劳。

身在海外，心系祖国，无数身居异国他乡的炎黄子孙，对日本帝国主义的侵略行径义愤填膺。他们满怀拳拳爱国之心，义无反顾投身到中华民族的解放事业中。卢沟桥事变爆发时，海外华侨广结同盟，已经相继成立了2794个抗日救亡团体，其中著名的有全欧华侨抗日救国联合会、旅美华侨统一义捐救国总会、南洋华侨筹赈祖国难民总会等。这些华侨救国团体组织捐款、汇款，捐输财力，征集药品、衣物，发行、购买救国公债，甚至招募支援人员，支援祖国抗战。在美国，七七事变当天晚上，纽约所有的华侨社团应声而动，联合召开了紧急会议，建立了统一的华侨组织——“纽约华侨救济总委员会”，负责“对整个华侨社会进行总动员，监督和协调一切，特别是筹赈和宣传活动”[①]。在该组织的发动和组织下，仅纽约一地，每月参加救国募捐的华侨就达30000人，不到6个月就募集了100万美元和大批军用物资。与此同时，类似的组织在美国各地和其他国家纷纷成立。8月1日，缅甸的39个华侨社团在仰光成立了“缅甸华侨救灾总会”，在“缅甸救总”的旗帜下，40多万名缅甸华侨集结了一支声势浩大的抗日救亡大军。8月15日，马来亚地区的华侨救亡团体在新加坡组成“马来亚新加坡华侨筹赈祖国伤兵难民大会委员会”，陈嘉庚[②]当选为主席，仅半年，马来亚地区的华侨就创造了募集国币2000万元的奇迹。他们高唱：

---

① 邝治中：《纽约唐人街：劳工与政治（1930—1950年）》，上海译文出版社1982年版，第120页。

② 陈嘉庚（1874—1961），福建省同安（今福建省厦门市集美区）人 。爱国华侨领袖、企业家、教育家、慈善家、社会活动家。少小几度下南洋经商，发迹后支援中国的辛亥革命、抗日战争，还在家乡集美先后创办大、中、小学校，被尊称为“校主”。一生为辛亥革命、民族教育、抗日战争、解放战争、新中国的建设做出了不朽贡献。曾被毛泽东称誉为“华侨旗帜、民族光辉”。

你一角，
我一毫，
涓涓滴滴积成江河变怒涛
只要你有多少捐多少
……
寄到前方去，
买子弹，
买枪炮，
赶走强盗。
到那时，
吐气扬眉，
誓把中国保。

一曲曲高歌，一声声召唤，呼唤四海侨胞为危难中的祖国慷慨解囊、倾尽全力，“巨商富贾，既不吝金钱，小贩劳工亦尽倾血汗”。陈嘉庚率先认购救国公债10万元，并带头每月认捐2000元，直到抗战胜利；侨领胡文虎在抗战爆发后两年间，捐款和认购国债达300万元，后又亲自回国，劳军200万元；侨领李清泉临终前将140万元公债券全部献给祖国。广大贫苦华侨的认捐壮举同样感人肺腑。缅甸华侨女佣刘瑞芝月薪6元，却一次认捐20元；印尼华侨残疾人马佃旦以手代步，每日爬行至市区，“乞钱为祖国难民请命”，所乞讨的钱款全部寄回中国认捐；南非75岁老华侨刘浮初，将毕生积蓄900英镑，全部捐作抗日军饷；缅甸仰光女华侨叶秋莲变卖家产得到3万元，全部捐献后自己入寺为尼姑……到1942年底，海外华侨抗日捐款达4.23亿元，平均每月650万元……如此种种，世所罕见。仅1937年，国民政府所发公债中，华侨认购了其中的一半之多。有钱出钱，有力出力，众多有一技之长的华侨纷纷回国为抗战助力。旅泰华侨技术人员，包括机械工人、护士、汽车司机等数百人，组织了回国服务团，直接参加保卫祖国的战斗。据统计，从卢沟桥事变至1938年2月，仅从广州口岸回国参战的各地华侨就达30批近2000人。抗战期间，仅粤籍华侨就有4万余人从南洋、美洲、澳洲回国加入抗战行列。海外华侨与祖国同呼吸、共命运，为祖国抗战做出了不可磨灭的贡献。

## 六、国际社会援华

法西斯是人类世界的共同敌人，日本法西斯向中国的进犯，也是向全世界爱好和平和自由的人民的进犯。中国人民奋起抵抗日本法西斯的野蛮侵略，不仅是保卫自己国家、民族的独立和自由，也是捍卫世界爱好和平国家的独立和尊严。然而，英国、美国和苏联作为当时世界主要强国，它们对中国的抗战表现出完全不同的态度。

英、美两国在中日战争开启之初采取的是暧昧的两面政策，坚持所谓的“中立政策”，或叫不干涉政策。当年毛泽东在分析英美的这一政策时，一针见血地揭露其外交政策的实质：

> 他们开始即鼓励日本进行战争，说什么“三个月就可打败中国”。他们随即让出上海，使战争深入内地去打。他们宁可使香港受包围，让日本占领广州和海南岛。他们大量供应日本以军需品，使日本有可能进行消耗战争。他们又声言援助中国，并且已实行有所援助，借点小款，供给点军需，使中国有可能与日本进行消耗战争。他们鼓吹“中国必胜”，使中国在消耗战争中增强勇气，一切这些，其中心目的，在于消耗战争双方，等到精疲力竭时，他们就以“健全的身体”出来喝令双方停战，使双方都听他们的话。[①]

7月11日，卢沟桥事变后第五天，英国外交大臣艾登在议会下院做报告，不仅没有谴责日本的侵略行径，为中国主持公道，反而为虎作伥，强

① 毛泽东:《反投降主义》,《中共中央文件选集》( 第12册 )，中共中央党校出版社1991年版，第94—95页。

调：“日本及其他各国政府……有在华北数处驻屯军队之权力。”7月15日，英国驻华大使许阁森会晤中国政府外长王宠惠，以息事宁人的态度，鼓励南京政府做出妥协。他说：“希望中国以大局为前提……善处华北之时局，是为主要。”虽然英国政府清楚“日本对中国态度过分强硬，足以损害英日间关系”①，但英国考虑到更多自身的利益，又明确表示：“和平调解，尚非不能，中国应付和平相当之代价。”②这种欺软怕硬，以妥协退让求取和平的方式，只能助长日本侵略者的嚣张气焰，同时，也在一定程度上压制了中国政府的抗战信心和决心，“正好鼓励南京政府内那种妥协的传统，使它能够依靠英国的助力而扩大它的影响”③。

美国政府对日本的侵华战争采取了与英相同的立场，甚至在有些方面有过之无不及。7月12日，当中国政府为取得国际支持，送交美国一份关于日本进攻中国的照会时，美国政府竟然罔顾事实，宣称对中日冲突原因不清楚，让被侵略的中国和发动侵略战争的日本对发生的事件负“同等责任”。美国国务院的一份照会中说：“日中之间的武装冲突，对和平与世界进步事业将是一个沉重打击。”④用意用含混不清的言辞，把日本帝国主义的野蛮侵略和中国人民的正义抗争，用“武装冲突”一言以蔽之。7月16日，美国国务卿赫尔发表声明说：“我们主张在本国和国际事务上自我克制；主张所有国家在推行政策时都不使用武力，不干涉其他国家内政”，并认为：“世界上任何地方发生严重的战争行为，都不能不这样或那样地影响我国的利益、权利和义务”，因此声称要“维护和平”“信守国际协议”等。但是，赫尔的这个所谓“和平”原则的声明，丝毫不提及对日本侵犯中国的谴责，对日本军国主义毫无约束和制止作用，相反，他警告中日双方不要损害美国利益，显然让其要“维护和平”的夸口成为一句空话。7月29日，赫尔再次表明美国政府的“中立”政策，即不与任何一国会商，不参加任何调停，不提任

① 天津《大公报》1937年7月23日。

② 《解放周刊》（第十三期）1937年8月9日。

③ 洛浦：《论平津的失守》（1937年8月2日），《张闻天文集》（第二卷），中共党史出版社1993年版，第327页。

④ 李巨廉、王斯德：《第二次世界大战起源历史文件资料集》（1937.7—1939.8），华东师范大学出版社1985年版，第2页。

何抗议。貌似中允的美国政府为了“在保持完全中立的同时”，维持“对交战双方的传统友谊”，竟然在距离卢沟桥事变不到两个月的9月4日，以总统罗斯福的名义发表了“中立法声明”。

然而，美国又是如何对战争双方保持中立的呢？众所周知，日本作为一个岛国，资源匮乏，尤其是石油资源，因此，日本的战争资源只有两个来源：一个是买，一个是抢。然而放眼整个亚洲，当时并没有发现大的油田，能力只够在亚洲横行霸道的日本自然无法抢到足够的石油，因此买石油就占据了日本战争时期军费消耗的大头。美国是日本军事原料的最大供应者。1937年，美国对日本的出口总额高达288558000美元，其中173010000美元是用来购买战争需要的原料和物资的，占全部出口的60%，这还不包括用于生产炸药的原棉。据统计，日本在1937年进口的全部军事原料和物资中，美货的比重为：铜92.9%、汽车及其零件91.2%、石油及石油产品60.5%、生铁59.7%、机器和车床59.7%。[①]

统计数字显示，美国政府在中立的幌子下，纵容本国资本家以大量的钢铁、石油等战略物资供应日本，大发战争财。这些军事物资，对日本侵华起了极大的作用，连日本人自己也承认：

> 在石油的需给关系上，日本国内所生产的不占战消费量的一成，此外八成是需要美国输入的。废铁需要量的五成是需要输入的，而美国占其中十分之九，如果不能从美国输入，几无他处可设法。美国输入日本的铜，要占全部输入的百分之九十以上，铜也是从他处很难购得的，工具机械也靠美国输入，日本汽车自给六成，其他四成也从美国输入。[②]

这也就解释了为什么美国逐渐关闭太平洋航线，并停止向日本售卖石油后，失去资源供应的日本马上狗急跳墙，在1941年丧心病狂地发动了进

① ［苏］别德尼亚克:《日本对华侵略与美国的态度（1937—1939）》，生活·读书·新知三联书店1959年版，第75页。

② 《新华日报》1940年11月22日。

攻美国的“珍珠港事件”。从中可以想见，日本发动侵华战争，美国至少是间接成为日本战争物资的主要供应国。相反，美国把大批军需品源源不断送入日本的同时，却与中国中断了贸易往来。

英、美两国的“中立政策”在客观上鼓励了日本对中国的侵略，彻底暴露了西方资本主义国家冷血和自私的本性。9月13日，中国政府向“国联”要求惩处日本，英国对此采取拖延、阻挠的态度。后来由于苏联的一再敦促和世界各国舆论的压力，英国才于11月3日在比利时的布鲁塞尔召开九国公约参加国会议，解决中日争端问题。日、德法西斯拒绝出席会议，英、美则企图把布鲁塞尔会议开成一个牺牲中国的会议。苏联在会上提出采取集体行动制裁日本和援助中国的建议，遭到英、美等国的反对，被否决。这一切都表明，英、美的所谓“中立政策”，其实质就是纵容日本对中国的侵略，而使自己从中渔利，这是地地道道的帝国主义政策。

1937年12月日本占领南京之后，美国对日本的态度逐渐发生变化。1938年，国民政府派胡适出使美国，经过反复交涉，中、美两国订立了桐油贷款协定，中国获得美国2500万美元的贷款援助。此后，又相继达成了滇锡贷款、钨砂借款、金属借款、平衡资金借款等多项援助项目。但这些借款只能采取商业交易形式，并不能在美国直接购买军火。1940年底，美国总统罗斯福发表谈话，承认中、美、英三国的命运有密切联系，表示美国愿意承担这些国家兵工厂的责任，这才打通了中国直接在美国购买军火的渠道。然而，中国自广州失守后，海上国际运输已经丧失殆尽，即便购得战争物资也只能够通过滇缅公路少数运入，与实际需要相去甚远。英、法等国对中国的援助则更少，1938年底，在美国给中国第一笔贷款之后，英国先后给中国商业信用贷款及外汇平准基金贷款共1000余万英镑，法国曾给中国贷款1.8亿法郎。[①]

然而，中国人民的抗日斗争终究不是孤立的，它从一开始就得到了社会主义国家苏联和世界各国无产阶级及广大爱好和平的民众的支持。

① 转引自军事科学院军事历史研究部《中国抗日战争史》(中卷)，解放军出版社2015年版，第271—272页。

卢沟桥事变前，苏联就已经预料日本发动大规模侵华战争不可避免。1937年4月，苏联驻华大使为此向中国政府提出了许多积极建议。事变爆发后，苏联马上旗帜鲜明地向全世界人民揭露日本帝国主义对中国的野蛮行径。《真理报》指出："现在华北发生的事件，十分清楚地表明，侵略成性的日本武夫，死硬地顽固地实行他们掠夺和奴役中国的政策。"8月21日，苏联政府和中国政府签订了《中苏互不侵犯条约》，规定"两缔约国一方受一个或数个第三国侵略时，彼缔约国约定在冲突全部期间内对于该第三国不得直接或间接予以任何协助"①。日本外务省认为这个协定是"予日本以最大的打击"。日本外相广田也对中苏"偏要选择这个特殊的时机和这个特殊的局势签订"友好条约表示极为不满。法国《巴黎日报》评论说，中苏这个条约是"给日本蛮牛的颈项上插入了第一支利箭"。在美、英等国采取"不干涉"政策而袖手旁观之际，苏联政府与中国签订这个互不侵犯条约，无疑是难能可贵的。

在签订友好条约的同时，苏联还与中国政府签订了由苏联购入武器的借款协定。从全国抗战爆发到1938年4月，中国共向欧美国家订购飞机363架，仅收到85架（其中13架还未组装好）。与之形成对比的是，在此期间，苏联向中国提供了大批飞机及其他航空器材。苏联援华飞机的具体数量，见诸记载的有几种说法：有的认为"苏联援华的物资中有飞机1562架"；有的认为"在中国抗日战争初期和中期，苏联以优惠军事贷款的形式向中国提供飞机1285架，其中歼击机777架、轰炸机408架、教练机100架"；有的认为"到1941年初，苏联共供应了中国抗战急需的飞机1235架"；还有的认为"1937—1941年，共从苏联购买飞机997架"。尽管具体数字有所出入，但苏联的援助对当时战争中的中国无疑是雪中送炭。②除了飞机之外，苏联还援助中国坦克82辆、火炮82门、机枪50000余挺、汽车1000余辆。此外，苏联还向中国派出军事顾问和航空志愿队。1937年9月，苏联从空军现役部队抽调战斗机和轰炸机机组人员，组成援华航空队以"志愿"的形式帮

① 王铁崖:《中外旧约章汇编》，生活·读书·新知三联书店1962年版，第1105页。

② 参见荣维木《中国抗日战争史》（第二卷　战时军事），社会科学出版社2019年版，第170页。

助中国抗战。10月下旬，由254名空、地勤人员组成的第一批苏联志愿航空队到达中国。到1938年2月，来华的苏联志愿航空队增至战斗机、轰炸机各3大队。苏联志愿队与中国空军并肩作战，他们参加了保卫南京、武汉、南昌、重庆、成都、兰州等城市的空战，还多次出动轰炸机轰炸日本的机场、车站、港口、仓库、舰船。据统计，苏联航空志愿队在华期间参加了20多场战役，仅1938年一年，就击落日军飞机100余架，炸沉日军舰船70艘。在作战中，有近200名飞行员为中国的抗日战争献出了宝贵的生命。

除了苏联政府，在国际上，共产国际、各国共产党、各阶层进步人士和劳动人民，也对中国人民的浴血抗战给予同情和支持。

中国全国抗战开启后不久，共产国际执行委员会主席团即发表宣言指出："中国人民的解放战争，是世界无产阶级和一切先进人类反对野蛮法西斯主义的压迫的总斗争之重要的组成部分。"[①]宣言号召全世界无产阶级和各阶层人士支援中国的抗战，给中国以政治的、道义的和物质的援助；对日本法西斯的侵略，展开全面的抗议运动，组织抵制日货、拒卸、拒运等群众性制裁。拥有1900万名会员的国际工会联合会于1937年9月通过决议，呼吁国联制裁日本和发动会员援助中国。在30多个国家和地区拥有190万名会员的国际运输总工会，也在卢森堡召开了有34个国家（地区）代表参加的会议，通过各国代表共同提出的援华制裁日提案，要求国际运输工会的会员工人停止为日本装运军火、汽油等战略物资。共产国际的登高一呼，引发了各国共产党和民主人士的广泛响应。

在欧洲，1937年8月，英国共产党中央委员会发表《援助英雄的中国人民》的呼吁书，号召英国工人大力开展援助中国、保卫远东和平的活动。英国铁路工人积极响应共产党的号召，举行了盛大的游行集会，表示铁路工人将尽一切努力抑制政府将工业原材料输送到日本。英共主席波立特[②]多次公开表示，中国抗战对国际反法西斯斗争具有的重要意义，世界共产党和工人阶级都应当为帮助中国取得胜利做出努力。英国各党派各阶层人士也

① 《群众》(周刊）第二卷第十期。

② 哈里·波立特（Harry Pollitt，1890—1960），英国共产党总书记（1929—1939，1941—1956）和主席（1956—1960）。英国和国际工人运动活动家，英国共产党主要领导人之一。

积极行动参加援华运动，建立“英国援华运动总会”“英国国联同志会”“国际反侵略大会英国分会”“民权保障会”等十几个援华组织。1938年6月13日至19日，英国各援华组织还发起了“反日援华周”。英国民众踊跃捐钱捐物支援中国抗战。英国援助中国委员会几乎每周都会收到大批药材、衣物。仅在1937年10月底一周内，就将1800码[①]消毒纱布、1224磅棉毛织品和大批绷带运交中国。此外，一些社会团体还开展募捐义卖活动筹集资金。伦敦市市长领导的对华救济基金委员会，仅在1938年一年就募得捐款15.2万英镑。法国的“法中之友社”在1937年11月13日召开各援华团体代表大会，通过了要求法国政府制止日本侵略，抵制日货等决议。12月2日，又召开反日大会，邀请吴玉章[②]等人介绍中国抗战形势，通过了援助中国反侵略的决议，并致电中国抗战领袖蒋介石，表达法国人民对中国的同情。西班牙共产党在卢沟桥事变发生后立即致电中国共产党，表示坚决支持中国的抗日战争。

在美洲，美国共产党机关报《工人日报》于1937年7月29日发表社论指出:“中国人民应当得到美国人民各种形式的尽可能援助。”美国共产党还号召美国工人阶级“停止给日本运送一切军火”。美国费城拥有10万工人的产业工会，于1937年10月28日通过一项抵制日货的决议，决定“会员的家庭不购日货”。全美学生会于同年12月30日在纽约召开了有50余所大学代表参加的援华抗日大会，代表们当场将身上所穿戴的日本丝袜、围巾烧毁，以示决心。在中国驻美机构和美方有关机构的组织、推动下，美国各阶层人士和民众筹赈中国的活动也搞得轰轰烈烈。1938年7月，美国卸任总统胡佛在旧金山发起“一碗饭运动”，号召旧金山市民和美国人民将节约的“一碗饭”的钱捐给中国抗战。当时，全美至少有100万人参加了这一活动，共筹得100万美元。美国女作家赛珍珠，发起“美国妇女购赠‘希望书’运

① 英制长度单位，1码=3英尺=0.9144米。

② 吴玉章（1878—1966），杰出的无产阶级革命家、教育家、历史学家和语言文字学家，新中国高等教育的开拓者。早年留学法国，参加过孙中山领导的同盟会和辛亥革命，1925年加入中国共产党。参加过南昌起义，派往过苏联、法国和西欧工作，参加过共产国际第七次代表大会等。

动”，由罗斯福总统夫人领衔，签名者达到数百人，每人捐美金十元百元不等，几天时间就募得9万多美元。1941年5月18日，美国援华联合会总会与美国各地中美两国知名人士联合组织，共同发起完成500万元救济中国伤兵、难民的“中国周运动”，有14名州长和200名市长发表了宣言，号召本地民众踊跃参加。

在亚洲，对日本军国主义感同身受的朝鲜人民，除了在国内坚持反抗日军的暴行外，还比肩接踵来到中国，同中国人民一起参加抗日斗争。一部分朝鲜志士来到延安，建立了“朝鲜义勇军”，他们都参加了中国的抗战。在中国抗战期间，越南人民和胡志明领导的印度支那共产党，也以极大的热情支援中国。菲律宾、泰国、马来亚、缅甸、印度和印度尼西亚等地区的民众，与侨居当地的华侨联合起来，开展积极抵制日货和不与日本人合作的运动，在政治上、经济上给日本帝国主义以打击。1937年9月，印度国民大会在加尔各答举行万人大会，总理尼赫鲁在会上谴责日本的种种暴行，大声疾呼：“我们为了和平，为了弱小民族解放运动的前途，我们毫不迟疑地应给中国抗战行动以最有效的协助，把企图向远东各方伸展着的帝国主义的魔手打回去！”印度著名诗人泰戈尔也发表声明支持中国抗战，他严词谴责日本用“一切最残酷的方法对中国发动了一场掠夺战争，践踏了作为文明基础的一切道德原则”。太平洋战争爆发后，这些地区和国家相继落入日本帝国主义魔爪，当地民众纷纷起来反抗，与中国人民共同打击侵略者。

日本是发动侵略战争的国家，但日本国内依然有大量爱好和平、反对侵略的正义人士。九一八事变后，日本共产党及其领导人多次公开揭露日本发动战争的侵略本质，表示对中国人民反侵略的同情和支持，日共中央机关报《赤旗》，不断发表批判日本军国主义的文章，并向全党发出“反对帝国主义战争，不要染指中国”的国际主义号召。他们还想方设法将反战宣传品送到在华的日本士兵手中，并呼吁日本民众“不送一兵一卒到中国去”。1937年8月15日的《日本共产党给在华日本士兵诸君的号召》中说：“日本帝国主义进行抢掠中国人民的最残酷的战争，现在大规模地爆发了”，“日本有觉悟的劳动者农民绝对反对这样历史上最黑暗、最反动的战争”。“你们起来，为日本帝国主义的失败而斗争吧！日本帝国主义的失败就是我们日本劳动人民的胜利！你们起来，拥护中国人民反抗日本帝国主义的斗争吧！因为中国人民的胜利，就是日本劳动人民的胜利！”[①]部分日本共产党甚至来到中国，同中国人民一起反抗日本侵略者，给中国的抗战添砖加瓦，做出可贵贡献。

永载中国抗日战争史册的，还有那些伟大的国际主义者在抗战期间给予中国的帮助。最著名的莫过于加拿大的白求恩。1938年3月，正值中国抗战最艰难时期，一位高鼻梁、蓝眼睛的外国人出现在陕西延安凤凰山麓的窑洞前，他就是受加拿大共产党和美国共产党委托，组织医疗队来支援中国的加拿大胸外科医生诺尔曼·白求恩。5月，白求恩一行由八路军驻地陕北清涧出发，到达神木县贺家川八路军第一二〇师重伤员收容所。从此，他们出生入死、救死扶伤，奋斗在中国的抗战最前线。

与白求恩一样投身援助中国抗日战争的，还有印度援华医疗队。该医疗队由印度国民大会组织和派遣，为首的柯棣华大夫、爱德华大夫等在中国期间，竭尽全力救死扶伤，并以最大的热忱和耐心，在地处偏僻、条件艰苦的敌后根据地，帮助进行护士教育和医学院学员的临床教学，对根据地的抗战贡献巨大。

此外，还有许多国家的友好人士表示愿意到中国来参加伟大的抗日斗争，他们的正义之举，在世界人民中引起强烈反响，激励越来越多的人民加入反对日本法西斯侵略中国的行列。

---

① 中共中央党校党史教研室:《中共党史参考资料》(第八册)，人民出版社1979年版，第36页。

# 结束语

抗日战争是近代以来中华民族首次打败外国侵略者的一场长达14年的战争，是中国历史上最伟大的民族解放战争，也是世界反法西斯战争的重要组成部分。抗战的胜利创造了“战争史上的奇观，中华民族的壮举，惊天动地的伟业”①，在中华民族五千年历史，尤其是近代历史上，占有特殊重要的位置，它是中华民族一洗百年耻辱、实现民族由衰败走向复兴的命运转折的一个伟大标志，具有极其重大而深远的意义。

卢沟桥事变是中日全面战争的开端，也是中国全民族抗战的起点。虽然85年的岁月风尘已经渐渐消弭了战争的伤痕，但是，作为中国人，当我们抚今思昔缅怀先烈的丰功伟绩时，当我们徜徉宛平城内卢沟桥追寻历史旧迹时，我们永远都不能忘记我们民族经历的苦难，永远都要直面历史中所有不堪的事实。“前事不忘，后事之师”，这才是我们对全民族抗战、对卢沟桥事变最为深切的历史关怀。

众所周知，无论是发生九一八事变的沈阳，还是发生七七事变的卢沟桥，它们都并非远在边关塞外、海防疆界，而恰恰都在中国国境线以内，就在中国的腹地，这只能说明中日两国之战还未开启之时，侵略者就早已登堂入室。更为不堪的是，卢沟桥战火一开，中国连连丧城失地，半壁江山迅速落入敌手……一个有着五千年文明史的文明古国，一个曾雄踞东方数千年的大国，一个经历过“万国衣冠拜冕旒”的强盛民族，是如何落到这步境地的？

首先，国民党统治集团内部四分五裂、内耗不止。

---

① 《毛泽东选集》（第二卷），人民出版社1991年版，第474页。

辛亥革命后，由于中国政局动荡、军阀混战，也由于英、法等欧洲帝国主义陷于第一次世界大战，日本趁机将驻扎在天津的“清国驻屯军”改称“中国驻屯军”，暗中扩大编制，一步步将驻屯军由数百人扩大到数千人。当七七事变爆发时，本应在千里之外的日军，事实上在北平城外居留已久。

1928年东北易帜后，虽然全国大部分地方都挂上了象征统一的青天白日旗，但遍布全国的大大小小军阀依然拥兵自重，各霸一方。宋哲元集团正是这样一个与南京国民政府关系微妙的地方实力派。凭借二十九军的武装力量，利用南京政府与日本帝国主义的矛盾，宋哲元谋取了冀察两省和平津的地盘，冒天下之大不韪，竟然在日本与南京政府之间，组建实行以“华北自治”为主旨的“冀察政务委员会”，成立一个半独立的地方政权。为了保住自己的势力和地盘，在卢沟桥事变爆发前后，宋哲元一直在日本和国民政府之间权衡利弊。事实上，宋哲元对于日本帝国侵略中国的野心并非一无所知，也认识到“中日必有一战”，但是，利令智昏，心存侥幸，表面上决心抗战，行动上妥协退让。日军正是利用宋哲元的这种私心加以和平谈判、“现地交涉”的引诱，致使北平防御松弛，失去多次歼敌良机。廊坊之战、广安门事件发生后，日军发出最后通牒，宋哲元才感到和平无望，下令各部奋起反抗，但为时已晚。在既保实力又保地盘已属不能的情况下，宋哲元转而力保实力，除南苑一战外，二十九军各部其实并没有经过大战就纷纷撤离北平，因而主力保存完好，而华北一地悉数落入日军之手。宋哲元的做法不免让人诟病，但这与蒋介石不积极抗日，却积极消灭异己的一贯政策不无关系。蒋介石以抗战准备不足为借口，意存观望，和战不定，甚至有意让非嫡系部队去抗日前线应付，有借刀杀人之嫌。凡此种种，难免不让宋哲元等地方实力派心存芥蒂、顾虑重重。大敌当前，统治阶层内部内讧不止，明争暗斗，导致人心涣散、自顾不暇，直接给日本帝国主义的全面入侵以可乘之机。

其次，“一盘散沙”的社会病象，国家积贫积弱。最高统治者昏庸无能，整个统治阶级内部争权夺利、贪污腐败，甚至鱼肉百姓，造成广大民众与政府游离、对立。这些状况不仅让中国变得羸弱不堪，也让中国民众麻木不仁，国家观念淡薄。孙中山先生曾痛心地指出：“四万万中国人，一盘散沙而已。”日本之所以敢于挑战中国，正是因为这些侵略者看透了当时中国政治腐败、内耗不止、政府无能、社会涣散的国情。九一八事变的元凶板垣征四郎甚至把中国看作一个“拥有自治部落的地区上加上了国家这一名称而已”。这代表了一大批日本法西斯军官的看法。1935年11月，大汉奸殷汝耕在河北省通县（今北京市通州区）成立“冀东防共自治委员会”，大小汉奸蜂拥而至，沉迷于封官晋爵，毫无家国之念。全民族抗战期间，协助日军作战的伪军人数高达210万，超过侵华日军数量，使中国成为唯一一个在第二次世界大战中伪军数量超过侵略军的国家。中国的民心涣散，给了日本侵略者侵略中国的“底气”。帝国主义的侵华历史告诉我们，一个民族不仅落后要挨打，分裂、不团结也要挨打。

最后，国弱受欺，中日两国实力悬殊。两国之战在很大程度上是国家实力的比拼。当时的日本由于工业实力远在我国之上，日本国内大量军工企业就源源不断地为日军提供了大量武器装备，通常情况下，除了人手必备的步枪之外，大炮、掷弹筒、轻重机枪等火力较大的武器也是日军的标配。此时的中国抗日军队，别说重型火力武器了，就连步兵必备的步枪和子弹也十分缺乏。就拿子弹来说，相关资料显示，抗战期间的日军在每场战役开始前人均可领取到近120发子弹，而中国抗日战士人均可领取的子弹数量一般在5发左右，在武器装备上的差异就使得中国的抗日战争打得尤其艰难。双方士兵的个人作战素质也差距很大，为了对中国发起侵略，日本早有准备，侵华日军基本都接受过两年及以上的正规军事训练，其中就包括了射击训练和刺刀训练等，日本士兵的单兵作战能力明显要优于中国军人，而中国抗日战士大多是半路放下锄头或书本进入战场的普通平民，大多没有接受过正规的军事训练，而且由于食物匮乏等，身体素质和日军相比也处于劣势。另外就是中日军队在运输能力上也存在很大差距，侵华日军除了摩托车、军用卡车之外，飞机也是他们的运输工具之一。而中国由于工业实力薄弱，军用车辆十分有限，多数时候都需要徒步行军，物资运送则离不开马和骡子，更多时候都是通过人力来完成的。

马克思主义经典作家曾经说过：“战争是对每个民族全部经济力量和组

织力量的考验。”[①]“只有那些在经济的发展和组织方面，在本国军队的经验、技能和士气方面，在整个战争期间人民的坚定和团结一致方面，都胜过敌人的国家，才能经受住这种考验。”[②]中国的这种国家分裂、内战不休、政治腐败、经济凋敝、科学落后、国民羸弱等状态，极大地助长了侵略者的骄横和癫狂。

然而，虽然历经艰难困苦，但中国的抗日战争终究获得了最后的胜利，这是国际正义事业的胜利，也是中国人民的胜利。在中国共产党的领导下，中国人民在抵抗外来侵略中表现出的深刻的巨大的民族觉醒、空前的民族团结和英勇的民族抗争，是中国人民抗日战争胜利的决定性因素。正如抗战胜利前夕毛泽东主席在中国革命死难烈士追悼大会上发表演说中所指出的：“在（五四运动之前）这几十年的斗争中都还没有共产党，这些斗争是由别的团体和政党领导的。因为没有共产党，中国人民就没有一个能够代表他们利益的彻底的革命纲领，没有一个正确的领导者毫不动摇地始终如一地领导他们进行斗争……他们那时还没有革命的社会科学，还没有马克思主义武装头脑。我们是用科学社会主义武装头脑的人，看清楚社会前途的人，我们比他们进步，我们要完成他们没有完成的事业。”自从有了中国共产党，中国革命的面目就焕然一新了。

卢沟桥事变后，中国共产党又倾尽全力组织抗日民族统一战线。在广大的华北沦陷区，中国共产党通过广泛组织和深入动员，令曾经的“一盘散沙”聚沙成塔，成为抗日战争中的中坚力量。中华民族不畏强暴、抵御外侮的优良品质和巨大潜能如火山般喷发出来。日本侵略者最初狂妄叫嚣“3个月可灭亡中国”，根本没有把中国人放在眼里，而到了抗战相持阶段后，相比于国民党的正面战场，日军更为忌惮的是共产党领导的敌后战场，因为在那里他们要面对的是觉醒觉悟了的、开始为保卫整个中华民族而英勇奋战的无数普通民众，以至于日军华北方面军参谋长笠原幸雄惊呼：“只有

① 中国人民解放军军事科学院：《列宁军事文集》，中国人民解放军战士出版社1981年版，第586页。

② 中国人民解放军军事科学院：《斯大林军事文集》，中国人民解放军战士出版社1981年版，第323—324页。

打破这个立足于军、政、党、民有机结合的抗战组织，才是现阶段治安肃正的根本。”这也正是那些扬扬自得，以为短时期就可灭亡中国的日本侵略者的巨大悲剧所在：原来以为对手只是中国执政当局及其掌握的武装力量，现在发现还必须面对觉悟的、有组织的，开始为捍卫自身利益英勇战斗的千千万万普通民众。美国人布鲁斯·拉西特和哈维·斯塔尔在《世界政治》一书中说：“历史上，大多数国家都是在战争的经历中形成的。”中国的抗日战争正是最好的例证。战争教育了人民也锻炼了人民，抗战结束后，中国共产党团结带领人民以“敢教日月换新天”的持续奋斗，把贫穷落后的旧中国变成了走向繁荣富强的新中国，中华民族在经历百年屈辱后走上了民族复兴的征程。

历史是最生动的教科书。卢沟桥事变，是国家之巨耻，是民族之大辱，我们追古怀远要从历史中吸取教训，以史为镜，让警钟长鸣。当前，我们正走在实现中华民族伟大复兴的历史征程上，面对“百年未有之大变局”，我们要放眼世界，正确认识当今时代潮流和国际大势，坚持以经济建设为中心，坚持改革开放，发挥中国特色社会主义集中力量办大事的制度优势，持续推动完成国家重大战略安排。努力建设中华民族共有精神家园，铸牢中华民族共同体意识，万众一心，才能攻坚克难，战胜各种风险挑战。在民族复兴的追梦路上继续迸发出磅礴伟力，为世界的和平与发展做出更大的贡献。

# 后　记

“北平抗日斗争历史丛书”是北京市红色资源保护传承利用工程的重要组成部分。丛书以北平抗日斗争为主题，全景式展现了北平军民14年不屈斗争的历史画卷，深刻揭示了北平在全国抗战中的重要地位和作用。

丛书项目由北京市委党史研究室、市地方志办主任李良统筹策划，经专家团队反复论证，室务会研究确定，并报请市委批准。市委高度重视，市委常委、组织部部长孙梅君全程关注，并就打造精品力作多次做出指示。为优质高效推进编写工作，专门成立编委会和编委会办公室，并进行了明确分工。经过一年多艰苦努力，顺利完成丛书编写任务。

丛书主编杨胜群、李良从确定选题到谋篇布局，从甄别史实到提升质量，实施全面指导、严格把关；陈志楣负责丛书组织编写工作，并审改全部书稿；张恒彬、刘岳、运子微、姜海军对书稿提出宝贵意见。

《全民族抗战的起点》作为这套丛书其中一部，由中共中央党校中共党史教研部教授张珊珍负责撰写。专责编委王建朗、温瑞茂全程指导，黄如军等专家提出修改意见。联络员常颖具体负责组织协调等工作。

北京出版集团所属北京人民出版社全程参与本书策划论证和审校出版工作。本书参阅了许多公开出版或发表的文献资料和研究成果。在此，谨向所有为本书编写工作做出贡献的单位和同志表示诚挚感谢！

由于时间仓促，加之编写水平有限，本书难免存在不足之处，敬请读者批评指正。

丛书编委会

2022年12月